Japanese Cinema and the Impulse
Toward Overseas Expansion
: A History of Cultural Strategies

岩本憲児［編］

日本映画の海外進出

文化戦略の歴史

森話社

［カバー・扉図版］*Japan Times weekly,* 一九四二年一二月一〇日号（映画特集号）

日本映画の海外進出——文化戦略の歴史　目次

はじめに　岩本憲児　7

I　〈ニッポン・イメージ〉の進出——戦前・戦時下の模索

1　日本映画の海外進出——願望と実態　岩本憲児　13

2　フランスで初めて公開された日本映画——エキゾティズムと好奇心　中山信子　39

3　ドイツにおける日本映画の受容——最初期の鑑賞会から『十字路』『ハワイ・マレー沖海戦』へ　ハラルト・ザーロモン　73

4　国際文化振興会と日本映画——『五人の斥候兵』のベネチア受賞を中心に　古賀　太　91

5　満州における日本映画の進出と映画館の変容　晏　妮　111

6　占領下の華北における日本映画と映画館　張　新民　135

II　日本映画の輸出——戦後の構想と実践

7　冷戦期アメリカが見た日本映画——ジョンストン・プランの役割　マイケル・バスケット　161

8 永田雅一と日本映画国際化戦略　田島良一　179
9 『羅生門』から『ゴジラ』へ——輸出産業のホープをめざして　志村三代子　203
10 東映動画の輸出と合作——大川博時代の構想と実態　木村智哉　225
11 台湾における日本映画の断絶と交流——一九五〇—一九七二　蔡　宜静　249

Ⅲ 日本映画の広がり——戦後から二一世紀へ

12 『羅生門』の受賞とその後——ストラミジョーリとジュグラリスを中心に　古賀　太　273
13 蝶々夫人の夢——一九五〇年代の日本映画と合作ブームの到来　土田　環　305
14 他者という眼差しと戦略——リチーとアンダーソンの *The Japanese Film* の複雑な可能性　アーロン・ジェロー　327
15 日本映画の紹介とドナルド・リチーの貢献——ジャパン・ソサエティーを中心に　平野共余子　343
16 グローバル化時代の中のインディペンデント映画——その「国際性」とは何か　渡邉大輔　359

［凡例］引用文中の〔 〕は引用者による注記である。

はじめに

本書は、日本映画が海外へどのような進出願望を持っていたのか、その歴史的な経緯と個別的な課題に目を向け、再検討する論考から構成されている。戦前において、民間の映画界と政府や官庁の意図とは別のものであったが、その実情はどうであったのか。あるいは日本映画を上映した外国の事情や反響はどのようなものであったのか。戦時下においては、此方では文化の進出と広報、彼方では文化の侵略と国家宣伝とも受け取られ、互いの齟齬は後世になるとはっきりと見えてくる。戦後ではアメリカとソ連、西側と東側の冷戦が日本映画の海外進出にどのように作用したのか。また、ドナルド・リチー氏のようにすぐれた個人の力はどのような影響を世界にもたらしたのか。さらに、映画各社が伝統を培ってきた撮影所の製作システムが衰退したあと、日本映画はどのように活路を見出してきたのか等々――。

執筆者たちの多くは過去三年ほどの間、共同研究会を重ねながら個別のテーマに取り組んできたが、映画の歴史はまだ短いとはいえ、対象となる地域、課題、作品には相当な広がりがあり、研究会メンバーだけではとても手に負えないことがわかった。したがって、随時、内外の研究者、評論家の方々を招いて、講演や研究報告をお願いした。本書に収められている論考のうち、ドイツのハラルト・ザーロモン氏、アメリカのマイケル・バスケット氏、同じくアーロン・ジェロー氏、国内の張新民氏、木村智哉氏、あるいは日本と外国を頻繁に往来している平野共余子氏のみなさんが一時的な参加者である。

本書のそもそもの成り立ちは、共同研究「日本映画と社会――国内外における受容と評価の比較研究」が発端となっている。これまで日本映画の受容と評価の研究が作家論、作品論を中心に行われてきたことに対して、研究会では映画がどのように観客に届けられ、観客に受け入れられたか、また国内と海外では上映の事情や反応はどのように類似し、あるいは異なっていたかなど、映画受容と評価の諸相を探る目的で出発した。しかし、本書の構成に現われているように、若干の軌道修正を行い、その対象をいくつかの限られた国にとどめざるを得なかった。この点では、国際交流基金が関係した海外における映画祭、上映会では、広範なアンケート調査が行われてきたことを付け加えておきたい。

本書に収録できなかったゲストのみなさんからも有益な情報をたくさん頂いた。お名前を挙げて、感謝の念を表したい。肩書また所属は当時のものである。公開研究会での発表順に、イラン・グエン氏（東京芸術大学大学院非常勤講師）、岡田秀則氏（国立近代美術館フィルムセンター主任研究員）、ダリオ・トマージ氏（トリノ大学教授）、ファブリス・アルデュイニ氏（パリ日本文化会館）、足立ラーベ・加代氏（イェーナ・フリードリッヒ・シラー大学）、邱淑婷氏（香港中文大学）、研究会の特定年次のメンバーであった金ジョンミン氏（東京大学大学院人文社会研究科博士課程）、ならびに研究協力者の張愉氏（日本大学芸術学部博士課程）、藤田純一氏（同）。

本書の執筆者のうち、岩本憲児、中山信子、古賀太、晏妮、田島良一、志村三代子、蔡宜静、土田環、渡邉大輔（掲載順）は左記の研究メンバーであった。

文部科学省「特色ある共同研究拠点の整備の推進事業」（A09351900／早稲田大学演劇映像連携研究拠点）二〇一一―二〇一三年度テーマ研究「日本映画、その史的社会的諸相の研究」。

拠点事務局が置かれた早稲田大学演劇博物館、ならびに本書出版に快諾をくださった森話社に厚く感謝申し上げる。

二〇一五年一〇月

編者

I〈ニッポン・イメージ〉の進出

戦前・戦時下の模索

[前頁写真]『十字路』広告（『キネマ旬報』一九二八年四月一一日号）

I 〈ニッポン・イメージ〉の進出——戦前・戦時下の模索

1 日本映画の海外進出

願望と実態

岩本憲児

1　外国製「日本劇」映画からの刺激――明治後期―大正前・中期（一九〇〇年代前半―二〇年代初頭）

日本人にとって最初の映画は外国からもたらされた。ここで「映画」とはその初期に多様な名称を持つ「動く写真」moving pictures を指し、最終的にはアメリカのエジソン社によるキネトスコープ（覗き見式）やヴァイタスコープ（映写式）、フランスのリュミエール社によるシネマトグラフ（映写式）、そしてその後の製作・配給・興行・観客の制度を形成する映像媒体を指している。キネトスコープは明治二九年（一八九六）一一月に、またシネマトグラフとヴァイタスコープが翌年二月に、日本で最初のお目見えをした。当時の日本では――おそらく世界各国でも同様に――エジソンの名前は白熱電球や蓄音機の発明者として名高く、「動く写真」もエジソンの名前とともに、西洋科学技術の成果の一つとして認識された。ことに日本では、当初から映写式を完成させて普及させたリュミエール兄弟の名前は一般にほとんど知られず、エジソンの名前がはるかに抜きん出ていたのは、電力事業化をふくむ「発明王」として社会への影響と認知度がきわめて大きかったからだろう。

映画には撮影や現像など、まず技術の習得が伴ったので、興行用作品としての日本製映画には欠陥が多く、海外向けの作品など考えられなかった。日本人からでさえ、日本製の活動写真には否定的見解が多く寄せられていた。初期の欠陥には、(1)撮影のピントが合っていない、(2)撮影の明暗が不明瞭、(3)できあがった映画に動きがなく不活発、など根本的欠点が指摘されている（やなぎ生「所感」、『活動写真界』第一一号、明治四三年七月）。同じ筆者は次号で、「殆どあらゆる日本製のフィルムが、商品として海外へ輸出される様になった時にこそ、始めて完全なる域に達したと云えよう、〔略〕前途尚遼遠だ」と、将来へ希望を託している。それでも、映画は急速に日本人観客の関心をとらえていくが、欧米からの輸入作品と比べるとき、日本の製作技術の進展は遅々としていた。毎月かなりの数の活動写真を見に行くという「某文士談」の記事では、撮影技法や演技よりも「着色法」が劣っていると述べたあと、国劇である歌舞伎をどんどん映画にして海外へ持って行けば、映画に出たがらない歌舞伎役者たちも出演してくれるのではないかと、海外向け歌舞伎映画の製作を勧めている（同誌第一五号、明治四三年一二月）。

この頃、フランスのパテ社は東洋情緒を取り入れた芝居風映画を盛んに製作していた時期であり、いまに残る作品には、在欧日本人たちが出演した珍妙にして面白い、しかもきれいな着色のものがある。同誌の投書欄にも「欧州では近来日本劇が大流行で、怪しげな代物に日本と銘打ってあるには日本人にとって大迷惑な次第だが、〔略〕」とあるように、ヨーロッパだけでなく、アメリカのエジソン社作品にも、さらにはグリフィス初期作品にさえも、その種の「日本調」映画があったのは欧米におけるジャポニスム、広くは欧米人から見たエキゾティズム全般の流れに乗った彼らの視線とその娯楽化ゆえだろう。

サイレント映画前期には、この種の珍妙な日本風映画が作られており、ときおり日本へも輸入紹介されていたので、この逆の流れができないか、つまり日本製劇映画を海外へ輸出できないだろうかという議論が、もう少しあとで起きてくる。新派劇の大物俳優・伊井蓉峰《ようほう》は、西洋式をまねるから変な日本映画ができるのだと、もっぱら「神代」以来の国粋日本調を映画に取り入れるよう希望した。その彼も、日本の俳優には舞台であれ映画であれ、顔や身体の表情が少ないことを認め、それは、古くから「喜怒哀楽」を表に出さないことを良しとする習慣が続いてきたからだと弁解して、改良案を出している。その一つは「活動写真の評家」（批評家）が育って、日本映画を良い方向へ導いてほしいという意見である（同誌第一六号、明治四四年一月）。次号には、新旧の舞台俳優が活動写真に出演したがらないことに対して、欧米では舞台の名優たちがこぞって映画カメラの前に立っていると、読者からの批判が出た。「東洋の芸術を世界に誇称する第一歩として君等が一日も早く、活動写真に撮影されて、世界の舞台に活躍されん事を待つ」という、伊井蓉峰への要望である。

東京府知事の阿部浩は活動写真について談話を求められ、「活動写真観」で次のような見解を述べている（『活動写真界』第一六号、若干の句読点は引用者）。

活動写真の進歩は近来著しく発展せる如くなるが、文明の事業として尤も有効なるものと信ず、世人の多く観ざる土地、人情、風俗等を尤も精細に且つ優美なる方法を以って未知未聞の人に紹介するは其の効果頗る大なりと信ず。

要するに活動写真の効用は観客をして目を楽しましむるのみならず、一面之に依って無形の智識を与うるものなれば、撮る可き写真はよく研究吟味して、成る可く世人の参考となり、又は或る場合に於ては感化を与うるが如き計画を立てなば、将来益々社会の歓迎する処とならんことを信ず。（文責在記者）

そもそも『活動写真界』の論調には「文明」という言葉がよく使われていた。阿部浩の談話はそれに呼応したから、記者は喜んだことだろう。もっとも、談話の文章化は記者によるので、記者が雑誌寄りの言葉選びをしたのかもしれない。

吉沢商店（旧・丸川商店）は美術貿易商であったが、明治二七年頃から幻燈機の販売も手がけるようになり、三〇年以降は日本最初期の映画興行と撮影事業にも乗り出していく。国産映写機の販売、北清事変や日露戦争への撮影技師派遣、浅草に映画常設館「電気館」をオープン（三六年一〇月）、バンコクへの映画巡業隊に協力、東京目黒に撮影所建設（四一年一月）、『活動写真界』創刊（四二年六月）、浅草で娯楽場ルナパークを開設（明治四三年九月。火災後は大阪に開設）等々。ちょうどこの頃、役者として吉沢商店の映画へ出演しはじめたのが村田正雄であり、改良演劇の川上音二郎一座や新派の伊井蓉峰一座を経て、草創期の活動写真俳優となった。ひと足早く映画出演を始めた中野信近一座も新派系である。その村田正雄は当時の日本映画が「乱雑」な作りであることを認めたうえで、内容さえ立派なものを作れたら海外へも輸出できるだろう、時代時代の小道具、鬘《かつら》、衣装などに大金がかかるかもしれないが、具体的には「史劇」を推奨したいと、当時、伊井蓉峰一座に史劇の戯曲を提供していた山崎紫紅《しこう》風の劇がいいのではないか、「お芝居的でなく、何処までも活動式で」と語っている（同誌第一七号）。当時、吉沢商店の他に、横田商会（明治三六年六月設立、当初は横田兄弟商会）、Mパテー商会（三八年七月）、福宝堂（四三年七月）などがあり、これら四社は合併して大正元年（一九一二）九月、「日本活動写真株式会社」（日活）を設立した。欧米で製作された映画の「日本劇」各種の、喜劇はともかく、悲劇でさえ日本人にとっては抱腹絶倒の喜劇と化す代物だったようで、『活動写真界』休刊後、映画狂の青年たちが大正二年に創刊した『フィルム・レコード』（同年五号から『キネマ・レコード』と改題）では、しばしばこれらの作品を論評している。パテ社、アメリカのメリエス社、ヴァイタグラフ社など海外各社がわざわざ日本まで来て撮影して「日本劇」を製作、海外で販売しているのに、肝心の日本では若干の試みがあったものの一向に成功せず、積極性も見られないと、切歯扼腕と言おうか、社説「欧米劇壇と東洋の劇」で映画業界へ奮起を促した（『キネマ・レコード』大正三年三月号。若干の句読点は引用者）。

ゴーモンは僅かに百二三十万の資金のみ、他の小会社はおして知るべきであるが、盛んに外国に輸出を計っているのである。
欧米の事情と傾向を考察し、対外フィルムを製造して大いなる世界の市場に立つ人はないであろうか。而もそれは非常なる困難は決してない。唯製造に対する技量の有無と対外商業の上下に由るの他はない。吾々は斯く現代の欧米の劇壇と傾向を考察して我当業者に望む次第である。

同誌六月号の社説「世界市場に対する日本活動界——外人は如何に其欠点を指摘せるか?」は、かつて天活(天然色活動写真株式会社)がイギリスからキネマカラーを輸入したとき、派遣されて来た技師が経験した日本映画界の観察記事を紹介した文章。この記事自体も面白いが、ここでは日本製映写機の幼稚さや映写技師の技術不足などが指摘されていることだけを記しておこう。帰山教正《かえりやまのりまさ》は『キネマ・レコード』編集部の重要人物であり、彼はまもなく天活へ入社、その後映画製作の実践活動に入り、映画史でよく知られているように、「純映画劇運動」の先頭に立った。そして彼自身が輸出映画に向けて動き出す。

帰山教正が提唱した「映画劇」(または「純映画劇」)は欧米映画にも見劣りのしない日本映画をめざしていたから、海外へ輸出できる作品が目標としてあった。ただし、題材には歴史ロマンを選んでおり、現代劇『生の輝き』に続く第二作、『深山《みやま》の乙女』(大正八年公開)のあと、第三作の『白菊物語』(大正九年)では王朝期の恋愛悲劇に取り組んだ。帰山は『白菊物語』を『キネマ・レコード』以来の知人のイタリア人映画業者を通してイタリアへ輸出しようとした。だが佐藤直司著『白菊物語』(コシーナ新書、二〇一三年)によれば、映画は輸出されず、国内でもほとんど公開されず、わずかに京都で上映されただけかもしれないという。ただし、この当時、海外から注文を受けて製作されるか、製作後に注文を受けて輸出された映画もあった。たとえばフランスから依頼された『水戸黄門』やアメリカの日本人移民会長から依頼された『八犬伝』など。(1) また日活向島作品にも、中国向けの『豹子頭林沖《ひょうしとうりんちゅう》』（小口忠監督、大正八年）があり、映画劇運動の流れに同調していた大活（大正活映）には、上田秋成の『雨月物語』を原作に谷崎潤一郎が脚色した『蛇性の婬』（栗原トーマス監督、大正一〇年）があった。これらも歴史ロマンや幻想的歴史ロマンの題材に属していた。まだサイレント映画時代である。(2)

松竹キネマ創設期の小山内薫とその門下生たちも、「映画劇」の流れにいたグループであるが、実際の主導権は小山内薫よりずっと若い改革者・村田実〔図①〕が握っていた。『路上の霊魂』の監督、かつ出演者（樵役）の一人で、当時二六、七歳だった。歴史ロマンというエキゾティズムの美を海外へ売り込もうとしていた人々に対して、村田実は「輸出映画の美しさ」という皮肉な題を付けて、真向から反論した。村田は、人や建築、衣装、風俗など例を挙げながら、過去の日本の姿には完成された美があると言い、現代日本の生活には美がないと言う。では現代日本の生活にあるものは何だろうかと問いかけ、それは苦痛であり、悩みであり、理想への憧憬であり、美への渇望であり、熱情であると答え、さらに言う。現代の新しい生活には、偉大なる煩悶と偉大なる追求と潜在的な力がある。何か起ころうとしている、何か偉大なものに向かおうとしている、旧時代の美しい殿堂を破壊して、その跡に生命のある、より以上に美しい殿堂を築こうとしている。その恐ろしい何ものかが、この外形の醜い新日本生活の中には底流して潜んでいる、と。

図①　村田実（『映画評論』1929年6月号）

あゝ市街自動車の女車掌の醜さよ、然しそれは新しく得た職業婦人の勝利ではないでしょうか。背広服につゝまれた会社員の形の悪さよ、然しそれは彼等の活動の敏活を証明する形ではないでしょうか。社会生活に奮闘せる戦士の勇ましい軍服なのです。

我々は何を好んで亡び行き退廃して行く日本の旧文明の産物である心

細い美術に眼をひかれるでしょう。それよりは今や栄えんとしている勃興の日本生活に美を見出す事を忘れてはいけません。

もし輸出映画が日本を宣伝し、日本の文明を語るものなら、西洋人の好事家や考古学者やそういうブルジョアのお慰みになる頽廃せる日本の美に顧慮するにはあたりません、そんなのものは一撃のもとに打破しておしまいなさい。

（『活動倶楽部』大正一〇年一一月号）


雑誌の読者に呼びかける村田実の言葉はていねいでやわらかいが、中には力と熱がこもり、まるで二〇世紀初頭に発せられたイタリア未来派の宣言、あるいは波及したロシア未来派や、若きマヤコフスキーらの言葉に呼応しているかのようだ。マリネッティらによる「未来派宣言」（一九〇九年）は同年にいちはやく森鷗外訳が雑誌『スバル』（同年五月）に掲載されており、ロシア未来派の絵画も革命後に来日した画家ダヴィド・ブルリュークによって、その展覧会が東京で開かれたのが大正九年一〇月（以降は巡回展）のことだった。その三年前には神原泰と東郷青児が未来派・立体派風の絵画を発表している。早熟の演劇青年だった村田実は早くから西洋演劇に関心を持って「踏路社」を結成、新劇運動の一端を担っており、帰山教正の映画劇『生の輝き』や『深山の乙女』に出演したことから映画との接点が生れた。そして皮肉にもこの経験から、村田実は帰山教正の輸出映画の歴史ロマン、日本古典美の世界観と対立したのである。古い形式美ではなく、「道路修繕中の銀座通り」や「足場がけの丸の内」のビル群を見せ、そこから「日本の躍動、日本のたえざる進撃」が世界に感激を与えるだろうと言う。「亡びるものは亡びよ」、この激しさは敗戦直後の坂口安吾を想起させる。

2 作品価値と商品価値――大正後期―昭和初期（一九二〇年代後半）

その村田実監督の『街の手品師』（日活、大正一四年二月公開）は多くの評者に好評で、これは日本を代表する映画だ、やっとここまで到達したのだと当時の誰しもが思った。この映画はヨーロッパ（ドイツ、フランス、イギリス）へ持ち込まれた。その経緯については佐伯知紀による二つの論考が参考になる。[3] また、本書でも中山信子が詳しくふれている。結論から言えば、かの地では『街の手品師』に興味を持つ映画業者または批評家がいなかったことに尽きる。一方、衣笠貞之助監督の『十字路』はドイツとフランスで、フランスでは松竹の野村芳亭《ほうてい》監督の『萩寺心中』も上映された。特に『十字路』はフランスで長期にわたって上映され、多くの良い批評が書かれた。この経緯についても中山信子が紀要[4]や本書で詳しくふれている。ドイツでも好評だったことは、本書のハラルト・ザーロモン「ドイツにおける日本映画の受容」が詳しい。興味深いのは、両国において、日本人俳優たちの演技が賞賛されていることだ。

俳優といえば、この時期の時代劇の大スター・阪東妻三郎は独立プロダクションの主宰者であり、一時は〈阪妻・立花・ユニヴァーサル聯合〉[5]の設立に参加して、ユニヴァーサル社の資本と技術力により日本映画を製作したが、これは輸出用ではなく、国内用であった。昭和三年八月、松竹副社長の城戸《きど》四郎を団長に、市川左団次一行がモスクワで歌舞伎を公演し、それに伴う日本映画の試写もあり、早くから日本文化に関心を持っていたエイゼンシテインは刺激を受けて、歌舞伎論ほかの評論を書いた。翌年から日本映画がロシア各地で上映される契機ともなったが、継続的な輸出まで進まずに終わった。この折り、ロシア語で『日本映画』と題する冊子が一九二九年（昭和四）に出ており、[6] 著者はエス・カウフマン、日本映画全般を紹介した同書のあとがきにエイゼンシテインが書いたエッセーが「枠を超えて――モンタージュと日本文化」である。

このように、公開または試写、いずれかのかたちで散発的に日本映画がヨーロッパで上映されていたころ、『映画往来』は昭和四年九・一〇月合併号で「日本映画海外進出について」という特集を組んだ。その直接の契機は、『十字路』の好評と、前述のソ連における日本映画祭にあった。もう一つには、松竹がベルリンに支社を置いて、映画をヨーロッパへ進出させる足がかりを設けたことである。(7) 森岩雄もベルリンを拠点に別の活動を開始していた。『映画往来』のこの特集号については、すでに土田環が論評を加えながら紹介しているが、(8) 私との視点や引用個所が異なる点も多々あるので、あえてこの特集号にふれておく。この特集号に見られる諸氏の意見はその後、何度か反復される日本映画輸出議論の元になっており、ある点では現在、実現されていると思われるからである。

特集号の冒頭は帰山教正が「日本映画の海外進出について」を書いている。彼によれば、「商品価値」を持って、輸出された日本映画はそれまで一本もなかったという。輸出映画を成功させている国は、第一にアメリカが飛び抜けており、そのあとにドイツ、フランス、イギリスなどが続く。ただし、「作品価値」としては『十字路』のように、これまでにいくつか海外で上映されて話題を呼んだ日本映画があり、少なくとも「現代もの」に関しては、もう欧米映画と比較してもそう劣っているわけではないと彼は判断する。ではなぜ、日本映画は輸出向け映画として成立しないのか。帰山は二つの原因を挙げる。第一に、俳優の人種問題、第二に、映画工場の劣等。俳優の問題は容易に解決しがたく、国際的に合格し得る日本人俳優がいないという。映画輸出国がアメリカ、ドイツ、フランスに限られていたとすれば（実際はイタリアほかヨーロッパにはもっとあったにしても）、彼の「国際的俳優」とは、欧米主要映画国を基準にしており、具体的には「顔と身体の国際性」を指していた。模倣か摂取か、「顔と身体」はともかく、風俗としての西洋モダニズムは日本の現代映画のなかに次々と入り込んでおり、都会を中心に、実際の生活のなかにも入り込みつつあった。まだトーキー映画は日本では大勢となっていない時期だったから、帰山は「言語」を問題にしていないが、「言語」問題はすでに欧米間でも危惧されていた。第二の、工場の劣等と製作システムの不在、これは映画会社の資金力と志の高さ、すなわち経営者側の問題であった。かたや、帰山が日本映画は欧米映画に劣らないと述べたいくつかの分野について、ストーリーが愚劣、監督がなっていない、俳優が駄目、セットが貧弱、カメラが甚だ稚拙と、否定面ばかり挙げた岩崎純孝のような批評家もいた。ほかの筆者たちでは、脚本家の木村千疋男が「国際性の獲得」の中で、「日本人の旧生活様式の放棄と、外国人の日本に対する浪漫と好奇の夢の打破」を提唱しているが、これは映画以前の問題であり、彼の「外国人」もやはり欧米人だけしか念頭になかった。脚本家の如月敏《きさらぎびん》は木村千疋男と同様、現代劇中心のシナリオ・ライターだったが、この六月に公開された『沓掛時次郎』(辻吉郎監督、大河内伝次郎主演)の脚本を書いたせいか、日本の現代(劇)映画はアメリカ映画の模倣と追随でしかなく、むしろ時代(劇)映画に輸出の可能性があるとみた。時代(劇)映画が輸出向きという見解は戦後、『羅生門』を皮切りに一九五〇年代以降に実現されていくが、もっと全般的な提言としては如月敏の次の言葉が妥当なところだろう。

> 当事者も一時的な利潤にのみ惑わされないで、不断の努力と共に邦画の永続的な海外発展を望むべきであって、作品の選出にも全世界の一般大衆に訴えるような、日本映画の特質を発輝〔ママ〕せる作品を輸出すべきであると思う。か丶る作品は国内に於ても成功を見るばかりでなく、世界映画市場に於ても堂々と自己の国際的地位を確立することが出来るのではあるまいか。(9)

近年では多様な国際映画祭がそのための機会を提供しており、個人にとどまらず各国の文化産業も戦略を練って映画祭を目指している。また、一、二年は宣伝に徹して、映画会社は見本として、無権利、無代償で作品をしかるべき人に見てもらう、という意見もあった（森山豊三郎「見本提出の時代」）。これは現在、一般公開前にビデオ映像を批評家やジャーナリストに送ったり、ウェブ上に予告編を流して広く知らせたりするので、フィルムとアナログの時代に比べて宣伝の速度と広範さがはるかに増大している。

一方、日本映画界の資本家、経営者、製作者を指して、その儲け主義、利益至上主義を批判する筆者も少なくなかった。作品個々の「品質」が良くないばかりか、物質としてのフィルムも上映回数ごとに傷んだり、切り取られたりの消耗品扱いであるために、経営者側に海外市場の発想がほとんどない、と。日本映画の製作会社首脳陣には国際的な経綸を行うだけの野心も抱負もないと、武田晃のように匙を投げている脚本家もいた（「資本家に任せて置け」）。ただし、これは松竹キネマ草創期に籍を置いていた武田晃の誤解でもある。大正一三年、三〇歳で松竹蒲田撮影所長になった城戸四郎は「国際映画戦」（『改造』昭和三年二月号）という力作評論を書いており、文化、娯楽、教育、芸術を包み込む産業としての映画を大きな視野から世界地理の中に位置づけて見せていたからである。その論旨は多岐に及ぶが、文末に示された具体案四点のうち一つが日本映画の海外輸出推進に関しているので、簡略に記すと、商工省に映画調査部を設けて諸外国の情報を収集し、外務省は販路拡張の支援をしてほしいという趣旨である。アメリカの強大な映画国策――産業としても国家イメージの宣伝としても――に少しでも対抗する意図から書かれたことは明白である。

佐藤雪夫も「役者は見せたくない」の一文で、経営者の意識が低く、日本映画は縁日で売るような安っぽい商品映画ばかり、経営者が欧米社会へ乗り込む実力と気品を持っていないと述べながら、経済的にも輸入だけの一方通行だから、日本映画の海外進出を歓迎した。しかし、映画俳優が男女ともひどく、とりわけ映画女優たちに魅力がなく、現代生活の中の女性たちのほうがもっと輝いている。セット、小道具、衣装なども貧弱、日本の半洋式化した生活様式の貧弱さが撮影経費をけちるためにいっそうみすぼらしい。かといって「剣戟映画は明治維新史（その他）の予備知識なしには到底了解出来ない。何故に世を呪うのか、何故に人を斬るのか、時々我々にさえ解らない映画がある、こんな物を外国へ輸出したとて何になるものか」と手厳しい批判である。やや具体的な提案としては、福井桂一が、現代劇も時代劇も海外では好奇心を超える以上の理解はされないだろうから、風景や固有の芸能・文化を撮影した実写映画の製作を推奨している（「海外進出の序幕」）。

傾向映画の代表作『何が彼女をそうさせたか』[10]の公開は翌昭和五年二月のことになるが、その監督・鈴木重吉は海外をひとめぐりしてきた体験を愚痴っぽく語る。欧州でいくつかの日本映画が公開されたと日本では騒いでいるが、誰も日本映画のことなど知らない、日本で映画を盛んに作っていることさえ知らないと（「日本映画海外進出悲観のおはなし」）。外国（欧米）の一般人は――映画業界人も含めて――日本に関する知識が皆無であり、またその知識を持つ必要性すら感じていない。大半の外国人の日本無関心と、ごくひと握りの日本半可通。鈴木重吉監督は外遊体験から大きな衝撃を受けたが、わずかながら日本映画に関して反省も述べている。それは日本映画の欠点として「その構成材料が余りに外国に比較して貧弱であるのと、構成範囲が余りに制限されているのと、どうにもならない国情の異なりとが全く日本映画を孤立さしている」と判断したからである。ここで「構成」が具体的に何を指すのか不明瞭だが、それは物語の骨格を成すもの、内容を構成する「題材」のことだろうか。「日本映画の孤立」という判断をどう考えるのか。欧米映画から大きな影響を受けつつ、戦後でさえ、題材、語り口、表現には日本独自、いや欧米映画と異なるスタイルがあり、それは「日本らしさ」とも言えるし、戦後に映画製作を始めた後発国のそれぞれも自国の歴史文化を反映していることと同じだろう。

この年（昭和四年）の二月に結成された「日本プロレタリア作家同盟」。ここに参加した今東光《こんとうこう》は早熟の文学少年から多才な青年作家へと成長して『文藝春秋』や『文芸時代』の創刊に参加、その後みずから『文党』を創刊、急激に左傾化して「プロキノ」運動へ移り、同名機関誌の編集委員にもなっていた。「日本映画の海外進出は唯一つあるのみ」はちょうどそのような時期の発言になる。曰く、欧米で上映された日本映画は、現地の日本人居住地区か大使館内で見られた程度、それ以外は外国人の「奇妙な好奇心」を満足させたにすぎない。日本のブルジョア映画がアメリカにかなうはずもなく、また受け入れられるはずもない。革命後のロシアでも同様、日本映画は受け入れられない。したがって、プロレタリア映画以外にブルジョア映画に対抗できる映画はない、という明快な立場だった。

『街の手品師』の原作と脚色を担当した森岩雄は「日本映画海外進出問題答案」で、このテーマは自分にとっては机上の問題ではなく、直接の問題だと言い、まず海外進出の理由に、「日本映画が海外へ進出出来る出来ぬは、日本人の生活や思想が海外から問題にされる価値を持つか持たぬか」に関わる。なぜ日本映画を海外に進出させねばならないか、すなわち、日本人の生活と思想を価値あるものにしたいからだ、と理想を述べる。彼の実践的な提言としては、(1)企業的な立場から外国市場開拓の努力をし、(2)彼我の前衛的映画の交換を進める。この二つを通して日本映画の宣伝を行う。すでにフランスで試みており、反響はすこぶる良好だと森は述べ、『街の手品師』がヨーロッパではまったく上映できなかったことにはふれていない。このあと彼はP・C・Lの創業に加わり、合併後の戦前東宝を経て、戦後は同社重役として『ゴジラ』をアメリカへ送り出した。「日本人の生活や思想が海外から問題にされる価値」ある映画となったのか、まさに『ゴジラ』は戦後日本を象徴する放射能怪獣であり続けてきた。

他の記事には、石巻良夫「日本映画の海外進出について」があり、この筆者は映画経済学とでも呼べる統計調査と分析を行う人で、もっぱら経済、経営、事業等の側面から提言を行っていた。この特集号より早く、『日本映画事業総覧　昭和三—四年版』に寄稿した「日本映画界の現況と国際関係」では、映画輸出の意義、日本映画の輸出は可能なりや、日本映画輸出の歴史、媒介輸出と単独輸出、映画輸出の奨励策など、広い視野から見解を披露している。また、その後の「映画輸出振興策」[11]では、アメリカ映画に圧倒されたヨーロッパ諸国が自国の映画保護策を取りはじめたことを紹介している。たとえば、英連邦を築いているイギリスでさえ、映画の国際的アピール度は低く、販路も開拓できていないことを述べ、日本国内ではいまや邦画が洋画を圧倒して上映されているが、それでも日本映画の海外輸出策を考えるべきだと言う。その理由は、一つには外貨獲得の手段として、二つには映画を通しての自国商品イメージの宣伝として、と輸出に伴う経済効果を挙げる。輸出振興の方策としては、外国会社との作品交換、あるいは共同製作、輸出会社の設立、外国会社の株買い取りなど、いずれもイギリスの方策を参考にしたようだ。このような振興策は、戦後から現在にかけての日本映画の国際的認知度と経済力の高まりにより、はるかに増大したとは言えるが、恒常的な輸出と日本映画の海外上映（商業映画館での）が期待以上に実現したとは言えないだろう。この点ではアメリカ映画が一貫して世界市場を制覇したままである。『映画往来』の特集号では、ほかにも興味深い文章が並んでいる。[12]

3　輸出映画と大陸進出——昭和初期—戦時下（一九三〇年代—四〇年代前半）

第一次世界大戦後に誕生した国際連盟（大正九年年一月）は、世界平和と人類の文化向上を目標にした。そのため、日本でも大正後期（一九二〇年代）から昭和初期（一九三〇年代）にかけて、国際文化交流の機運が高まった。他方では、ロシア革命の衝撃による左翼思想の伝播と労働者階級の国際的連帯意識があり、日本の体制側はこれに厳しい弾圧で対処した。「国際文化」という言葉は体制側へ主導権が移っていく。[13]昭和六年九月の満州事変以降、翌年の上海事変（第一次）、傀儡・満州国建国宣言、五・一五事件（犬養首相暗殺）、さらに八年の国際連盟脱退と、日本は世界から孤立していき、国内では昭和一一年、二・二六事件も起きた。

この間、海外における〈ニッポン・イメージ〉の誤解または悪化を避け、映画の積極的利用を図るべく、映画製作に関する国策のありかた、国家としての全体方針が国会でも議論されるようになる、浅岡信夫の「国策映画之提唱」(昭和六年六月、私家版)から、国会における岩瀬亮の「映画国策樹立ニ関スル建議案」(昭和八年二月)へ、そして最終的には映画法公布(昭和一四年四月、施行は一〇月)までに至る流れである。これら一連の経緯については映画史、メディア史、そのほか関連領域の先行書に多々ふれられているので、拙論では省きたい。[14] このような動きは情報の統制と操作を強める方向へ進み、映画は対外的には明確な主張を込めた宣伝(プロパガンダ)と、肯定的で明るいイメージを伝えようとする文化広報(PR=パブリック・リレーションズ)との両面を期待されることになった。作品あるいは商品としての内実はともかく、映画は国民的娯楽として、また国際的にもわかりやすい伝達メディアとして、大きな関心と注目を集めるようになっていたからである。

このような状況下、昭和九年四月に発足した外務省の外郭団体・国際映画協会は短編映画シリーズ『現代日本』ほかの広報映画を製作、松竹の『荒城の月』(佐々木啓祐監督)や東和商事の日独合作映画『新しき土』(アーノルト・ファンク監督)には輸出協力を、また各社作品の国際映画コンクール出品への支援も行った。昭和一二年に発行された最初の英語版 *Cinema Year Book of Japan 1936-1937*(『日本映画年鑑』)も国際映画協会が発行主体だった。同協会はその後、国際文化振興会(発足は昭和九年四月)へ活動を移譲し、英語版の年鑑は計三冊刊行された。発足初期に並立していた国際映画協会と国際文化振興会については、本書収録の古賀太論考「国際文化振興会と日本映画」、および同「戦前における日本映画の海外進出と国際文化振興会」を参照されたい。私も拙論の中で彼らの活動——映画製作支援、海外広報、機関誌発行、英語版の映画年鑑など——について、また民間から始まり国際文化振興会が支援した国際版写真誌 *NIPPON*(昭和九年一〇月—一九年九月)や、*JAPAN TIMES*

Weekly（一九四二年一二月一〇日号〔扉図版〕）の映画特集についてもふれたので、それらも参照していただきたい(15)。

映画ジャーナリズムの外から、日本映画評論なり提言なりを行っていた谷川徹三、長谷川如是閑《にょぜかん》、板垣鷹穂《たかお》、今日出海《こんひでみ》らは『国際文化協会会報』（一九三七年七月―一九四三年三月）にしばしば寄稿しており、菊池寛が発行人を引き受けた雑誌『日本映画』でも同じ筆者たちが顔を出している。彼らは言論界の著名人であるが、板垣鷹穂は映画評もずいぶん多く書いており、半分は当代芸術文化の評論家、あと半分は映画評論家のおもむきがあった。彼は文部省の映画推薦委員なども引き受けていたので、映画国策路線の協力者でもあった。その「輸出映画の現状と今後」（『日本映画』昭和一三年六月号）を読むと、輸出映画の先駆的組織は鉄道省の国際観光局であり、ここではサイレント映画時代から輸出が試みられてきたという。もう一つの積極的な機関が国際文化振興会で、板垣はこの協会の活動にふれつつ、個々の作品を具体的に論評して、東京日日新聞社と大阪毎日新聞社の『小学校』と朝日新聞社の『黒い太陽』が「堅実な文化映画として模範的な優秀作」なので、外国語版の製作・輸出に適していると推奨した。その他、彼の目はアマチュア小型映画の優秀作にまで向けられており、映画業界の輸出映画議論にはまったく入ってこない個人的・私的作品まで視野に含まれていた。長年『映画教育』誌に連載頁を持ち、児童や一般人の教育と啓蒙の立場から多様な映画評を書き続けていた板垣には、文部省に協力して国策に沿う役割を担っていたとはいえ、国家プロパガンダや偏狭なナショナリズムは見あたらず、戦時下の多数の戦争映画、戦意高揚映画、記録映画、文化映画の評論にも落ち着いた口調と客観的分析の目が一貫していた(16)。

板垣鷹穂の「輸出映画の現状と今後」が掲載された『日本映画』には、谷川徹三の「日本映画の国際性」も掲載されており、谷川は近年におもしろく見た日本映画、たとえば『風の中の子供』『若い人』『泣虫小僧』など――『阿部一族』にさえ――「心境映画」とでも呼ぶべき性質が見られることに注意を引かれたと述べている。心境映画とは第一に、力強い劇的葛藤の展開がなく、たとえ葛藤があっても正面からの描写は避けられている。

第二に、心理描写が内容的には淡い詠嘆となり、技法的にはいくらか映画的に間延びしている。そしてこれらの傾向は心境小説と共通していると言う。挙げられた映画にはいずれも原作小説があるので、これらの映画は原作の雰囲気をうまく移し替えていたとも言えるが、この言を受けてか、岩崎昶《あきら》はすぐあとで長い評論「日本映画の様式」を書き、この問題を日本映画史のなかで位置づけ、結論としては心境映画を否定して、日本映画にもっと骨格と構成のがっしりした作品、西洋の長編小説に匹敵する映画を望んだ(17)。岩崎昶の論もそれなりに考えさせられる指摘がある。しかし私はここで、心境映画それ自体を深めて論じることはせず、谷川徹三の迷いについてだけふれておこう。それは、この種の心境映画は外国の観客にはわかりにくいかもしれないが、日本映画の特質として注目する観客がいるかもしれないと述べている点である。

この両面の指摘は、戦時下に中国や東南アジアで上映された日本映画に観客が示した二つの反応に近く、戦後に日本映画が海外で上映されたときもつきまとっていく。だが次第に、後者は日本映画の特質の一つとして認知されるようになったと言えよう。ハリウッド映画とはかなり異なり、日本映画には、起承転結のメリハリのなさ、ゆるやかなテンポ、曖昧な終わり方なども含めて、日常生活の息遣いや喜怒哀楽が「淡い詠嘆」とともに細やかに描かれる。たとえば戦前の家族の物語、戦後のホームドラマや、恋愛、青春、学校、職場の物語など。

輸出映画の論に戻ると、同誌（『日本映画』昭和一三年六月号）には、板垣鷹穂のほかに〈諸家短文寄稿〉「輸出映画への意見」というアンケート回答文が並んでいる。何名かの回答者に共通するのは、改めて「輸出向き映画」というものはなく、「これは対外問題というよりも対内問題でしょう。日本映画の水準がアメリカ映画やフランス映画を追い越したときに、始めて輸出はおのづから起る」（林房雄）や、「日本映画として優秀なる作を輸出すべき」（北川冬彦）など、国産映画で優秀なもの、かつ欧米映画に肩を並べるかそれ以上の作品、という常識的な、しかし妥当な意見が出ている。

ところで、北京滞在中のためこのアンケートに間に合わなかった東亜商事の事業家・川喜多長政は自説を同誌の昭和一二年一二月号に寄稿した。「映画輸出の諸問題」がそれである。この文章をはじめ、川喜多長政の映画輸出入の仕事と彼の「国際」観については、前述した土田環が詳しく論じている。[18] やや重複するが、具体案だけを掲げておく（括弧内の作品は川喜多当人による具体例）。

(1)純粋の日本映画ではあるが、外国人に理解されやすく考慮して作る（例『忠臣蔵』）。

(2)外国資本との共同製作（例『新しき土』）。

(3)外国の監督、俳優、技術者等を招聘して作る（例『国民の誓』[19]）。

(4)一部あるいは全部を外国に出張して作る（例『タラカノヴァ』）。

これら四つの中で、(1)が最も理想的だと述べているので、これは前述した短文回答者たちの幾人かの見解と一致する。さらに、川喜多は欧米、南米、アジア地域などに世界を大別して、輸出先の国名を挙げていく。なかでも、「文化工作並びに国策上最も重要と思われるのは東洋諸国に対する日本映画の進出である」と言う。すでに前年（昭和一二年）七月、盧溝橋事件を引き金に、日中両軍の衝突が連続して起こり、日本では「支那事変」と呼ばれた日中戦争が本格的に始まっていた。中国通でもあった川喜多長政は「映画輸出の諸問題」を寄稿した翌年には陸軍から依頼されて、昭和一三年六月、上海に「中華電影股份有限公司」（中華電影）を設立することになる。中華電影における川喜多の方針と活動についても諸種の先行文献があるが、近年の労作、晏妮の『戦時日中映画交渉史』[20]を挙げるにとどめておこう。

4　東亜大陸への進出と市川彩の国際観・アジア観——戦時下（一九三〇年代後半—四〇年代前半）

サイレント映画期の一九二〇年代、映画ジャーナリズムや識者たちは映画製作会社の首脳部には海外へ輸出する考えなど毛頭ないと批判した。個々のわずかな作品が散発的に海外で上映されたことはあったが、松竹の城戸四郎、中央映画や日活時代の森岩雄らの企図も継続的な輸出には結び付かず、個別作品の独自性を広く海外の一般観客へ認知させることもできなかった。昭和初期、国産映画の製作数はすでに世界有数であり、本数だけを比べると、アメリカ映画に次ぐか、ときにはアメリカ映画を超える年さえあったほどの映画製作大国になっていた。それを国内のみの観客で見ていたわけだから（統治下の台湾、朝鮮でも上映されたとはいえ）、映画製作会社同士の競争は限られたパイ（国内市場）を奪い合う熾烈な争いとなった。たとえば、関連四社を合併して東宝映画が設立されたのは昭和一二年九月、既存の他社は連盟して東宝作品を上映しないよう映画館に圧力をかけた。同年一二月、東宝に引き抜かれた松竹の人気俳優・林長二郎（長谷川一夫）が撮影中に暴漢に顔を切られ、社会に大きな衝撃を与えた。

この事件は一般の目に見えるかたちで映画界の裏面が露わになったのだが、『国際映画新聞』を主宰していた市川彩《さい》〔図②〕は統計や数字を分析、作品の数に比して国内市場が狭いので、「東亜大陸への第一歩」で海外市場へ目を向けよと、アジア大陸への進出を促した（『国際映画新聞』昭和一二年一一月上旬号）。このときまさに、日本軍は中国大陸の各地へ「進出」、相手国からみれば「侵略」戦争の深みに入りつつあった。南京入城はこの一二月のことである。市川彩によれば、前年から観客は一割増えたが、日本映画は粗製乱造であり、充分な製作費がかけられず、製作日数にも余裕がないので、天分ある監督、俳優、プロデューサーも腕を発揮できず、結果として優秀作が足りないことを指摘する。観客の増大、粗製乱造、優秀作品の不足、これではまるで関東大震災後のサイレント映画時代――一五年ほど前――と状況はさして変わらなかった。

「東亜大陸への第一歩」は、門司から海路を大連へ向かう市川彩の船中の思いが綴られており、本文前の小さな活字では「錯雑たる日本映画界の雰囲気から脱する時、僕は我が日本の為に、我映画界の為にそして東洋文化建設の大きな夢へと想いを擬して行くのだ」と胸中を語る。この心境は、当時の日本に広がりつつあった「錯雑たる日本国家の暗雲」――孤立化し、戦況も経済も資源も先が見えなくなっていく暗雲――と、そこからの突破や脱出を図ろうとした軍人や大陸浪人たちとも共通するだろう。綿密な数字と統計分析に長けた市川彩に、彼らのような茫漠とした夢想だけがあったとは思えない。小見出しを追っていくと、「行詰った邦画界打開は」「同文同種の東亜大陸へ」「平等の心構えを以て向かえ」と、それまでに満州、北支、上海を訪問調査し、これから大連を訪れて調査する、その先の希望が語られているが、市場としての展望のみで、「東洋文化建設」が何を意味するのか、まだ具体案はなかった。

図②　市川彩（『アジア映画の創造及建設』1941年）

翌昭和一三年一月上旬号の『国際映画新聞』で、市川彩は「日本映画の大陸進出を提唱す」という特集記事を組み、みずから巻頭言で「新時局に処する映画界の打開策として　亜細亜映画ブロックの結成を促進せよ」と呼びかけている。「今や中華民国臨時政府成り、新しき政治経済のイデオロギーは関係当局より放送されつゝあるが、一般民衆の動向に最も刺戟的な映画を拉し来り之が文化工作機関としての利用を策し、その使命達成に拍車をかけむとするものである」。しかし、南京陥落のあとに書かれたこの呼びかけには、軍閥はびこる中華民国の治安を日本軍が取り戻したのだという日本国家のイデオロギーがそのまま反映されており、文章全体にも「進出」ならぬ「進軍」の興奮と昂揚が見られる。つづく同「映画の大陸進出にはこのルートを」では、北支から南京へ、東亜に新しい黎明が到来した、上海では中国の映画産業が離散したようだが情勢は不明、しかし中国民衆にも娯楽としての映画は必要だと論じていく。日本映画はアメリカやドイツ映画に比べると一本の収益が一〇分の一にしかならないから、国内の狭い市場から脱して大陸へ出よという主張は「東亜大陸への第一歩」とほぼ同じである。すでに昭和一二年八月、「満州国」には国策（満州国、すなわち背後の日本国）先行の「満洲映画協会」が設立され、一一月一日から「満洲国映画法」が施行された。日本国内（昭和一四年四月公布、一〇月施行）よりも早く国策化が進んだのは、満鉄映画の経験があったとはいえ、日本国内に比して民間企業としての映画業界がなかったためだろう。当然、市川彩の視野には満映との協力も入っていたが、何度も中国へ足を運んで、ある程度映画観客の実態を知っていた彼は、中国民衆には満映作品は人気がなく、歓迎されないことを知っていた。したがって、いまは日満支三国の「大陸映画国策」を考えるときであると言う。

市川彩の巻頭評論のあと、同誌には十河《そごう》信二の「東洋平和は日満支映画提携から」も掲載されている。当時の筆者は興中公司社長、もともと鉄道事業畑を進んできた人物で満鉄の理事も経験し、経理に明るく、戦後は国鉄総裁も務めた。興中公司は満鉄の子会社で、華北地方の経済開発を担う日本の国策会社である。日本国内における東宝対松竹の「拙劣な争い」は彼の耳にも入っていたらしく（たぶん市川彩からか）、国家非常の際にはなはだ愚かしいと苦言を呈しながら、二大興行者である両者への協力を呼びかけている。

日本の支那に対する全面的進出の一方法として、将又《はたまた》文化の啓蒙と娯楽の供給という建前から、北支に一大娯楽機関を設置することは緊急なる重要不可欠事として、早速実現させねばならぬことである。

文化方面の分野に於て映画ほど直裁簡明に人々に働きかけ、然も偉大な効果を発揮するものは他に恐らく其の類を見ないであろう。

文化の高低、教養の有無を問わず斉しく大衆にアッピールすることに於て、教化に宣伝に娯楽に其他人間的視覚に於て、見る事を得ざる物象に殆んど絶対的無限の創造性と可能性を有する点に於て、映画こそは挙国一致の精神により最大限に其の製作及び配給の機能を発揮し、真の使命の価値付けに邁進することこそ必須なこと丶謂わねばならぬ。

本邦の映画が東洋に覇を唱える日の前哨的役割として、又支那七億の民に精神的糧を与えるという大乗的見地よりして、一刻の猶予もなく日本映画は大陸進出を断行すべきである。（ルビおよび若干の句点は引用者）

国策による映画進出論がここまで強く打ち出されると、市川彩もまたこの機運に乗ったものと思わざるをえない。そもそも彼は若い頃、草創期の映画事業で辣腕をふるった梅屋庄吉に私淑していたはずだから、孫文の「大アジア主義」を支援し続けた梅屋の影響下にあったことはたしかだろう。ともあれ、国策イデオロギーに乗ったかたちにせよ、市川彩は情報の豊富さで歴史的資料価値が高い著書『アジア映画の創造及建設』（国際映画通信社、昭和一六年）を残した。ただし、彼をめぐる論考は、渡邉大輔の「戦中期映画国策運動における市川彩と『国際映画新聞』の「国際性」」ほか、まだ多くはない(21)。

サイレント映画初期から映画人の間にあった日本映画の海外進出願望は、日本が中国との戦争を停戦できなかったばかりか、さらに「大東亜戦争」へ拡大することによって大きく変化していった。個人や映画業界内の願望と挑戦——作品価値であれ商品価値であれ——を超えて、国家的文化戦略の一環へ組み込まれていったからである。いまだ潜在的な需要しか予期できない地域が多くあったにしても、どこであれ、劇映画は娯楽としての大きな魅力を持っていたのだから。欧米へ進出する志向よりも、中国大陸へ、そして東アジアへ進出する志向がはるかに増大した。しかし、日本の国策的意図があろうとなかろうと、登場人物や物語のなかに表れた日本人の思考法、文化形態、生活様式などの独自性・特異性は、近隣諸国からでさえ共感を得るのが容易ではなかった。とはいえ、当時は同盟国だったこともあってか、本書収録のハラルト・ザーロモンによる「ドイツにおける日本映画の受容」には、日本の戦争映画がドイツで好評であったことなど、これまでの知られざる事実が報告されている。むろん劇映画だけでなく、映画国策は、文化映画、ニュース映画、記録映画の分野を大きく利用していくことになった。日本映画の海外進出は日本国家の文化工作となり、プロパガンダとなり、文化戦略ともなった。はたしてどこまで目的を達したのか、失敗に終わったのか、この領域でも映画史のみならず、むしろメディア史、メディア研究、現代史などの領域で個別研究が蓄積されつつあり、これからもさらに深められていくに違いない。たとえば、本書の筆者の一人、マイケル・バスケットの単著『〈魅惑〉の帝国――帝国日本の越境する映画文化』（未訳）は、いくつもの国を越えていく戦前の日本映画と視覚文化を大きな視野からとらえた野心的試みである[22]。

（1）いずれも尾上松之助主演の旧劇映画。『活動画報』第五号（大正八年）の記事による。

（2）彌《や》満《ま》登《と》音影《おんえい》が『忠臣蔵』をニューヨークへ送り出して酷評されたことなど、石巻良夫が「日本映画輸出の歴史」の項でふれている（「日本映画界の現況と国際関係」、『日本映画事業総覧　昭和三―四年版』二〇―二三頁）。彌満登音影は浪花節のレコードと映画を組み合わせたりしていた弱小会社で、短命に終わった。また、大正一五年、〈阪妻・立花・ユニヴァーサル聯合〉映画がユニヴァーサル映画の技術者を日本に呼び、製作した日本映画をアメリカで配給しようと試みたが、できの悪い作品ばかりで失敗に終わった。この経緯は田中純一郎『日本映画発達史Ⅱ』（中公文庫、一九七六年）で説明されている（九〇―九三頁）。

（3）佐伯知紀「村田実研究――現代劇の先駆者」、『東京国立近代美術館研究紀要』第二号、一九八九年。同「村田実　疾駆す

る点景――現代映画のパイオニア」、岩本憲児編『日本映画とモダニズム 1920-1930』リブロポート、一九九一年。

(4) 中山信子「『十字路』の1929年パリでの評価」、『演劇研究』第三五号、早稲田大学演劇博物館、二〇一二年。

(5)〈阪妻・立花・ユニヴァーサル聯合〉については、下記論文を参照。小松弘「モダニズムの成立――一九二七年における日本映画の状況」、『早稲田大学大学院文学研究科紀要』第三分冊、第五一号、二〇〇六年。

(6) C. Кауфман, *Японская кино*, Москва, 1929. 試写されたのは『からくり娘』(五所平之助監督、昭和二年)で、エイゼンシテインはこれに落胆している。エイゼンシテインの「枠を超えて」は鴻英良訳で読むことができる(岩本憲児編『エイゼンシュテイン解読』フィルムアート社、一九八六年に収録)。

(7) 松竹の第一回輸出映画として準備されていたのは、『陸の王者』『陽気な唄』『坂崎出羽守』だった。これ以前、『萩寺心中』はロシアでも一般公開されて好評だったという。

(8) 土田環「戦前期の日本映画における〈国際性〉の概念――『NIPPON』に見る川喜多長政の夢」、『Cre biz：クリエイティブ産業におけるビジネス研究』映画専門大学院大学定期文集編集委員会、二〇一二年三月。松竹映画三本が東亜商事の手でドイツへ持ち込まれて、ドイツ側で一本の映画にまとめ直され「ニッポン」というタイトルで、ひっそりと公開されたという。この件に関しても、本書のハラルト・ザーロモン「ドイツにおける日本映画の受容」を参照されたい。

(9) 如月敏「日本映画の海外進出について」、『映画往来』昭和四年九・一〇月合併号。

(10) 左団次一行の訪ソ歌舞伎公演が成功したあと、ソ連へ「輸出」された日本映画は『何が彼女をそうさせたか』と『河向ふの青春』の二本。後者は木村荘十二《そとじ》監督、音画芸術研究所製作、東和商事配給、昭和八年。

(11)『キネマ旬報』昭和四年二月二一日号、および同誌三月一日号。

(12) たとえば、松井翠声「日本映画も万国語で書かれねばならぬ」、大竹二郎「『十字路』の場合」、杉本良吉「ウクライナ語で書かれた日本映画批評」、岡田真吉「フランスに於ける日本映画の進出」など。

(13) 発行年度順に、『国際文化』(国際文化研究所、一九二八年一一月―一九二九年一月、白揚社)は、マルクス主義寄りで、ロシア語からの翻訳も多く、演劇人や文人からの寄稿もあった。『国際文化協会会報』(国際文化協会、一九三七年七月―一九四三年三月)は、海外の政治経済の論調を日本語に翻訳紹介する記事を満載。『国際文化』(一九三八年一一月―一九四四年六月)は、国際文化振興会の機関誌。

(14) たとえば、映画法に強く反対した岩崎昶の『映画史』東洋経済新報社、一九六一年。加藤厚子『総動員体制と映画』新曜社、二〇〇三年。国策映画の実際については、古川隆久『戦時下の日本映画――人々は国策映画を観たか』吉川弘文館、二〇〇三年。おおまかな経緯については、岩本憲児「ナショナリズムと国策映画」、同編『日本映画とナショナリズム 1931-1945』序論、森話社、二〇〇四年。

（15）古賀太「戦前における日本映画の海外進出と国際文化振興会」、『芸術学部紀要』第五五号、日本大学芸術学部、二〇一二年三月。岩本憲児「戦時下における外国語版『日本映画年鑑』刊行の背景を探る」、前掲誌『芸術学部紀要』第五五号。*JAPAN TIMES Weekly* が一九四二年一二月一〇日号で *MOVIE SUPPLEMENT* を特集し、五〇頁におよぶ日本映画特集を組んでいる。右記拙論では、目次および見出しを訳しておいた。同「アジア主義の幻影――日本映画と大東亜共栄圏」、同編『映画と「大東亜共栄圏」』序論、森話社、二〇〇四年。なお、映画領域に限らない国際文化振興会全般にふれた著書に、柴崎厚史『近代日本と国際文化交流――国際文化振興会の創設と展開』有信堂高文社、一九九九年。

（16）板垣鷹穂の戦前・戦時下の映画論については、岩本憲児「機械文明と映画教育」参照、五十殿利治編『板垣鷹穂　クラシックとモダン』森話社、二〇一〇年。

（17）岩崎昶「日本映画の様式」、『映画と現実』収録、春陽堂、一九三九年。

（18）土田環「戦前期の日本映画における〈国際性〉の概念」（注8）。この論文は、溝口健二監督『狂恋の女師匠』が川喜多長政の仲介でヨーロッパへ渡ったといわれ、その行方を追いながら、川喜多の映画輸出観や彼にとっての「国際性」の意味を問いかける。

（19）『国民の誓』は日独合作映画の一つ。昭和一三年五月公開、原作はリヒャルト・アングスト、脚本はリヒャルト・シュワイツァー、ヴォルフガング・バジェ、野田高梧、監督は松竹の野村浩将、出演はゼップ・リスト、佐野周二、高杉早苗ほか。

（20）晏妮『戦時日中映画交渉史』岩波書店、二〇一〇年。

（21）渡邉大輔「戦中期映画国策運動における市川彩と『国際映画新聞』の「国際性」」、『芸術・メディア・コミュニケーション』第九号、日本大学大学院芸術学研究科、二〇一二年。これ以前には、岩本憲児「アジア主義の幻影――日本映画と大東亜共栄圏」（注15）、本地陽彦「市川彩と『国際映画新聞』が問いかけたもの」、『国際映画新聞』別巻、復刻版、ゆまに書房、二〇〇八年。

（22）Michael Baskett, *The Attractive Empire: Transnational Film Culture in Imperial Japan*, University of Hawai'i Press, 2008.

2

フランスで初めて公開された日本映画

エキゾティズムと好奇心

中山信子

はじめに

日本で最初のフランス映画の公開は、一八九七年二月一五日、大阪南地演舞場でのリュミエール兄弟が発明したシネマトグラフの上映である(1)。それでは、フランスで初めて日本映画が劇場公開されたのは、いつ、そして何という作品だったのだろうか。戦前、日本映画の市場は「内地」と「植民地」であった。当時の日本映画界では、欧米諸国に日本映画を輸出しようとする様々な試みがなされていたが、ごく少数の例外を除いて成功しなかった(2)。日本映画が国外で広く知られるようになるのは、『羅生門』(黒澤明監督、大映、一九五〇年)がベネチア映画祭で金獅子賞を受賞した一九五一年以降である。しかしながら、『羅生門』以前にもフランスで日本映画が劇場公開されていた。

ここでフランスを取り上げる理由であるが、ひと口に欧米諸国といっても、太平洋を隔てた隣国で一九世紀以来日本人移民が居住したアメリカとヨーロッパとでは、日本との関係の密度が異なる。また歴史の浅い移民国家で国民の多くがプロテスタントであるアメリカと、「古い大陸」に属しカトリック教徒が多いフランスでは文化の土壌も異なる。映画の分野に限っても、ハリウッドという巨大映画産業を擁するアメリカと、映画を自国で生まれた「芸術」であると考え保護するフランスとでは、映画をめぐる環境は同一ではない。日本ではともすればアメリカの基準が、国際的なスタンダードのように見なされる傾向があるが、アメリカとは異なるフランスという視点から日本映画の受容を考えることには意義があると考える。そして一九二〇年代のパリは、新しい芸術活動の盛んなコスモポリタン的都市でもあった。

本章では一九二六―二九年のサイレント映画の時代に、フランスで公開された日本映画の評価を当時の新聞・雑誌の批評を通じて検証し、公開に至る経緯やフランスでの日本映画の受容の状況を考察する。

1 「ムスメ」のパリ公開

「ムスメ」(musumé)と題する日本映画が一九二六年三月三〇日から四月二九日まで、パリのステュディオ・デ・ジュズリーヌで公開された。同時に上映されたのはルネ・クレール監督の Le voyage imaginaire(「空想の旅」一九二五年)であった。(3) 『シネマガジン』(*Le cinémagazine*)誌二六年四月一六日号にはその一場面の写真[図①]に以下のような解説が掲載されている。

図① 『シネマガジン』誌 1926 年 4 月 16 日号

スターフィルム社の配給による「ムスメ」は、フランスで公開される初めての日本映画である。この作品で我々は、日本の興味深い風俗や慣習を初めて目にすることができる。上記の写真はこの映画の主要なシーンの一つである、コニコ・スナダ(Koniko Sunada)がハラキリを試みる場面である。この作品はステュディオ・デ・ジュズリーヌで公開中である

『ル・プチ・パリジアン』（*Le Petit Parisien*）紙四月三日付に、ジャック・ヴィヴィエンによる「ムスメ」の批評が掲載された。

「ムスメ」は日本で製作された映画である。技術面では未完成な部分が多いが、俳優の演技は注目に値する。日本は近代化を進めているが、この作品を見る限り日本社会には旧来の風習が根強く残り、女性の自立は進んでいないことが分かる。物語は、ボストンで日本女性が同国人留学生ゴローと結婚する、彼女が一時帰国すると、母はサトウという金持ちとの結婚を強いる。日本では子供の結婚に親が絶対的な力を持ち、またアメリカでの結婚は効力を持たないこともあり、彼女はサトウとの結婚を承諾させられる。サトウは放蕩者で、妻を奴隷扱いした。その仕打ちに耐えかねて彼女は自殺、伝統に則ったハラキリを試みるが弟に阻止される。外科医となったゴローは帰国し彼女を取り戻そうとするが、サトウは子供を奪い、彼女を放逐する。だがサトウは嫉妬に狂った愛人のゲイシャに撃たれ、二人は一緒になることができた、というものである。この作品で興味深いのは、日本の風景や日常生活の描写、そして簡潔な演技で強い印象を与えるコチコ・スナダ（Kotiko Sunada）の存在である。彼女はムスメという言葉から想起される可愛い人形ではなく、苦悩する女性である。その苦悩を控え目な演技で表現し、見る者に感動を与える。コチコ・スナダの演技は、以前パリに来た貞奴の激しい動きと対照的で、自然で真実の印象を与える。我々はこの極東のスターの名を忘れないだろう。

『ラ・シネマトグラフィ・フランセーズ』（*La cinématographie francaise*）誌二六年四月一〇日号のルシー・ドゥレに

よる批評は以下の通りである。

フランスで初めての日本映画「ムスメ」がステュディオ・デ・ジュズリーヌで公開された。作品の冒頭、若い女性がその夫とゲイシャの乗った荷車を引く場面が描かれる。女性が疲れて立ち止まると、夫は容赦なく鞭を振るう。「ムスメ」の監督の意図は、日本の女性が置かれた悲惨な状況を描き、観客の同情を誘うことであると思われる。物語はアメリカのドラマから着想を得たものを、東洋風にアレンジしたことは明確である。だがこの作品では日本の現実、ゲイシャが並んで歩く様子や都市の日常生活、また近代的な地域と封建的な風習の残る地域の対照が描かれる。丁寧な風景描写や紙で作られた室内の美しさが印象に残る。この作品で興味深いのは、日本の珍しい事象であり、主演女優の節度ある演技である。「ムスメ」は一見の価値のある作品である。物語はありきたりであっても、この作品は巧みに構成され多くの教訓を含んでいる。特に冒頭とゲイシャが並んで歩く場面は注目に値する。

次いで『ジョルナル・デ・デバ』(*Journal des débats*)紙の四月一一日号の批評を紹介する。

「ムスメ」はフランスで初めて公開される日本映画である。映画のシナリオに斬新さはなく、演出も図式的である。だが作品自体は奇異なものではなく、俳優の演技は自然である。監督の意図は日本の女性が置かれた悲惨な状況の告発であるが、そこに才知のきらめきは感じられない。日本女性がアメリカで同国人と結婚し一時帰国すると、横暴で放蕩者の金持ちとの結婚を母親に強いられる。家族の圧力に抗えず、最初の夫の子供を身ごもったまま、彼女は結婚させられる。野卑な二番目の夫、最初の夫の帰国、子供の存在がこのドラマを全ての人に分かりやすいものとしている。そしてそれらを誠実に描出していることを評価すべきである。冒頭のシーンが、奴隷のような妻の不幸を象徴するもので、女性の権利獲得への闘いを強く訴えるものである。

『ラ・スメーヌ・ア・パリ』（*La semaine à Paris*）誌四月九―一六日号にはクロード・ファヤールの批評が掲載された。

映画という新しく、スピーディで直接的な表現媒体と悠長で思索的、時間が止まったような日本文化との結びつきには興味を覚える。「ムスメ」を見る限り、日本人は古いヨーロッパではなくアメリカに魅了され、影響を受けていることが明らかである。この作品は全くアメリカ映画の模倣である。日本人はこうした安易で稚拙なやり方を脱して、本当の日本映画を製作すべきである。まず全てを吸収し、良いものと悪いものをより分け、外来の技術を自分のものにした時に、真実の日本映画が誕生するであろう。「ムスメ」は日本映画の試行の一段階を示すものであり、この作品を通して我々は変貌しつつある日本の姿を垣間見ることができる。

さらにパリ国立図書館所蔵の映画「ムスメ」に関する資料には『ウーヴル』（*OEuvre*）誌と『ヌーヴォー・シエクル』（*Nouveau Siècle*）誌の批評のコピーが収められていた〔図②〕。『ウーヴル』誌四月二日号のルシアン・ワールの批評は以下の通りである。

"MUSUMÉ"

— LUCIEN WAHL.

Musumé

Ce qui nous a toujours charmé dans tout ce qui est japonais, c'est d'abord cet exotisme et ensuite cette extraordinaire naïveté qui fait par instants sourire, mais le plus souvent nous ravit.

Voilà ce que l'on retrouve dans Musumé, que donne en ce moment le studio des Ursulines et qui est d'ailleurs le premier film japonais importé en France.

Les amateurs de japonaiseries y trouveront leur compte : il se dégage, en effet, de l'ensemble de l'œuvre un charme, une fraîcheur indéfinissables, auxquels on saurait difficilement résister.

図② 『ウーヴル』誌1926年4月2日号と『ヌーヴォー・シエクル』誌同年4月16日号の批評

フランスで初めて公開される日本映画に興味を引かれる。この作品で日本の美しい風景を見ることができるが、家屋や室内の描写は月並みである。俳優の演技は一定の水準に達している。「ムスメ」を製作したトクナガ監督の意図は、日本社会の不平等な慣習や法の告発である。「ムスメ」にはゲイシャが歩くシーンなど興味深い場面もあるが、作品自体はアメリカ映画の凡庸なシナリオを翻案した類型的なメロドラマである。しかしこの作品だけで日本映画の水準を判断することは慎むべきであり、もっと多くの日本映画を見る必要がある。

『ヌーヴォー・シエクル』誌四月一六日号のエドワール・ボニフーの批評を紹介する。

日本が我々を魅了するのは、エキゾティズムでありそのナイーヴさである。フランスで初めて公開される日本映画「ムスメ」が興味を引くのもまさにこの点である。この作品で監督は、家のために犠牲を強いられる女性の状況を告発している。ヒロインの苦悩の描写には時には子供じみた愚直さも感じられるが、我々の胸を打つ。演出は多少冗長なところがあるが、西欧の監督に比べて遜色はない。俳優の演技は監督の意図を良く表現している。

上記のように、「ムスメ」という日本映画の批評が当時の新聞や雑誌で多数取り上げられている。また、「ムスメ」を上映したステュディオ・デ・ジュズリーヌの支配人アルマン・タリエは、二六年に最初の日本映画「ムスメ」を上映したと回顧録で記している。(4) 五二年四月二六日に行われた初期のシネクラブ活動に関する映画史資料作成のための座談会に出席したタリエは、初めて見るトクナガ監督の日本映画「ムスメ」に興味を引かれ、そして奇異な印象も受けたと語っている。(5) さらに、五二年四月五日に行われた初期のシネクラブ活動をめぐる別の座談会でも、出席者の一人レオン・ムーシナックが最初の日本映画「ムスメ」が二六年三月三〇日に公開されたと証言している。(6) こうした記述から、一九二六年にフランスで最初の日本映画が「ムスメ」というタイトルで公開されたという事実が明らかになった。

2 「ムスメ」の日本での題名

それでは、「ムスメ」という題で公開された日本映画の原題は何であろうか。監督はトクナガ、主演女優がスナダ・コニコ（コチコ）であること、また作品の物語や製作時期を手掛かりに調べると、「ムスメ」は『愛の秘密』（徳永文六監督、砂田駒子、フランク徳永、伊藤一夫出演、東亜キネマ、一九二四年）である。『愛の秘密』のフィルムは現存していないが、『キネマ旬報』二四年八月二一日号に以下のような紹介が掲載されている。

ボストンの教会で清次（フランク徳永）と結婚した政子（砂田駒子）は幸福な生活を夢見て居る矢先、母からの手紙によって清次に再会を約して帰朝した。そうして政子は切なる母の言葉黙し難く、恩と義理の柵の為に清次の胤を宿しているのを秘して島（伊藤一夫）と云う男に嫁した。〔略〕放蕩者の島は次から次と女を漁って歩いていた。〔略〕政子は思い余って自殺を企てたのも一再ではなかった。〔略〕そして偶然の機会から政子と清次は邂逅した。妻の秘密を知った島は政子を逐い出さうとした。その時島は何者かに狙撃されて斃れた。〔略〕其処に真の犯人たる玉代の出現によって凡ては解決され政子と清次とは幸福の生活へ。

登場人物の名前が清次からゴロー、島からサトウとなっているが、これはフランスの観客に馴染みのない日本人の名前を分かりやすく変えたものと思われる。『愛の秘密』はマキノを買収した東亜キネマの東亜甲陽撮影所第一回作品として製作され、一九二四年七月一七日に大阪八千代座で公開された。(7) 監督は徳永文六（一八八七―一九六七）で、フランク徳永として出演もしている。主演の砂田駒子は徳永の妻である。

徳永文六は一九〇四年にアメリカに渡り、トマス・インスの下で俳優、監督の修業をしたと伝えられる。ハリウッドで端役として映画出演していた砂田駒子と結婚し、一九二一年に二人で帰国した。東亜キネマで『愛の秘密』を製作するが不評で、日活に移籍し村田実監督の『街の手品師』の助監督を務めた。『街の手品師』には砂田駒子も出演している。その後『愛に輝く女性』『東洋のカルメン』（共に日活、一九二五年）等を監督し、俳優としても映画に出演した。(8)

砂田駒子は一九〇〇年に岡山県で生まれる。四歳の時に家族と共にアメリカに渡り、ハリウッドで映画に出演するが、徳永文六と結婚し帰国。『愛の秘密』に出演後『街の手品師』で注目を浴び、『法を慕う女』（村田実監督、日活、二五年）、『赫い夕陽に照らされて』（溝口健二監督、日活、二五年）、『陸の人魚』（阿部豊監督、日活、二六年）また、夫・徳永文六の『東洋のカルメン』（二五年）等に出演し、当時の日本には珍しいモダンな女性を演じて人気があった。(9)『日活画報』一九二五年五月号には砂田駒子の写真が掲載され、「白くして可憐に咲く梨の花のやうに美しく、そしてまたアメリカ育ちの明るい社交振りは日本娘のしとやかさを持つ女性とはおもはれないほど、それははなやかである」というコピーが添えられている。

『愛の秘密』の日本公開時の批評は、以下のようなものであった。

バタ臭紛々たる映画である。先年バタ臭甚だしきものと罵倒された、帰山教正氏の『生の輝き』や村田実氏の『君よ知らずや』もまさに一歩を譲るであろう。どう見ても日本に於いて、日本人の手で製作された映画とは信じられないほど勇敢に日本離れして居る。徳永フランク氏の脚色監督主演総ては余りに日本を知らな過ぎる。〔略〕彼が云はんとする日本の女性に対する諷刺も警告も、もっともっと日本及び日本人を研究してからやるべしである。砂田駒子嬢の政子は、一寸日本の女優に求められない動作や表情を見せて居る。それ丈やはり臭い感じはするが、この映画で嬢の演技でも賞さなければ賞する処がない。〔略〕要するに日本人より外国人に見せれば相当受ける映画であらう。

（山本緑葉『キネマ旬報』二四年八月二一日号）

また『活動写真』二五年九月号には「異国情緒小説」と題して『愛の秘密』の物語が紹介されている。そして『日本劇映画総目録』には、『愛の秘密』は「東亜甲陽撮影所の第一回作品。徳永は米国映画監督インスの直弟子とのふれこみで、妻の砂田駒子と共に入社したが、本作品は惨々の不評[10]」と書かれている。『日本映画発達史Ⅰ』に「徳永文六は一八年のアメリカでの俳優生活の経験を生かして日本映画界に尽くしたいと妻の砂田駒子と共に大正一一年九月一八日に帰国した[11]」と記されているように、徳永文六はハリウッド仕込みの監督、俳優として日本映画界に迎えられた。当時の日本映画界には、ヘンリー小谷、ジャッキー・アベこと阿部豊などアメリカ帰りを売り物にする監督がおり、徳永もその一人であった。しかし、日活のスター中野英治は徳永のことを「アメリカはアメリカでもひどいアメリカだ。スラプスティックの悪いところばかり寄せ集めたようなアレで、教養もなければなにもない。〔略〕新しいものなど何も持って帰っていない。阿部豊とはまるで違う[12]」と語っているように、監督としても俳優としても日本での評価は芳しいものではなかった。そして徳永は『愛の秘密』を監督した後、東亜キネマを去り、日活で村田実監督の『街の手品師』の助監督を務めた。

3 「ムスメ」のパリ公開の経緯

それではなぜ『愛の秘密』がパリで公開されたのだろうか。上述のように、(フランク)徳永文六は『愛の秘密』を監督した後、『街の手品師』の助監督となった。[13]そして『愛の秘密』は『街の手品師』と共にフランスに運ばれたものと思われる。

一九二五年に公開された『街の手品師』は、日本で絶賛された作品であった。当時日本映画の製作数は増加し、観客も増え続けていた。しかし内容的には、日本映画は外国映画のレベルには達していないという不満を持つ観客も少なからずいた。そうした中で森岩雄のシナリオによる『街の手品師』は飛び抜けて高い評価を受け、監督の村田実は日本映画の希望の星となった。[14]

村田実(一八九四―一九三七)は若い頃から西欧演劇に傾倒し、当時の日本映画に反旗を翻した帰山教正《かえりやまのりまさ》監督の純映画劇『生の輝き』(一九年)に参加した。その後松竹キネマで革新的映画『路上の霊魂』(二一年)を監督、二三年に日活に入り『清作の妻』(二四年)、『灰燼』(二九年)等を発表し「現代劇映画のパイオニア的存在」であった。[15]その村田の代表作の一つが『街の手品師』である。この作品のフィルムも現在は残っていないが、物語は次のようである。

手品師譲次(近藤伊与吉)はお絹(岡田嘉子)に恋するが、お絹には恋人山中(東坊城恭長)がおり、その子供を宿していた。しかし山中は金持ちの娘（砂田駒子）と結婚する。絶望したお絹は自殺を図るが、これを助けた譲次は山中を殺し、自分も深手を負って死ぬ。その後街の人は、幼子を連れた女手品師お絹の姿を目にするようになった(16)。

以下は日本公開時の『街の手品師』の批評である。

見終わって惟ならぬ感激が湧いてゐたことを意識した。〔略〕我々は今迄の日本映画に於いてこんなにまで近代人の心に食い入って来るものを見たことがない。それは原作脚色者と監督者と主演者とが深い映画に対する理解を持ち、同時にお互いが疎通した感情をもってゐることが成功の一番大きな原因であったとい言へる。

（佐藤雪夫『キネマ旬報』二五年二月一五日号）

米国は最近、チャップリンによって『巴里の女』という芸術映画を得た。そして我国は今、村田実によって『街の手品師』なる、コムマーシャリズムを脱した芸術映画に接する歓びを得たのである。評者は、先ず此の映画の細評を試みる前に、是こそは魂のこもった映画である、と激賞したい。〔略〕兎も角も、エポック・メーキングな作と、推賞することを惜しまない。

（古川緑波『キネマ旬報』二五年三月一一日号）

このように『街の手品師』は当時の批評家が待ち望んでいた映画であり、その芸術性、革新性が評価された。しかし、これらはあくまでも一九二五年の日本映画界を前提にした評言であるとして、佐伯知紀はこの作品に対する後年（一九三五―六〇年）の村上忠久、岩崎昶《あきら》、飯島正の批評を検証し、公開時のものと比較している。それによると後年の批評では、村田実の意欲は認めるものの、概して作品の評価は辛くなっており、村田は共時的批評（公開時の批評）と通時的批評（後年の批評）との落差が他の監督に比べ大きいと佐伯は指摘している。そして『街の手品師』は、日本での共時的・通時的批評の落差のみならず、国外における評価の落差をも経験するという、当時の日本の映画としては稀な作品であった[17]。

日本での公開後、村田は『街の手品師』を国外に紹介したいと考えた。そこにドイツのウエスチ社からこの作品をドイツとフランスに輸出したいという話があり、村田実と脚本を書いた森岩雄は二五年七月にヨーロッパに向かった。しかしベルリンに到着すると、ウエスチ社は倒産していた。そして、ベルリンの日本人倶楽部で『街の手品師』を上映するが酷評される。またパリで『街の手品師』を見た『シネ・ミロワ』誌のジャン・ヴィニヨウ[18]は、全体のテンポがのろく、絵が暗い、あまりに筋が単純過ぎる、西洋臭いと批判した。その後、『朝日新聞』の特派員・黒田礼二の仲介で『街の手品師』のパリでの公開が決まり、サシヤ・ゴヤンの事務所で契約書に署名し、二五年一二月に村田は帰国したと森岩雄は記している[19]。

図③　*Le Tout-Cinéma : annuaire général illustré du monde cinématographique,* Paris, Filma, 1926

この森岩雄の記述に登場するサシャ・ゴヤンとは、ゴロン・パリ・フィルム社（Goron Paris Films）代表の Sacha Goron と思われる。同社はベルリンとウイーンにも支社を持っていた。パリのシネマテークに保存されている当時のゴロン・パリ・フィルム社の契約書を見ると、一度に複数のフィルムの配給契約を製作者と結んでいるものが多い。村田実と森岩雄がサシャ・ゴロンと取り交わした配給契約も『街の手品師』だけでなく『愛の秘密』も含まれていたと考えられる。サシャ・ゴロンはフランスの映画界の著名な人物であったようで、一九二六年の映画年鑑『ル トゥ シネマ』（*Le Tout-Cinéma*）に顔写真が掲載されている［図③］。

しかし、一九二九年五月一八日付の『ル・マタン』（*Le Matin*）紙にゴロン・パリ・フィルム社の破産公告が掲載された。

パリで前衛映画を上映していた劇場ヴィユ・コロンビエの一九二六—一九二七年の上映予定作品に、『街の手品師』が「路上の芸人」（Le Jongleur dans la rue）というタイトルで載せられている。この広告〔図⑨〕については後で詳しく述べる。しかし『シネア』（*cinéa*）誌二七年六月一五日号掲載されたヴィユ・コロンビエの二四年から二七年の上映作品リストに Le Jongleur dans la rue はない。ちなみに後述する『萩寺心中』（Le tragédie du temple Hagui, 野村芳亭《ほうてい》監督、松竹、一九二三年）は同館で二七年四月に上映され、リストに載っている。したがって『街の手品師』は上映予定のリストにはあったが、実際には上映されなかったものと考えられる。この時期のフランスの新聞・雑誌に『街の手品師』の紹介や批評は全くない。また『キネマ旬報』二五年一一月一一日号にマルセル・レルビエが「村田氏との会見を機として日本映画界に送る」という一文を寄せているが、そこに『街の手品師』への言及は一言もなかった。

ロンドンでは『街の手品師』が、フランスのシネクラブにあたる「フィルム協会」で二六年に上映された[20]。当時ロンドンに在住していた柳澤保篤は「倫敦に来た『街の手品師』」という文章を『キネマ旬報』二六年八月一日号に寄稿している。それによると、『街の手品師』の大半は退屈なものだ、それにテクニックも今では少しも珍しくなく、欧米におけるそれの貧弱な模倣に過ぎないと批評され、あまりにアメリカ式だと貶されたとされる。そして柳澤は「然し彼らはいつまでも浮世絵の日本を観てゐるので、今日の日本が如何にアメリカの影響の下にいるかを観過ごして居る。〔略〕要するに日本映画に対して外国人が最も切実に要求する処のものはテクニックの妙でもなく、スリルやロマンスやユーモアでもない、只「日本」と「日本人」のありのまゝの姿なのである」と書いている。

そして、村田に同行した森岩雄は、ヨーロッパでの『街の手品師』の反応を次のように記している。

『街の手品師』は欧州全体へ見せる計画がほぼ成り立った。どこの国の商売人もあの映画は商売にならないとみんな手を引込めてゐた。〔略〕概して映画の評判はよろしくない。〔略〕最も悪く言はれるのは場面の汚く暗いことだ。それはセットに金がかからず、照明機の絶対的不足に原因する。〔略〕村田君の極端なる西洋崇拝主義が全く消えてなくなり、真面目な意味での西洋文化の輸入に就いて僕の意見と合致したのは、とにかく今度の村田君の洋行に就いて一番の変化であろう。(21)

村田と森はヨーロッパ訪問の際に、『街の手品師』の助監督であった徳永文六の『愛の秘密』も持って行ったものと思われる。当時、日本からフランスまで海路で四四日、最短のシベリア鉄道経由でも一五日を要し「洋行」は大事業であった。大竹二郎は「一体日本人は経営者であれ、監督であれ、俳優であれ、或いは弁士であれ、外国に行くときは、必ず関係映画の一二本は、パンツの着換えと共に持って行く様です。勿論持って行く以上誰かに見せるのでせうが、余りほめられません(22)」と記している。『キネマ旬報』誌で山本緑葉が『愛の秘密』は「日本人より外国人に見せれば相当受ける映画であらう」と書いており、村田も森もこの作品は外国で評価されると考えたのかもしれない。確かにフランスの興行者は、日本で絶賛された『街の手品師』ではなく、酷評された『愛の秘密』を一般公開した。はからずも村田と森は、フランスでの最初の日本映画の公開を実現した功労者となった。

4 「ムスメ」と日本趣味

それではなぜ『街の手品師』ではなく『愛の秘密』がフランスで上映されたのだろうか。フランスの「ムスメ」（『愛の秘密』）の批評では、日本の批評にはないハラキリ（切腹）への言及がなされている。先に挙げた『シネマガジン』誌では、この作品の重要な場面としてヒロインが目隠しをした息子の傍でハラキリを試みる場面〔図①〕が掲載されている。また『プチ・パリジアン』紙でも、ヒロインが日本の伝統的作法に則って、ハラキリを試みると書かれている。

この時期、フランス人は日本のハラキリ（切腹）に強い興味を寄せていた。二八年一一月には Hara-kiri（「ハラキリ」）という作品がパリで公開されている。この作品の監督・主演はマリー＝ルーズ・イリブ、共演はコンスタン・レミィでスタッフ、キャスト共にフランス人である。映画の物語は以下のようなものである。

日本人の父親、ヨーロッパ人の母親を持つ文化人類学者で伝統文化の継承者であるサムラ（コンスタン・レミィ）の妻ニコル（マリー＝ルーズ・イリブ）は日本文化に心酔している。ニコルはパリに住む将軍の末裔フジワラの愛人となり、夫を捨てフジワラと共にアルプスの山荘に行くが、フジワラは山の事故で死ぬ。将軍家はフジワラの葬儀を伝統に則って行うように命じ、ニコルの夫サムラが葬儀を取り仕切る。ニコルはフジワラの死後日本刀で切腹を試みるが、サムラに阻止されピストルで自害する。[23]

日本人には荒唐無稽に見えるこの作品は、パリで大きな反響を呼んだ。『シネマガジン』誌二八年一一月二三日号には「絢爛豪華な映像で見せる大作」というコピーの広告が掲載されている〔図④〕。また『シネ・ミロワール』（*ciné-miroir*）誌二八年六月一日号では撮影中の Hara-kiri（「ハラキリ」）の記事を掲載している。それによると主演者二人はフランス人だが、その他は中国人が演じており、日本の舞台俳優ウルジュ（Wurju）氏とフランス人の父親と日本人の母親を持つダオ（Dao）嬢が日本の風俗や衣装の考証を手掛けたと報じている。また同誌五月二五日号では「日本人ではない日本人」という見出しで、サムラを演じるコンスタン・レミィがメイクやカツラを工夫して、いかにして日本人に扮したかを伝えている。そして『シネマガジン』二八年九月二一日号には

「日本人」に扮したコンスタン・レミィの写真が掲載され［図⑤］、同誌一〇月五日号のHara-kiri（「ハラキリ」）の批評では、シナリオが独創的であり、フランス人であるニコルが切腹を試みるシーンが大変強いインパクトを与えたと書かれている。このようにHara-kiri（「ハラキリ」）は各映画雑誌で取り上げられた話題作で、低予算の際物映画ではなかった。

現代の映画史家はHara-kiri（「ハラキリ」）を以下のように評している。

図④　『シネマガジン』誌1928年11月23日号

447 Cinémagazine

Madame Marie-Louise Iribe et "Hara Kiri"

図⑤　同1928年9月21日号

> この時期のフランス映画で、このように日本の伝統風俗と儀式を綿密に描写した作品は他に類を見ない。特にフランス人女性が日本の伝統に従ってハラキリを試みる場面では、彼女のとまどいと決意のプロセスがリアルに描かれ、クライマックスにふさわしい緊張感を盛り上げている。しかしここで描かれる日本の風俗は江戸時代のも

ので、明治以降の近代化された日本ではない。こうした日本の表象は、当時のフランス人が関心を持っていたのは近代以前の日本であったことを証明するものである。(24)

また三三年一二月二八日号の『プール・ヴー』(*Pour vous*)誌では、撮影中のLa bataille(「ラ・バタイユ」三四年)でヨリサカを演じるシャルル・ボワイエに監督のニコラ・ファルカがハラキリの演技指導をする様子が報じられている[図⑥]。La bataille(「ラ・バタイユ」)は二三年に早川雪州主演で製作された映画のリメイクである。ここでも戦闘場面よりも、ハラキリの演出に関心が寄せられている。

Nicolas Farkas,
metteur en scène de « La Bataille »,
nous parle du hara-kiri...

図⑥ 『プール・ヴー』誌1933年12月28日号

そして、ドイツのフリッツ・ラング監督もHarakiri(「ハラキリ」一九一九年)という作品を製作している。この作品は長崎を舞台にしたもので、ミカドの命により切腹させられた大名トクヤワの娘オタケ(リル・ダーゴヴァー)は、オランダ人海軍将校オーラヴ・イエンス・アネルソン(ネルス・プレン)の恋人になるが、日本での任務を終えたオーラヴは帰国する。オタケはオーラヴとの間に生まれた子供を育てながら、オーラヴが日本へ戻って来るのを待つが、彼がヨーロッパで他の女性と結婚したことを知り、絶望したオタケは切腹をするという物語である。

フリッツ・ラングのHarakiriの現存している唯一のフィルムは、アムステルダム映画博物館に保存されているオランダ語版で、そのタイトルが「蝶々夫人」（Madame Butterfly）となっていることから分かるように、この作品は小説、舞台そしてオペラで有名な『蝶々夫人』を下敷きにしたものである。この作品のために日本式家屋をはじめとする壮麗なセットがハンブルグに作られ、日本人に扮しているのはすべてヨーロッパ人である。ここでラングが描きたかったのは、日本というよりも、異国の壮麗な装置の中で繰り広げられる奇異なドラマであるように見えるとアラン・マソンは評している。この作品のタイトルとなった「ハラキリ」のシーンは一瞬の描写で終わる。そしてラングは『スピオーネ』（Spione, 一九二八年）でも、日本の外交官マツモトに扮したルブ・ピックが切腹をする場面を撮っている。(25)

一八九八年にアメリカ人のジョン・ルーサー・ロングが発表した小説『蝶々夫人』は多くの読者を獲得した。一九〇〇年にブロードウエイの舞台監督兼脚本家デイヴィッド・ベラスコが『蝶々夫人』を舞台で上演し、それをロンドンで見たイタリアのジャコモ・プッチーニが一九〇四年に同名のオペラを発表し、『蝶々夫人』の名は広く知られるようになった。

アメリカから日本にやってきた海軍将校が、金銭契約で日本の少女を手に入れ、その少女が彼だけに忠誠を尽くし、愛情のためには死をも厭わない女性になるという『蝶々夫人』の物語は、西欧人男性が作り出したファンタジーである。小説の作者ロング自身日本での滞在経験はなく、宣教師の妻として長崎に居住した姉からの見聞をもとにこの作品を書いたように、「蝶々さん」は一九世紀の西欧人が思い描いた架空の日本人女性である。(26)そして最後の短刀を使った蝶々さんの自死は、切腹を連想させる。日本では切腹は武士階級を庶民階級から区別する特権の一つであり、腹を切るのは侍、すなわち男のみで、武家の女の自決の作法は懐刀で頸静脈を切ることであった。(27)したがって長崎の女衒《ぜげん》が斡旋した「洋妾《らしやめん》」にすぎない蝶々さんが、切腹をするなど現実にはあり得ないことであった。

しかしエキゾティックな物語の読者は、未知のもの、神秘的なもの、珍奇なもの、野蛮なもの、残酷なものを鵜の目、鷹の目で求めていた。そこで蝶々さんの自決という結末は西洋の読者にとって大きな衝撃であると同時に、彼らの願望に見事に応えるものだった。蝶々さんの自決は桜の咲き誇る下でなされ、ショウアップされた見せ場となった。キリスト教徒にとって自殺は罪であるが、異教徒である蝶々さんの自殺はキリスト教徒の自殺とは同一視されない。舞台を鑑賞する観客は、神秘的な夢の国の物語を目にしている限り、舞台上の出来事から一定の距離を保ち、ヒロインの死を衝撃的な見世物として楽しむことができたのである。[28]

この『蝶々夫人』の源になったのが一八七七年に出版されたピエール・ロチ著の『お菊さん』(*Madame Chrysanthème*)である。フランスの海軍士官ピエール・ロチが、長崎でお兼という一八歳の「ムスメ」と暮らした経験をもとに発表した小説は、フランスだけでなく欧米各国で幅広い人気を得た。その人気を支えたのは、一九世紀のビクトリア朝の道徳にがんじがらめになっていたヨーロッパ人が、性において奔放な東洋に対して抱いた憧憬であった。『お菊さん』は「植民地的セックス利用小説」の元祖となった。[29] そしてアンドレ・メサジェ作曲のオペラ『お菊さん』(Madame Chrysanthème, 一八九三年)、フェリシアン・シャンソールの小説『日本人形』(*La poupée japonaise*, 一九〇〇年)、リオネル・モンクトンとシドニー・ジョーンズ作曲のオペレッタ『ゲイシャ』(Guéicha, 一八九六年)、同じ作者によるオペラ『ムスメ』(Mousumé, 一九一一年)など『お菊さん』の亜流が多数出現し、[30] 画家のヴァンサン・ヴァン・ゴッホは「ラ・ムスメ」という肖像画を一八八八年に描いた。

エキゾティックな文学の権威である『お菊さん』は西洋人にとって、日本や日本人を表象する際の「模範的な著作」の一つと考えられていた。つまりこの作品は、ジャポニズムに関心のある「誰もが共有財産として利用することのできる語彙と観念」の宝庫だったといえる。[31]

そして『お菊さん』により「ムスメ」mousméという語がフランスに定着した。「ムスメ」は日本の少女や未婚の娘、また外国人と一時的な「結婚」をしている若い女性の意味で使われた。その結果「ムスメ」という語には、西欧人男性のエロティックな幻想の対象となる、人形のように愛らしく従順な東洋の若い女性という意味が賦与された。「ゲイシャ」が踊りと歌を披露する芸能者の意味を含んでいるのに対して、「ムスメ」は素人の女性というニュアンスがあった。[32]「ムスメ」という語は「ゲイシャ」「ハラキリ」「サムライ」などと並び、当時フランスで知られた日本語の一つであった。

フランスの興行者は『愛の秘密』という日本映画に「ムスメ」というタイトルをつけた。パリで公開された「ムスメ」（『愛の秘密』）の批評には、「ゲイシャ」が並んで歩くシーンや、ヒロインを虐待する夫を射殺する「ゲイシャ」など「ゲイシャ」についての言及もある。また、先に挙げた『シネマガジン』誌に掲載された写真〔図①〕の息子に目隠しをさせ、ヒロインが自害を試みるという構図は、オペラ『蝶々夫人』のクライマックスとして繰り返し演じられたものと同じである。『キネマ旬報』誌上で「日本の女性に対する諷刺も警告も、もっともっと日本及び日本人を研究してからやるべしである」と批判された「アメリカ帰り」の徳永文六であったからこそ、こうした演出ができたともいえる。いずれにせよ『愛の秘密』は、当時のフランス人が抱いていた日本趣味に合致する作品であった。そこには舞台の上で見た紅毛碧眼の「ムスメ」ではなく、「本物」の「ムスメ」がいた。ちなみに『愛の秘密』を村田実と共にヨーロッパに運んだ森岩雄は後に東宝副社長となるが、一九五五年に東宝とイタリアの合作映画『蝶々夫人』（カルミネ・ガローネ監督）の製作と脚本を手掛けている。この作品でヒロインを演じたのは八千草薫であった。

日本での批評を見る限り、『愛の秘密』も『街の手品師』もアメリカ映画を模倣した「バタ臭い」作品であった。同じ「バタ臭い」作品なら「迫害されている貧しい弱い女を、純情な青年が力をつくして救おうとする〔略〕アメリカ映画のもっとも重要な主題のひとつであり、西洋中世の騎士道物語」[33]の翻案であったと佐藤忠男が評した『街の手品師』より、虐げられた女性が「ハラキリ」を試み、「ゲイシャ」も登場する『愛の秘密』を「ムスメ」と題して公開した方が観客に受けるとフランスの興行者は考えたと思われる。そして、日本から一歩も国外に出たことのなかった村田実よりも、長年ハリウッドの映画製作の場にいた徳永文六の方が外国人に何が受けるのかを知っていたともいえる。

5 『萩寺心中』の公開

「ムスメ」（『愛の秘密』）の公開から約一年後、「日本のスペクタクル」がパリの劇場ヴィユ・コロンビエで開催されるという広告が『シネア』誌一九二七年三月一日号に掲載された〔図⑦〕。そのプログラムは Le tragédie du temple Hagui（「萩寺の悲劇」と題された『萩寺心中』）と Images Japonaises（「日本の映像」）の二本のフィルムの上映で、二七年三月一日から三一日まで開催予定であった。また『シネマガジン』誌二七年三月一一日号には、「日本のスペクタクル」は『萩寺心中』と「日本の映像」の上映とウライ、ヨシダ両氏の舞踊の実演というプログラムが紹介されている。

『萩寺心中』（野村芳亭監督、一九二三年）は松竹蒲田製作で二三年八月に公開された。『蒲田』誌二三年八月号に写真と紹介記事が掲載され、『キネマ旬報』二四年一月一日号に『萩寺心中』の略筋が載っている。

それによると、絵師・土岐富信（藤野秀夫）は白拍子・島千代（柳咲子）の色香に迷い画業を放棄する。富信の弟子・信雄（勝見庸太郎）と彼の恋人で富信の娘・松ヶ枝（川田芳子）は、富信を諌めるが聞き入れない。島千代は信雄をも誘惑しようとするに至り、信雄は島千代を殺し松ヶ枝と心中するというものである。この作品のフィルムも現存しない。

フランスでは『ラ・スメーヌ・ア・パリ』誌二七年三月一八―二五日号に『萩寺心中』の批評が掲載された。

この作品は一四世紀の日本を舞台にしたもので、西欧化される前の日本の風俗が絵画的に美しく表現されている。愛と自己犠牲を描くこの物語で、川田芳子演じるヒロインが死を決意する場面の悲壮な美しさは類を見ない。

また、パリで『日佛評論』を発行していた松尾邦之助は「巴里人に見られた日本映画」という題で以下のように記している。

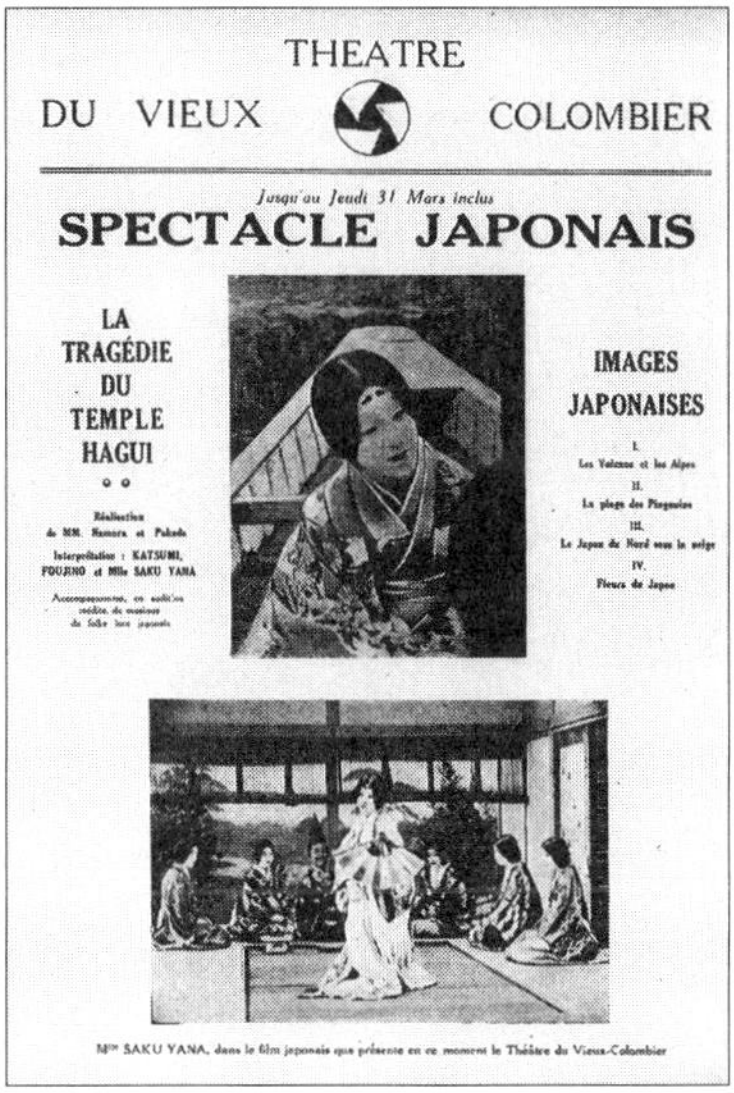

図⑦　『シネア』誌1927年3月1日号広告

日本から送られた映画松竹の勝見、柳咲子等の『萩寺心中』がヴィユー・コロンビエ座で封切りされてから連日満員日延べの有様であった。享楽的なパリーの都人の眼には、陰惨すぎると思はれた心中ものの同フィルムが、案外な成功をしたことは面白い事実であった。勿論遠い国、日本の夢が見たい、常に好奇な都人を相手だから成功に不思議はないといへるかも知れないが、前に来た『街の手品師』というバタ臭い日本のフィルムがパリーの人達からすっかり嫌はれたのを思ふと多少考へさせられる。ヴィユー・コロンビエのテデスコ君はパリーのフィルム雑誌に盛んに執筆してゐる知名な映画通で、私に「日本の新しいものは欧州人の眼には気取ったいやな印象を与へる」といったことがある。[34]

そして松尾は、日本文化に理解のある人たちはこの作品の良いところを見出し「同情ある見方」をしていたが、一般の人たちはこのフィルムが役者の表情だけでなく広い意味で「変化」が少ないと不平を言ったとも書いている。[35]

また同時上映された「日本の映像」は、火山とアルプス、オオウミガラスの海岸、北日本の雪景色、日本の花という四部構成であった。パリの日本語週刊新聞『巴里週報』第四三号には「日本風景映画」と題する記事が掲載されている。[36]

目下ビユーコロンビアで映写中の日本風景フィルムは長尺物の割に内容が貧弱だ。あれだけの長尺であったらもっと外にいくらも紹介できるものがあろう。仝じ様なお宮や河ばかりを近頃はやりの芸術写真まがいに写すばかりが能じゃあるまい、もっと新帰朝の画家や文士等の意見をきひて見応へのするものを出して貰ひたい、小森氏のダンスは大いに観客の喝采を博してゐる。

『巴里週報』では日本の風景映画への不満と小森氏の舞踊が好評であったと書かれていているが、『萩寺心中』については全く触れていない。『萩寺心中』は公開当時『蒲田』一二三年八月号に紹介記事、同誌一〇月号に粗筋が掲載され、『キネマ旬報』誌二四年一月号に略筋は載っているが「批評略」と書かれている。『萩寺心中』の公開が関東大震災の発生と重なったという不運はあったものの、この作品を批評した記事は見当たらない。おそらく『萩寺心中』は映画雑誌に「批評略」と書かれても、誰も問題にしないような作品であったと思われる。松尾邦之助が書いているように『街の手品師』のような「バタ臭い」作品はパリでは好まれないと知った興行者は、今回は古色蒼然たる作品を選択した。日本舞踊の実演や日本の紹介映画と共に「日本の見世物《スペクタクル》」として上映するには、『萩寺心中』がふさわしいと考えたのであろう。

また同年六月には、コメディ・デ・シャンゼリゼ劇場で国際演劇協会のフェスティバルの一環として、フェルマン・ジェミエ演出・主演の『ル・マスク』（原題・岡本綺堂『修禅寺物語』）が上演され満席となった。演出と出演者はフランス人であったが、この舞台の背景は藤田嗣治、衣装は柳亮が担当した。(37) この時期パリの一部の人々は、日本の風俗や文化へ関心を寄せていた。

6 『十字路』と『街の手品師』の差異

『萩寺心中』公開の二年後、二九年二月八日から三月二一日まで衣笠貞之助監督の『十字路』がパリの劇場ステュディオ・ディアマンで上映された。同時に上映されたのは日本のアニメーション映画『珍説吉田御殿』（Le diable au palais Yoshida, 大藤信郎監督）、フランスの短編ドキュメンタリー映画、アンドレ・ソバージュ監督 Les Iles de Paris（「パリの島」一九二八年）、ジャン・パンルヴェ監督 Le Bernard-L’hermite（「やどかり」同年）、第一次世界大戦前の作品 La mort d’un ange（「天使の死」同年）であった。『十字路』はフランスで劇場のメインプログラムとして公開された最初の日本映画であった［図⑧］。そしてこの作品はフランスの様々な雑誌や新聞で取り上げられ、特に俳優の演技や撮影・照明の技術が高く評価された。(38)『十字路』はドイツをはじめヨーロッパ各国、そしてア

図⑨ 『映画往来』誌 1927 年 1 月号

図⑧ 『ラ・スメース・ア・パリ』誌 1929 年 2 月 8−15 日号

メリカでも上映され、その配給収益で衣笠貞之助は二八年から三〇年までベルリンに滞在し、その間にパリも訪れた。

前述のように、一九二五年に村田実は『街の手品師』を持ってベルリンとパリを訪れたが酷評され、公開もされなかった。フランスで唯一取り上げられたのは、先に挙げたヴィユー・コロンビエの上映予告広告である[39]［図⑨］。この広告には一九二六―二七年に上映予定作品のタイトル（左）と監督名（右）が列挙されている。それを上から見て行くと、チャップリンの『黄金狂時代』、フラハティの『モアナ（ハワイの映画）』、デュポンの『ヴァリエテ』、ループ・ピックの「静かな川船」（この作品のみ日本未公開）、そして日本のフィルム『街の手品師』となっている。ここに挙げられた作品には監督名が併記されているが、『街の手品師』だけは監督名はなく、単に「日本のフィルム」と書かれているだけである。このように『街の手品師』の監督・村田実は、一人の監督として認識されていなかった。そしてこの作品はヴィユー・コロンビエで上映されなかった。一方、衣笠貞之助の『十字路』の上映広告〔図⑧〕には「日本の偉大な監督、衣笠貞之助の最新作」と書かれている。この差異はどこから生じたものであろうか。

まず、『街の手品師』が現代劇で『十字路』は時代劇であったことが挙げられる。フランスでは一九世紀後半から日本の美術工芸品や芸能への関心が高まり、単なるエキゾティズムを超えたジャポニズムと呼ばれる一大現象となった。フランスでのジャポニズムの波は一九一〇年代まで続いたが、二〇年代後半でも、日本は明治維新以降、西欧の文化を取り入れ近代化に成功した国でありながら、西洋とは異なる神秘的でエキゾティックな文明を持つ国としてフランス人の好奇心をそそる存在であった(40)。「ハラキリ」や「ムスメ」に対する関心も、一四世紀を舞台にした心中物の『萩寺心中』に観客が集まったのも、その現れと考えられる。時代劇である『十字路』が好評を博したのは、こうしたジャポニズムの残照があったことは確かであろう。ジャン・テデスコが「日本の新しいものは欧州人の眼には気取ったいやな印象を与える」と言ったという松尾邦之助の証言にもあるように、フランス人が関心を持ったのは近代以前の日本の文化であり、自分たちとは異なった奇異な文化であった。

一方、村田実の『街の手品師』は、日本では最も西欧化され「近代的」と評価された作品であった。その結果、以下のような反応になったものと思われる。

西洋人の眼には日本映画の現代劇は過度に西洋模倣に見え、時代劇は実質以上にユニークなものに見えるという事情が作用していたと思われる。なにしろ西洋人の眼には日本人が半ば彼ら風の生活をしていること自体、哀れな猿真似に見えるのである。まして『街の手品師』は意図的に西洋的なメロドラマを学習している作品である。彼らにしてみれば、自分たちの文化の戯画化を見せられたような不快さがあったのであろう(41)。

国外で時代劇の方が現代劇よりも高く評価される現象は、一九五〇年代末まで続くことになる。さらに、村田実が模範としていたのはアメリカのメロドラマであり、『街の手品師』の助監督（フランク）徳永文六も「アメリカ帰り」を売り物にしていた。日本の批評家が徳永の『愛の秘密』の「バタ臭さ」を村田実の作品と比較しているように、彼らの作品はアメリカ映画を手本としたものであった。先に挙げた『ラ・スメーヌ・ア・パリ』誌の批評でも、「ムスメ」（『愛の秘密』）はヨーロッパではなくアメリカ映画の影響を受け、アメリカ映画の安易で稚拙な模倣であると書かれている。

日本人はひと口に「欧米」というが、フランス人にとって「欧」と「米」は別物である。フランス人は一九世紀以来、文化とはブルジュワ的教養であると認識していた。そして新興国であるアメリカには「ブルジュワジー」は存在せず、その結果「教養」も存在しないと考えた。アメリカの文化はフランスの文化とは異質の大衆文化であり、アメリカ映画も「文化」の名に値しない大衆娯楽であるとみなしていた。一九世紀の末に発明された映画は、既存の六芸術（建築、演劇、美術、舞踏、文学、音楽）を統合する第七芸術であるとリッチョット・カニュードが一九一一年に唱えように、フランスでは映画を新しい芸術に「格上げ」する試みがなされた。そして一九二〇年代にフランス映画は優れた独創性を発揮し、芸術として認知されるようになった。ハリウッドの映画産業の下で、大衆娯楽として発展したアメリカ映画とは異なり、フランス映画は芸術としての文化的価値を持つものであるとフランス人は自認していた。したがって日本人が大衆娯楽にすぎないアメリカの映画を模倣した作品を作って、芸術映画国フランスに見せに来るなど噴飯ものに思えたのであろう。さらに、映画を発明したのはフランス人リュミエール兄弟であり、フランス映画は第一次世界大戦まで世界の映画市場を席巻していたが、その後アメリカに覇権を奪われたとフランス人は考え、アメリカ映画にライバル意識を持っていた。(42) しかしながら、アメリカ映画は魅力的であった。フランス人はアメリカ映画を軽蔑しつつも魅了されていた。こうしたアメリカ映画に対する複雑な感情は、一九六〇年代まで続くことになる。それに対して衣笠貞之助の『十字路』は、フランス印象派映画やドイツの表現主義映画、すなわちヨーロッパの芸術映画の影響を受けた作品であった[43]。そして『十字路』は時代劇であり、フランス人には絶対作ることのできない世界の作品であった。

『ラ・スメーヌ・ア・パリ』誌二九年二月一五―二二日号でシャルル・ド・サンシールが「『十字路』で日本映画はアメリカ映画とドイツ映画を「超えた」」という大きな見出しで『十字路』を絶賛している〔図⑩〕。これは『十字路』がアメリカ映画、ドイツ映画を超えてフランス映画に迫る作品であるというフランスの批評家の最大級の賛辞であった。

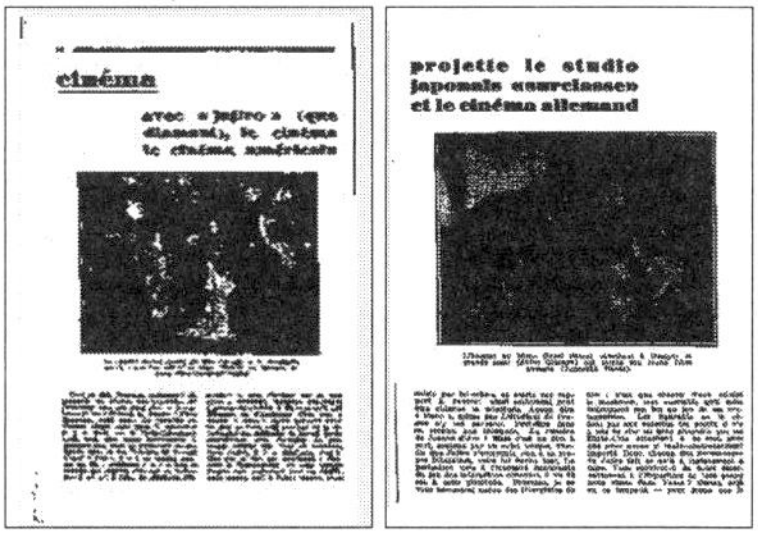

図⑩　『ラ・スメーヌ・ア・パリ』誌 1929 年 2 月 15−22 日号

おわりに

明治以降、時の政府が選択したのは江戸時代の日本社会を封建社会と切り捨て、欧米の近代技術を吸収することであった。明治政府は近代化を進める過程で、明治以前の日本社会の伝統を否定したため、欧米の技術や文化の摂取も表層にとどまった。その結果、この「和魂洋才」は、吸収すべき近代技術の根底をなす西欧文化の理解にまで至らなかった。

村田実は一九一〇年代から日本映画の欧米化に最も熱心な監督の一人であった。先に見た当時の批評も村田の革新性を認めながらも、その露骨な欧米映画の模倣に辟易した様子もうかがえる。村田は「欧米化」した日本映画を誇示すべく、自作を携えてヨーロッパにやってきた。しかしヨーロッパの人々の反応は冷ややかであった。

彼らが見たがったのは「ハラキリ」や「ムスメ」をはじめとするエキゾティックな日本の風物、すなわち明治政府が切り捨てた日本であった。そして第三節の柳澤保篤の言葉にあるように、日本映画に対して外国人が求めるものは「日本」と「日本人」のありのままの姿であった。

村田はここで、明治政府が進めた「欧米化」の皮相さに直面した。その意味で彼はまさしく「近代映画のパイオニア」[44]であった。その結果、第三節で見たように、一九二五年のヨーロッパ滞在で「村田君の極端な西洋崇拝主義が全く消えてなくなった」と村田に同行した森岩雄は記している。そして村田は「欧米化」されたと思っていた作品が、芸術映画国を自任していたフランス人にはアメリカのメロドラマの稚拙な模倣にしか見えなかったことを悟った。極東の島国日本に育った村田は、新興国アメリカの大衆文化とヨーロッパの伝統的なハイカルチャーとの区別を知らなかったとも言えよう。

その点、衣笠貞之助は巧妙であった。衣笠はフランス映画やドイツ映画の先端的なテクニックを使って、江戸時代の吉原を描出した。『十字路』には衣笠が「見せたいもの」と、フランス人が「見たいもの」が齟齬を生むことなしに存在した。もしこの時ヨーロッパに紹介されたのが『十字路』ではなく、衣笠の実験的映画で現代劇の『狂った一頁』(一九二六年)であったら同様の高い評価を受けたかどうか疑問である。そして衣笠貞之助も一九三〇年に二年間のヨーロッパ滞在から帰国した後は、娯楽作品の大家、明治世話物情話作家に終始した。後年、彼の若き日の実験的野心作『狂った一頁』と『十字路』が陽の目を見ると、その落差ゆえに別人の感を持つ者も少なくなかった[45]。彼もまたヨーロッパ滞在で、近代日本の「欧米化」の皮相さを悟ったのではないだろうか。

『十字路』のパリ公開の後、日本映画に対する関心がフランスで高まった。『十字路』をフランスに紹介した槌田茂一郎が日仏映画協会を設立し、日仏の前衛映画の交流に努めるという記事が一九年三月八―一五日号の『ラ・スメーヌ・ア・パリ』誌に掲載され、同じ年の六月五日号の『リュロペエン』(*L'Europeen*)誌では、日佛文化協会代表の松尾邦之助が協会の活動の一環として、フランスでの日本映画上映を促進する意向であると報じている。

しかし二九年一〇月のニューヨーク株式市場暴落をきっかけとした世界恐慌は、ヨーロッパや日本にも波及した。特に日本の恐慌は深刻であった。卸売物価は二九年から三一年までに三割以上、横浜の生糸相場は同じ期間に約半分、株価は約三割の下落を示した(46)。そして三一年に満州事変が勃発した。その結果、日本は二八年のパリ不戦条約の調印国でありながら、中国大陸に侵略したとして国際的に非難を受け、三三年に国際連盟を脱退した。

東和商事がドイツに輸出した松竹の『怪盗沙弥磨』（小石栄一監督、一九二八年）、『篝火』（星哲六監督、同年）、『大都会』（牛原虚彦《きよひこ》監督、一九二九年）をカール・コッホが一本の作品に編集、トーキー化して「ニッポン」（Nippon）というタイトルで一九三二年にドイツで公開した。その同じ年にフランスでもこの作品が公開された。「ニッポン」のドイツでの封切りについて「時恰も日支紛争の最中であり、映画の内容が血生臭《（ママ）》く、日本人を好戦国民と誤解される恐れがあるから、大使館の注意によってその封切りを見合わせ、（昭和）七年五月に至って大した宣伝もなしに淋しく封切られた(47)」と記されている。ヨーロッパでの日本、日本人に対する風当たりが強まった。パリ在住の日本人も次々に帰国し、二五年に創刊されたパリの日本語新聞『巴里週報』は三三年に廃刊となった(48)。

ヨーロッパでは三二年にドイツでヒットラー内閣が成立し、フランスでも左右両派の対立が高まった。もはや異国の映画を楽しむ時代ではなくなった。この時期に三七年のパリ万国博覧会で『荒城の月』（佐々木啓祐監督、松竹、一九三七年）が上映され、また三八年のベニス国際映画コンクールでの上映作品『五人の斥候兵』（田坂具隆監督、日活、一九三八年、民衆文化大臣賞受賞）、『風の中の子供』（清水宏監督、松竹、一九三七年）がパリで試写上映されたという記録がある(49)。しかし、日本映画が再びフランス人の注目を浴びるのは、第二次世界大戦後七年を経た一九五二年の『羅生門』公開まで待たなくてはならなかった。

（1）田中純一郎『日本映画発達史Ⅰ　活動写真時代』中公文庫、中央公論社、一九七五年、三八頁。
（2）石巻良夫「日本映畫商事要綱」、『日本映畫事業總覽　昭和三・四年版』國際映畫通信社、一九二八年、牧野守・岩本憲児監修『映畫年鑑　昭和二年版』日本図書センター、一九九二年、三〇九―三一〇頁。
（3）*Le cinémagazine,30/3/1926.*
（4）Armand Tallier, Armand Tallier et le Studio des Ursulines, IDHEC, 1963, p4.
（5）Victor Perrot, Marie-Anne Colson-Malleville,Armand Tallier,Musidora, *Les Premiers cine-club français, réunion de 26 avril 1952*, Fonds Commission de Recherche Historique, (La Cinémathèque française), p39.
（6）Eve Francis, Jean Mitry, Abel Gance,Victor Perrot, Leon Moussinac,Musidora, *Les Premiers cine-club francais,reuion du 5 avril 1952*, Cinémathèque francais p18.
（7）田中純一郎『日本映画発達史Ⅱ　無声からトーキーへ』中公文庫、中央公論社、一九七五年、二八頁。
（8）『日本映画監督全集』キネマ旬報社、一九七六年、二七一―二七二頁。
（9）『日本映画人名事典　女優編』キネマ旬報社、一九九五年、八九三―八九五頁。
（10）朱通祥男・永田哲朗監修『日本劇映画総目録』日外アソシエーツ、二〇〇八年、一九頁。
（11）田中純一郎『日本映画発達史Ⅰ』四一五頁。
（12）中野英治「スターから見た日活現代劇」、岩本憲児・佐伯知紀編著『キネマの青春』リブロポート、一九八八年、一六六―一六七頁。
（13）『キネマ旬報増刊　世界映画記録全集』には『街の手品師』は村田実とフランク徳永の共同監督と記されている。キネマ旬報社、一九七三年、三四頁。
（14）岩本憲児『サイレントからトーキーへ』森話社、二〇〇七年、二六四頁。
（15）佐伯知紀「村田実　疾走する点景——現代映画のパイオニア」、岩本憲児編著『日本映画とモダニズム 1920-1930』リブロポート、一九九一年、六六―六八頁。

(16) 佐伯知紀、同書、七四頁。

(17) 佐伯知紀「村田実研究――現代劇の先駆者」、『国立近代美術館研究紀要』第二号、一九八九年、五八―六一頁。

(18) 当時 *Ciné-miroir* 誌の編集長であった Jean Vignaud のことと思われる。

(19) 森岩雄「二人の先駆者、村田実と牛原虚彦との話」、『映画時代』一九二六年七月号二―七頁。

(20) 『街の手品師』のロンドンでの批評は佐伯知紀、前掲書、一九九一年、七八―八〇頁を参照。

(21) 森岩雄「巴里雑記」、『映画往来』一九二六年三月号、二―四頁。

(22) 大竹二郎「『十字路』の場合」、『映画往来』一九二九年九・一〇月号、二四頁。

(23) *Cinémagazine*, 21 septembre, 1928.

(24) Dimitri Vezyroglou, *Le cinéma en France à la veille du parlant*, CNRS editions, 2011, pp80-81.

(25) Alain Masson, "Friz Lang à ses débuts", *Positif*, avril, 1988, pp56-57.

(26) 小川さくえ『オリエンタリズムとジェンダー』法政大学出版局、二〇〇七年、八三頁。

(27) パンゲ、モーリス『自死の日本史』竹内信夫訳、講談社、二〇一一年、二九五―二九六頁。

(28) 小川さくえ、前掲書、一〇七頁。

(29) ウイルキンソン、エンディミヨン『誤解』徳岡孝夫訳、中央公論社、一九八〇年、七三―七七頁。

(30) 中野知律「ベル・エポックが恋した「ムスメ」たち」、『ジェンダーから世界を読むⅡ』明石書店、二〇〇八年、二四八頁。

(31) 小川さくえ、前掲書、六一頁。

(32) 中野知律、前掲書、二四三―二六三頁。

(33) 佐藤忠男「映像表現の確立」、『講座日本映画第二巻　無声映画の完成』岩波書店、一九八六年、一六頁。

(34) このテデスコ君とはヴィユー・コロンビエの支配人で『シネア』*cinéa* 誌の編集長であった Jean Tedesco と思われる。

(35) 松尾邦之助『巴里』新時代社、一九二九年、『ライブラリー日本人のフランス体験7　松尾邦之助』柏書房、二〇一〇年、二四七―二四八頁。

(36) 『巴里週報』第四三号、一九二六年六月一九日、石黒敬章・田中敦子・和田博文編『パリの日本語新聞『巴里週報Ⅰ』ライブラリー・日本人のフランス体験』柏書房、二〇〇九年、一七三頁。

（37）『巴里週報』第九一号、一九二七年六月一三日、石黒敬章・田中敦子・和田博文編『パリの日本語新聞『巴里週報Ⅱ』ライブラリー・日本人のフランス体験』柏書房、二〇〇九年、六七―六八頁。
（38）『十字路』のパリ公開については拙稿「『十字路』の一九二九年パリでの評価」、『演劇研究』第三五号、早稲田大学演劇博物館、二〇一二年を参照。
（39）内田岐三雄「ヴィユウ・コロムビエ座のこと」、『映画往来』一九二七年一月号。
（40）Dimitri Vezyroglou, op.cit. p81.
（41）佐藤忠男、前掲書、二四八頁。
（42）Kristin Ross, *Roulller plus vite,laver plus blanc*, Flammarion, 2006, p51.
（43）山本喜久男『日本映画における外国映画の影響』早稲田大学出版部、一九八三年、一八四頁。
（44）佐伯知紀「村田実　疾走する点景」六六頁。
（45）田中眞澄「二つの貌を持つ男、衣笠貞之助抄」、『ＮＦＣニュースレター70』東京国立近代美術館フィルムセンター、二〇〇六年、五―六頁。
（46）中村隆英『昭和史Ⅰ』東洋経済新報社、一九九三年、一一七頁。
（47）岩本憲児・牧野守監修『映画年鑑　昭和編Ⅰ⑤昭和9年版』日本図書センター、一九九二年、五二頁（原本は、市川彩ほか編集『国際映画年鑑　昭和9年版』國際映畫通信社、一九三四年）。
（48）和田博文「『巴里週報』とパリ在住の日本人の動向」、石黒敬章・田中敦子・和田博文編『パリの日本語新聞『巴里週報Ⅱ』』前掲書、四六五頁。
（49）古賀太「戦前における日本映画の海外進出と国際文化振興会」、『芸術学部紀要』第五五号、日本大学芸術学部、二〇一二年三月、八頁。

3 ドイツにおける日本映画の受容

最初期の鑑賞会から『十字路』『ハワイ・マレー沖海戦』へ

ハラルト・ザーロモン

日本映画の受容について、ドイツ語圏では、これまでも研究が行われてきた。その重要な成果として、資料集 *Filme aus Japan. Retrospektive des japanischen Films*（『日本からの映画――日本映画の回顧』）がある。[1] これは一九九三年にベルリンで開催された日本映画の回顧展をきっかけに刊行された。ところが、この資料集では『羅生門』の予想外の成功例を別にすると、特にアーノルト・ファンク監督の問題作 Die Tochter des Samurai（「侍の娘」、日本公開時の題名は『新しき土』）にばかり注目が集まっている。まるで、両国の映画的関係が一九三〇年代の半ばから始まり、政治的な協力のみに集中したかのようである。本章ではこれとは対照的に、「侍の娘」以前にも、ドイツ語圏で日本映画が関心を呼び起こしたことを示すと共に、当時の両国の映画的関係の豊かさを明らかにしたい。

1　初期日本映画界への驚き

まず、「受容」という用語をもう少し広い意味で解釈し、ドイツ語圏における日本映画界に関する初めての報告がいつだったのかを見ておこう。一般の新聞・雑誌や映画専門誌の記事索引によると、いくつかの記事が第一次世界大戦のすぐ前に出ている。これらの比較的短い記事は、とくに外交、商業、そして一般教育の雑誌に掲載された。次の例から分かるように、日本映画界の急速な発達への驚きはよく取り上げられたテーマだったのである。「日本人ほど活動写真を愛好する国民はいなさそうである。日本の都市では、活動写真館はところどころに見られるというよりも、ぎっしりと並んでいて、まるでそれだけでひとつの街のようだ[2]」。

面白いことには、日本映画界の隆盛への驚きは、重ねてドイツ映画の輸出見通しを議論するきっかけになった。第一次世界大戦によって中断をよぎなくされた後、日本映画界についての報告は再び目立つようになる。記事は次第に詳しくなり、映画館の事情、弁士、女形、時代劇、映画音楽、検閲などのテーマも注目の的となる。しかしながら、依然として、日本に向けてのドイツ作品の輸出機会が一番重要なテーマである。一例として、一九二一年八月、『フィルム・クリーア』(*Film-Kurier*)誌の第一面に掲載された記事を取り上げよう。

〔第一次大戦の〕戦前は、日本で上映された活動写真の大部分はドイツからの輸入であった。第二位はイタリア、第三位はアメリカからのものであった。だがその後、事情はもちろん完全に変わった。現在では、アメリカ合衆国からの輸入がおよそ八〇パーセントを占めている。〔略〕活動写真を愛好する七六〇〇万の人々の住んでいる日本においては、ドイツの活動写真の輸出見通しは良いといえるだろう。日本人が近年、極東の島国の要求と愛好を全然顧慮しないアメリカの大量生産品と相性が悪かったから、なおさらである。(3)

『フィルム・クリーア』は一九一九年に創刊されたベルリンの刊行物で、すぐに影響力のある映画新聞に発展した。新聞と並んで、映画パンフレットに近い『写真フィルム・クリーア』(*Illustrierter Film-Kurier*)も定期的に発行されるようになった。ある映画の場合、出版部数は一〇〇万部を超えたという。

2 ドイツにおける日本映画界の公開

ドイツ語圏で、いつから日本映画が公開されたのかに焦点を合わせよう。多くの場合、衣笠貞之助監督の『十字路』が初めてドイツで一般公開された日本映画と見なされている。ところが、『十字路』より前にドイツ人が日本映画を見る機会はなかっただろうかと調べてみたところ、今まで注目されていない資料が見つかった。一例として、文部省のある局から寄付された日本の教育映画について、一九二三年五月に『フィルム・クリーア』に出た報告があげられる。この記事によると、ベルリンの国立教育研究所（Zentralinstitut für Erziehung und Unterricht）が教育関係者と新聞記者のために鑑賞会を開催した。当時の日本への関心や教育映画に対する反応を示すために、引用しておこう。

このフィルムは非常に面白い。予想に反して、技術的によくできているからなおさらだ。横浜、東京などの欧化された日本の都市に対する良い印象を伝えている。少なくとも美を求める観客にとっては、「地方」の風景があればなおさらよかったであろうが、それにもかかわらず、日本が外観、技術、産業、そして教育方法といった点で、どれほど欧州の影響を受けてきたかを見るのは非常に興味深い。横浜や東京における通りのにぎわい、交通、養蚕、茶道文化、さらに日本のさまざまな学校制度を紹介するフィルムは、教育者以外の人々の間にも、広く関心を呼び起こすだろう。それ故に、ドイツ語の字幕を付けて、世間に普及させる価値もある。(4)

日本に関する記録的な映画を見たいという欲求は、この記事が出た当時は、かなり強いものであった。その結果、ウーファ社も日本を紹介する文化映画を製作するようになった。

しかし、劇映画の場合はどうだっただろうか。ドイツ語圏の撮影所も、Harakiri（「ハラキリ」フリッツ・ラング監督、一九一九年、題材はオペラの『蝶々夫人』から）などの日本を舞台にした劇映画を撮ったことから分かるように、ドイツの観客の中には、彼らの想像する島国日本への関心は十分あった。そして、当時の資料が強調するように「本当の日本人の俳優を使って、実際に日本で撮った映画」も思ったより早く登場した。ドイツ最古の映画雑誌『キネマトグラフ』(*Kinematograph*)によると、一九一一年に、ベルリンにある社会教育会「ウラーニア」(Urania)で、千葉という記者が、『艶容女舞衣《はですがたおんなまいぎぬ》』(ドイツ語での表記 Yade sugate onna maigirm の他、いろいろな誤解があったようである)という活動写真を紹介したようである。(5) その催しについては、資料が乏しいのであるが、一九二〇年代になってから、日本映画が少なくとも私的な鑑賞会で映画関係者に見せられたいくつかの証拠がある。一例を挙げると、一九二三年にスター俳優の井上正夫がベルリンに滞在した際、『キネマトグラフ』誌に、特に松竹キネマを紹介する記事が出た[図①]。同時に、井上正夫が主演した『噫《ああ》無情　第一篇　放浪の巻』(一九二三年、原作はヴィクトル・ユーゴーの『レ・ミゼラブル』)は私的な場所で上映されて歓迎され、特に井上の洗練された演技が注目された。(6) 面白いことには、牛原虚彦《きよひこ》が松竹キネマ研究所の解散後、蒲田撮影所で監督した翻案映画が同年の四月に浅草松竹館で封切られたばかりであった。ベルリン上映の経験をもとに、同誌はその翌年に日本映画について興味深い意見を述べている。

ドイツ映画と日本映画の交流は、アメリカがドイツ映画の輸入に反対していることを考えると、なおいっそう望ましいものに思われる。アメリカの映画は、技術

Nummer 878　Der Kinematograph　Seite 9

Japanische Filme

Der erste japanische Originalfilm, der in Deutschland lief, wurde vor 12 Jahren in der Berliner Urania von dem Journalisten Sh. Chiba aus Tokio abgerollt. Dieser Film „Yade sugate onna maigirm", die Geschichte einer Geisha enthaltend, war nur 400 Meter lang und nach einer Pantomime der japanischen No-Bühne gestellt.

Denn auch Japan ist als Filmland auf den Export angewiesen. In Amerika, wo japanische Filmschauspieler seit Jahren dem Ensemble amerikanisch-europäischer Künstler eingereiht werden, haben die japanischen Filme außerordentliche Erfolge erzielt, so daß einzelne Schauspieler sich zu einer Auswanderung nach Kalifornien entschlossen und in den dortigen Ateliers ihre Filme hergestellt haben.

Als bedeutendste Produktionsfirma in Japan muß die Shochiku Kinema-Gesellschaft angesprochen werden, die über ihre neueste Produktion soeben eine interessante Broschüre herausgegeben hat. Die Stärke dieser Firma liegt vor allem im Besitze eines Stars, des Herrn Masao Inuwé, der zu den berühmtesten Schauspielern Japans gehört, wenn er nicht der berühmteste ist. Herr Inuwé verkörpert auf der japanischen Sprechbühne nicht nur die Hauptrollen in der neuen japanischen Dramatik, die ihre Formen der europäischen Bühne entlehnte, sondern auch in Stücken Gorkis, Shaws, Ibsens und Hauptmanns.

Der japanische Film ist erfreulicherweise augenblicklich noch national-japanisch orientiert, indem er altjapanische Themata zur Folie der Handlung macht. Alte Volkssagen, wie Gubizin-so (Prinzessin Mohnblüte) oder Chushingura, ein Harakiridrama, vermitteln Einblicke in die Ethik der japanischen Seele. Die Technik, mit der diese Filme hergestellt worden sind, ist vollkommen amerikanisch. Das gilt nicht nur von der Art der Aufnahme und der Bildeinstellung, sondern noch in viel höherem Maße von der Anlage des Manuskriptes, das den amerikanischen Szenenschnitt übernommen hat.

Herr Masao Inuwé, der augenblicklich in Berlin weilt und mit der Absicht zu uns gekommen ist, hier, wie in Paris und Amerika, Filme zu drehen, ist der Star aller dieser Bilder. Alle seine Bilder verraten eine virtuose Art. Seine ungewöhnlich starke Ausdrucksmöglichkeit gestattet es ihm, Doppelrollen zu übernehmen und Haltung und Gebärde für hohe Herren und einfache Leute aus dem Volke zu finden. Es scheint fast, als sei er glücklicher in der Zeichnung primitiver Menschen, aber vielleicht nur darum, weil er hierin die Affekte stärker akzentuieren kann. Trotzdem ist es ein Irrtum, anzunehmen, daß Masao Inuwé die Gebärde europäisch steigerte. Er bleibt immer der Asiat, dessen Geste verhalten ist, wie wir es von den anderen japanischen Filmschauspielern kennen, die in amerikanischen Filmen an uns vorüberflimmerten, nur feiner, durchgeistigter im Ausdruck.

Die japanischen Schauspielerinnen, die ja nicht, wie die Schauspieler, auf eine Jahrhunderte alte Tradition zurückblicken, von der doch manches in die Geste fließt, haben sich der Kunst des Films anzupassen vermocht. Es nimmt nicht wunder, daß den Frauen in den japanischen Filmen dieselbe Rolle zuerteilt wird wie in den amerikanischen Filmen. Die japanische Ethik legt den Frauen jene Zurückhaltung auf, die ihnen

Masao Inuwé, Japans größter Filmstar

図①　『キネマトグラフ』1923年12月

的な完全性を持つにもかかわらず、長期的にはドイツの観衆に満足を与えることができない。なぜかと言うと、精神的な内容が足りないからである。これとは対照的に、日本映画は充実した精神性を大いに示している。(7)

私的な鑑賞会があった証拠はこれだけでない。日本映画界についての報道は様々な雑誌で続き、この極東の国の映画は特に見る価値があるというのは、ある意味で定説になっていった。その事実を興味深い方法で示しているのは、『映画と大衆』(*Film und Volk*) 誌の写真頁〔図②〕の次のような一文である。

「日本でも映画はますます重要になってきています。なぜ〔ドイツでも〕日本映画を見ることができないのでしょう」。

図②　『映画と大衆』1928年8月号

3　『十字路』のベルリン公開

この時点で、ある日本映画の一般公開がすでに近づいていた。よく知られているように、一九二八年の八月、衣笠監督はソ連を経由してベルリンへ向かった。持ってきた『十字路』の公開について、まずウーファ社と会談があった。しかし、日本で作ってきたドイツ語の字幕を作り直したにもかかわらず、話は進まなかった。ドイツ滞在中の千田是也の手助けを受け、『十字路』を多くの配給会社に紹介したが、検閲当局に「芸術映画」として認められた結果、一九二九年五月一七日に、ようやく「ウーファ・パビリオン」という高級劇場で公開された。[8] 観客を集めるために、衣笠監督をも感激させる音楽が作曲され、「ヨシワラの影にて」（Im Schatten des Yoshiwara）という題名が工夫された。言うまでもなく、「ヨシワラ」というのは一般観客の想像する日本の人気ある要素であった。その前年にも、千田是也が傍役の一人として出演していた際物映画「ヨシワラのある夜」（Eine Nacht in Yoshiwara. Emmerich Hanus, エメリッヒ・ハーヌス監督）が封切られた。そういう「ヨシワラ」と関係があり、ちょん髷時代の姉弟のみじめな生活を描いた「国辱映画」に対し、ベルリン在留の日本人の一部で一時的に上映反対の動きも起きた。[9]

この映画のプログラム〔図③〕からも明らかなように、「本物の日本大映画」の公開はよく準備されていて、雑誌や新聞記者の関心を呼び起こした。驚いたことに、衣笠監督自身、『フィルム・クリーア』の記事に日本映画の状況と共に『十字路』のドイツ上映〔図④〕について具体的な期待を説明していた。

現在、欧州諸国のように、日本でも映画は新しい芸術的な表現である代わりに商品となる危機にひんしている。ますます芝居の引き写しあるいは新聞小説の挿絵となりつつある。この点では、残念ながら東洋でも事情は同じと認めざるを得な

HOTEL DER KURFÜRSTENHOF
Berlin W 35, Kurfürstenstraße 150
Elegante Zimmer von 3,50 M. an

Spielfolge:

1. Deulig-Wochenschau
2. Die Krönung des Kaisers von Japan
3. Im Schatten des Yoshiwara

(In Japan mit nur japanischen Schauspielern hergestellt.)

Regie und Manuskript: Teinosuke Kinugasa
Deutsche Bearbeitung: W. A. Nohara
Orchester: Fritz Wenneis.

Aenderungen vorbehalten.

Nach Schluß der Vorstellungen
Zur bekannten „Niki“-Bar, Maassenstr. 15
Täglich musikalische Unterhaltung
bis 3 Uhr früh geöffnet
Separés — Kaltes Buffet — Pilsator
ff. Weine und Liköre

Vor und nach der Vorstellung
Zum Patzenhofer
Nollendorfplatz 6, neben d. Theater
Neuer Inhaber M. THOMEL früher Yorkstr. 46

Im Schatten des Yoshiwara
Zeit der Handlung: Um 1850

Darstellerverzeichnis:

O-Kiku, die Schwester	A. Tschihaya
Rikiya, der Bruder	J. Bandoh
O-Ume, die Frau von Yoshiwara	Y. Ogawa
Der Mann mit dem Polizeiknüppel	I. Sohma

Kinugasa Produktion der Schochiku Film A.-G.

Vor- und nach der Vorstellung zur
Bierquelle Motzstr. 8, am Nollendorfplatz
Kalte und warme Küche, großer Mittagstisch zu kleinen Preisen. Gutgepflegte Biere, Berliner Kindl u. echte Biere

Erstklassiger Maß-Anzug
Gebr. Klapper, Berlin W 35, Steglitzer Straße 24

図③　「ヨシワラの影にて」（Im Schatten des Yoshiwara）の公開プログラム（Stiftung Deutsche Kinemathek）

図④　「ヨシワラの影にて」（Im Schatten des Yoshiwara）のベルリン公開（1929年5月17日。Schleif 1993より）

い（まさに「東部戦線異状なし」といったところ）。〔略〕私の作品「ヨシワラの影にて」をもって、日本映画に関する欧州での最初の批評を呼び起こすのみならず、日本映画を世界市場へと導く第一歩を踏み出したいと思う。だからといって、この映画は輸出品として作られたものではない。しかし、本作品は、「ゲーシャ」「フジヤマ」「ハラキリ」などの〔日本に対する〕従来の観念を一掃することになるだろう。(10)

衣笠監督の作品は実際に多くの批評を呼び起こした。一般的には、ベルリンの批評家の間では『十字路』への反響は意外に芳しいものであった。『キネマトグラフ』からの例を取り上げたい。

今年の一番面白い映画の一つが、いま、ウーファ・パビリオンの銀幕に映っている。初めての本物の日本の映像だ。演技は秀逸である。編集は創造的である。珍しくて、有効な照明効果にあふれている。(11)

しかしながら、地理や文化や歴史の上の「相違」と「脚本の欠点」が、理解を難しくさせた。ある新聞（*Welt am Montag*）から引用しよう。これは当時、武田忠哉が『キネマ旬報』(12)に引用した個所であるが、筆者（ザーロモン）なりにいくぶん改訳してみた。

この純日本的な映画の特性が、ただ環境とその人間にだけあり、一方、演出、演技、そして、すべての技術的なものが、徹底的に国際的な印象を持っていることを確認して、私たちはおどろかされる。衣笠監督は特にロシアの映画芸術を模範に取ったが、しかし、そこまでは到達しなかった。彼の最大の弱点はシナリオであり、それは、世の多くの監督の弱点でもある。彼はここでは、ヨーロッパ的な概念にとって、非常に古臭く、原始的で緩漫な筋を提供している。それは近代的な表現形式に相応しないようである。

4 松竹のベルリン配給社

衣笠監督のヨーロッパ滞在と同時期に、松竹キネマの城戸《きど》四郎はヨーロッパやアメリカの映画界を視察した。ベルリン滞在中に、東和商事の川喜多長政と、ウーファ映画社の大株主スティーテンクローン男爵とともに、松竹のベルリン配給社について相談した。その結果、松竹とスティーテンクローンの出資で、松竹のベルリン支社を設立する計画が具体化した。配給範囲はドイツのみでなく、ヨーロッパ諸国で、支社の代表者に『十字路』のドイツ語字幕翻訳を担当していた野原駒吉が選ばれた(13)。

第一の具体策として、『永遠の心』（佐々木恒次郎監督、松竹キネマ、一九二八年）や『大都会　労働篇』（牛原虚彦監督、松竹キネマ、一九二九年）など、合計一二本の松竹作品が発送されることになった。この一二本のなかから、佐々木監督の『永遠の心』が、ベルリンで新たに編集されて、ドイツ語のタイトルをつけ、伴奏を改変した後、Yakichi, der Holzfäller つまり「樵夫弥吉」の題名で、一九三〇年の三月にウーファ・パビリオンで封切された(14)

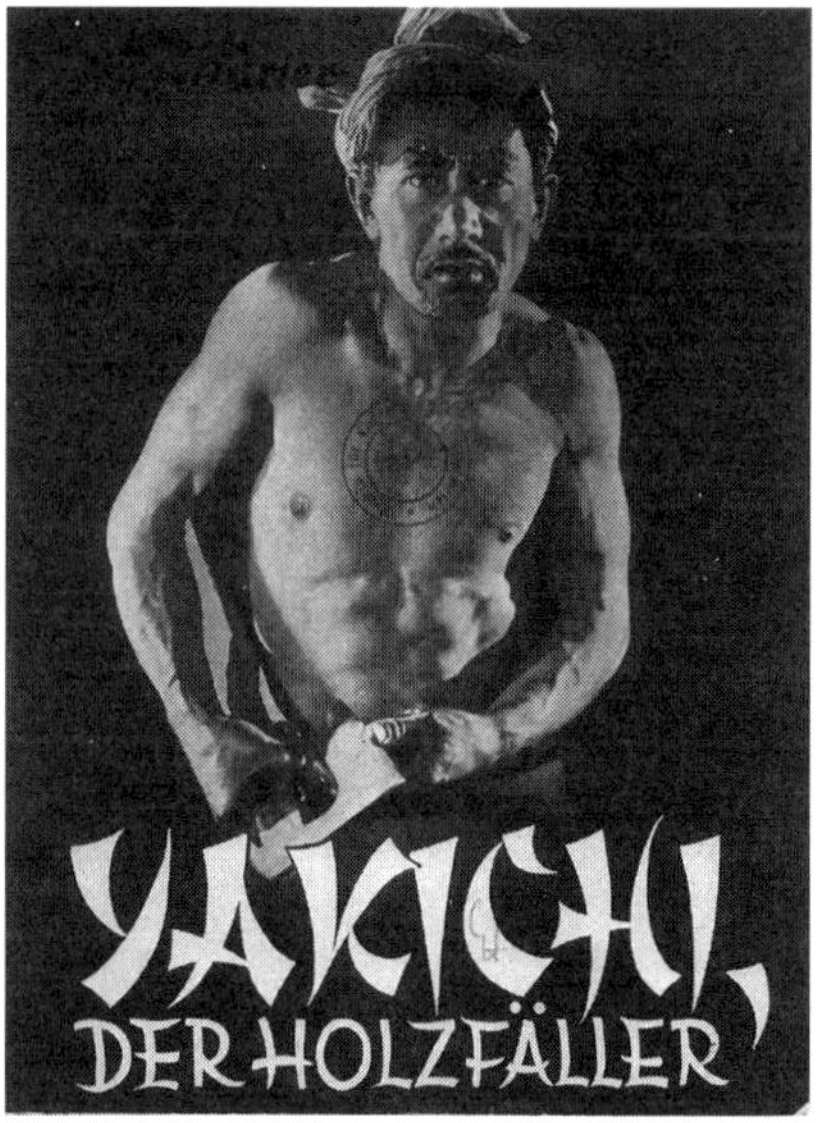

図⑤　「樵夫弥吉」（Yakichi, der Holzfäller）（『写真フィルム・クリーア』1930 年、Stiftung Deutsche Kinemathek）

〔図⑤〕。批評家の反応は再び非常に好評だった。『キネマトグラフ』の批評から引用しよう。

〔『十字路』の上映から〕一年後、今この映画を見た者は誰でも、日本映画がかなりの影響力が持てるようになるのが、それほど遠い将来でないことが、当然分かるだろう。〔略〕技術的には、日本映画はどんどんと完成に迫りつつある。本作品の映像は素晴らしいし、また模範的に編集されている。撮影監督はトリックなどを、まるで腕の良いドイツの技師の如くに使う。〔略〕映画作家も、映画製作者も、この日本映画を見逃してはならない。だが、この名作が一般観客の嗜好に合うかどうかは別問題である。[15]

松竹キネマのベルリンでの活動は、その後、無に帰するようである。一九三二年になると、数年前に輸入された松竹作品のうち三本が選ばれ、改編された。特に文化映画界と関係を持つカール・コッホの主導で行われた改編と共に、元駐日ドイツ大使の娘ラーギ・スルフのナレーション、そして在独の歌手・湯浅初枝の独唱が挿入され、「ニッポン　日本における人間の条件」（Nippon: Menschenschicksale in Japan）という題名の下に、発声映画の三部作として封切られた。松竹作品の元の題名は、教育的な意図を示す「千年前の日本」（『怪盗沙弥磨』小石栄一監督、一九二八年）と「武家時代の日本」（『篝火』星哲六監督、一九二八年）と「現代の日本」（『大都会　労働篇』

牛原虚彦監督、一九二九年）というタイトルに変わることになった。実際に、この映画のプログラムから分かるように、上映の主催者は、ベルリンにある文化研究所であった。つまり、日本映画が鑑賞される環境は再び芸術関係の分野から、教育界に移行したと思われる。その上、松竹のベルリン支社が既に虚空に消えたことは、「ニッポン」の製作者として東和商事が紹介されたことからも明らかになる。[16]

ベルリンのウーファ・テアーターで上映された「ニッポン」はどのように受容されたのだろうか。『十字路』や『永遠の心』と比べると、映画雑誌の批評はやや控え目な反応ではあった。のちに川喜多長政が『日本経済新聞』に載せた記憶では、「結果はさんざんだった」というが、しかし封切りは成功したように思われる。[17] たとえば、『キネマトグラフ』は特に演じているのが俳優であることを忘れさせる良心的な演技を指摘した。一方、『フィルム・クリーア』は「ニッポン」を皮肉に「教化シリーズ」と呼んだが、ドイツの一般観衆も年に何本かの日本劇映画を見たがるだろうと強調した。[18]

5 ナチス時代の独日協会と日本映画

「ニッポン」の後、日本映画の一般公開はしばらくなくなった。日独関係が変遷するなか、独日協会（Deutsch-Japanische Gesellschaft）がいろいろな意味で主人公となっていった。独日協会はすべての団体と同様ナチスに統合された。重点課題として、協会は一九三三年に、日独関係を保護するとともに、ドイツにおける日本への認識を促進することを定めた。ベルリンの本部のほかに、ケルン、ミュンヘンなどの大都市に支部が開かれ、会員数も急激に増えた。[19]

協会は早くから、映画を文化交流の理想的な手段と考えていたが、適当な映画が不足していると不満を持っていた。独日協会の理事メンバー、フリードリヒ・ハック（Friedrich W. Hack）によると、ドイツ人の大部分が日本についての知識を演劇、そして特に映画から得ていた。ハックと独日協会の多くのメンバーの考えでは、演劇と映画のドイツ人への影響は、残念なことに好ましいとは言えなかった。ある地方新聞で、ハックは次のように説明した。

残念ながら、演劇も映画も日本と日本人に対する正しい印象を伝えていない。それどころか、演劇と映画のそれまでの日本描写はすこぶる間違った認識を与えた。『蝶々夫人』やその他、芸術的にも技術的にもよくできているフランス映画 La Bataille は良い例になるかもしれない。どちらも、日本の仮面をかぶった想像に過ぎない。[20]

ハックなどの理事メンバーはすでに本物の日本映画の上映があったことを考慮にいれておらず、また『十字路』などの映画についても批判的な態度をとった。実際に、衣笠監督も指摘したように、日本のイメージは誤解されやすかったので、ベルリン滞在の日本人による強い反発もあった。一方、理事メンバーの間には、日本劇映画は物語が坦々としており、ドイツの観衆には適していないという偏見があったようだ。それゆえに、協会は適当な映画を輸入する代わりに「日本をそのままに、西洋人から見て、西洋の技術で示す」（A. Fanck）劇映画の共同製作に力を注ぐことにした。その後、協会は「侍の娘」の最も重要な後援者の一つになった。社会的なイベントとしてメディアの関心を呼び起こした封切りも、独日協会の主催で行われた。逆に、『国民の誓』という、あまりよく知られていない第二の共同制作は、独日協会の鑑賞会で限られた観客に紹介されたのみであった。[21]

面白いことには、ナチスドイツと日本の政治的な接近が日本映画の受容を根本的に易化する結果を生じなかった。一九三七年の一一月に、日独文化協定の先駆として国際映画協会とドイツの帝国映画院（Reichsfilmkammer）との間に成立された日独文化映画交換協定にもかかわらず、日本映画の一般公開は例外的なものであった。第二次世界大戦が勃発した後、協会の映画活動は、当面は日本国大使館や国際文化振興会などの援助を受け、集会で上映できる日本映画を入手することに集中した[22]。とくに、『日本の小学校』という記録映画や山本嘉次郎監督の『馬』（東宝映画、一九四一年）は、ドイツ語圏のそれぞれの支部で上映され、拍手喝采を受けた[23]。

ところが、協会は映画活動が迅速に進まないことに不満を持ち、明治時代に招かれたお雇い外国人エルヴィン・ベルツの息子であるエルヴィン・徳・ベルツを日独協会嘱託の映画担当者として一九四〇年の秋、日本に派遣することにした。熱意を持って母国日本に着いたベルツは日本文化を紹介する記録映画を撮る予定だったが、おそらく生フィルム不足のせいで、当初の計画を中止しなくてはならなかった[24]。

その代わりにベルツは、日中戦争で戦う陸軍飛行士を描写する東宝映画『燃ゆる大空』のドイツ観客用の再編集とドイツ語字幕作成に着手した。ベルツは安部豊監督が重視した感傷的な場面を「気概のある飛行士を未熟な少年に見せる」ものとして、その削除に固執した。再編されたものは結局、「日本の荒鷲」（Nippons Wilde Adler）の題名で、一九四二年に、日本陸軍の贈り物としてヒトラー総統とドイツ国民に贈呈された〔図⑥〕。同年六月、封切りは両国家の儀式のようにおこなわれた。負傷兵や産業戦士が紹介された他、ゲッベルス宣伝大臣などのナチス政治家や当時の日本大使、大島浩が参加した。翻案の結果、一般公開された映画は日本とドイツの軍隊の共

図⑥「日本の荒鷲」（Nippons Wilde Adler）の雑誌広告（『フィルム・クリーア』1942年6月5日）

通点をよく示すものであった。これは映画専門誌のみではなく、一般新聞にも掲載された多くの批評から分かることだ(25)。

興味深いことに、当時の日本ブームと同時に、映画雑誌では日本映画界の報道が再び目立つようになった。「日本の荒鷲」の封切り、日本の映画産業などに関する記事が『フィルム・クリーア』の一面に見つかるからである。そのなかで、フランク・マラウン(Frank Maraun)という筆名で活躍した影響力のある批評家は、「日本の映画芸術　劇映画や記録映画が反映する日本の国民性」という題の、かなり詳しい記事を書いた。いろいろな意味で、この記事は数年後、戦時期のワシントンで人類学者のルース・ベネディクトが日本映画の分析の結果として纏めた内容を先取りしている。次の引用が示すように、マラウンはベネチアで『五人の斥候兵』『土と兵隊』などの戦争映画を見たようである。

戦争に関連するこれらの映画はすべて、軍隊らしさや戦闘員の国民的な使命、そして戦闘そのものを描くことに、かつて例を見ないほど専念している。こういった映画のいずれにも個人としての英雄がいないことは注目に値する。描かれるのはただ、部隊という共同体、目的と行動のみである。〔略〕偉大でダイナミックな近代技術は、これらの映画においてはなんの反響も呼び起こさない。大げさで恐ろしい動きをする戦車、飛行機、砲などの大写しではなく、死を覚悟した武士道の精神的強さを表現する男たちの顔の静かなアップが、観客に訴えかけるのである(26)。

関心が特に戦争物に集中していたことを考えると、日本映画はドイツにおいて新しい役割を果たすようになったのだろうと思われる。一九四一年の冬に急に悪化したドイツの戦況で、同盟国の作品は勝利への確信を宣伝する手段となった。それゆえ、ドイツ側は、シベリア鉄道が不通になった後も、日本の戦争映画を輸入し、上映することに力を注いだ。一つの例をあげると、『ハワイ・マレー沖海戦』のウーファ版（Der Weg nach Hawaii）は、独日協会の支部で、敗戦の数ヶ月前まで上映されていたようである。既に破壊されたベルリンからも、協会の事務長が次のような頼りを日本大使館に宛てて書いた。

「この映画〔『ハワイ・マレー沖海戦』〕は、ドイツ観衆にとても良い効果をもたらしたので、今後も機会があれば、こういう種類の映画を日本から入手できることを期待しています(27)」。

結論

これまで論じたことから、どのような結論が導き出せるだろうか。まずは、ドイツ語圏における日本映画の受容についての資料は、最初に思ったより、ずっと多くあった。何十本という記事が見つかったが、資料探しの終わりはまだ見えない。まだ暫定的ではあるが、結論としていくつかの点を挙げたい。

日本映画界への関心は、少なくともドイツの映画関係者のなかで、一般に思われたより、かなり以前に呼び起こされていた。芸術品としての評価に関しては、特に目立つのは日本人俳優の演技に対する感嘆の念である。映画の筋などの点は批判されても、俳優たちの、俳優であることを忘れさせる演技は大いに誉められた。それにもかかわらず、芸術品としての評価においては、しばしばドイツの一般観客の鑑賞に堪えうるかという疑問が呈された。ところが、資料によると、ベルリンなどの大都市の観客にも明らかに日本映画を見る願望があった。

興味深いことには、日本映画の受容環境は次第に変わり、複雑になっていった。日本へ向けた意図はまず経済的なもので、続いて極東の異文化日本との接触や、特にワイマール共和国時代において、芸術鑑賞への関心が加わった。そして、一九三〇年代に入って、政治的な観点が中心になっていった。独日協会が公式的な受容チャネルになり、その努力によって、日本映画を見る機会がより一般的になっていた。しかし、その時代の展開はいろいろな意味で退歩というほかはない。映画はある作家の作品としてよりも、公式の日本紹介として受容された。各作品がナチスの日本に対する偏見と一致するかどうかは非常によく議論されてきた。相手国の映画は、この時期において、宣伝的な効果が強いとされていたので、特に評価されるようになった。つまり、『羅生門』以前のドイツにおける日本映画の受容は、次第にドイツ社会の自己定義において重要な役割を果たしていた。

（1）Freunde der Deutschen Kinemathek. *Filme aus Japan. Retrospektive des japanischen Films, 12. September – 12. Dezember 1993*, Berlin: Freunde der Deutschen Kinemathek 1993. 特に次の、ドイツにおける日本映画の受容に関する資料を内包する年表に注意を向けたい。Helma Schleif. "Chronik der deutsch-japanischen Filmbeziehungen zwischen 1924 und 1960", ibid.: 38–101.「侍の娘」については、次の代表的な文献があげられる。Janine Hansen. *Arnold Fancks "Die Tochter des Samurai". Nationalsozialistische Propaganda und japanische Filmpolitik*, Wiesbaden: Harrassowitz 1997 (Iaponia insula 6).

（2）"Vom Kino in Japan", *Volksbildung*, 44.8 (April 1914): p. 153.

（3）M. Büttner. "Kino in Japan", *Film-Kurier*, 10. August 1921: p. 1.

（4）"Japanische Filme. Presse-Vorführung", *Film-Kurier*, 2. Mai 1923: p. 2.

（5）Dr. E. U. "Japanische Filme", *Der Kinematograph*, 16. Dezember 1923: p. 9.

（6）Ibid.

（7）"Film-Japan", *Der Kinematograph*, 3. Februar 1924: p. 13.

（8）衣笠貞之助『わが映画の青春——日本映画史の一側面』中央公論社、一九七七年、一二二—一二四頁。Senda Koreya. *Wanderjahre*, Berlin: Henschel 1985: 96–99. 衣笠監督と千田是也の回想によると、「ヨシワラの影にて」は「モーツアルト・ザール」で公開されたが、当時の資料（図③④も含めて）が明らかにするように、ベルリン封切りはモーツアルト・ザールの近くにある「ウーファ・パビリオン」で行われた。客席数は九〇〇席程度で、オーケストラ伴奏がよく知られているジュゼッペ・ベッチェ（Giuseppe Becce）の担当だった。同「ウーファ・パビリオン」でラング監督の『メトロポリス』の上映が一九二七年の一月から五月まで続いていた。面白いことには、ラングのこの名作に「ヨシワラ」というナイトクラブが出てくる。

（9）Senda, *Wanderjahre*, 1985: 75–77. 衣笠貞之助『わが映画の青春』一二三—一二五頁。

（10）T. Kinugasa: "Das Gesicht des japanischen Films", *Film-Kurier*, 16. Mai 1929.

（11）"Im Schatten des Yoshiwara", *Der Kinematograph*, 17. Mai 1929.

（12）武田忠哉「十字路がドイツ映画界に与えた印象」、『キネマ旬報』一九二九年七月二一日、三九頁。なお、本論考中の引用文は、日本人読者に意味をわかりやすくするため、私（ザーロモン）の手が加えられ、修正されている。

（13）「松竹配給社伯林に　愈々邦画の欧米新曲」、『読売新聞』一九二九年六月二六日。川喜多長政「海外で日本映画の上映」、『キネマ週報』第七号、一九三〇年三月二八日、二六〇頁。

（14）「音楽で帰る「永遠の心」」、『読売新聞』一九三〇年三月三〇日、朝刊。『松竹七十年史』松竹、一九六四年、三七四頁。当時、松竹と日活を中心とした日独映画配給社を設立する計画もあった。川喜多長政は一九三〇年の三月に溝口健二監督の日活映画『狂恋の女師匠』（一九二六年）を持ってベルリンに来た。「日独映画配給のシンジケート設立」、『読売新聞』一九二九年九月三日、朝刊。川喜多長政「私の履歴書」、『日本経済新聞』一九八〇年四月八日、一一日。

（15）"Yakichi, der Holzfäller", *Der Kinematograph*, 5. März 1930.

（16）Nippon の公開プログラム（Stiftung Deutsche Kinemathek）によると、作品は「松竹キネマの名俳優を使って東京の東和商事により製作された」。

（17）「結果はさんざんだった。日本の新旧の風俗紹介がねらいだったが、座っておじぎをしたり、はしで食事をしたりするのを見て観客はゲラゲラ笑いだす始末だった。映画の輸入だけでなく、日本映画の海外進出が私の夢だったが、その道はまだまだ遠かった」（川喜多長政「私の履歴書」、『日本経済新聞』一九八〇年四月一一日）。

（18）"Nippon", *Der Kinematograph*, 3. Mai 1932; "Nippon", *Film-Kurier*, 2. Mai 1932.

（19）ナチス時代における独日協会の文化活動については、次の出版物に注意を向けたい。Günther Haasch (Hg.): *Die Deutsch-Japanischen Gesellschaften von 1888 bis 1996*, Berlin: Edition Colloquium 1996.

（20）"Deutsch-Japanische Filmarbeit", *Voigtländischer Anzeiger*, 24. März 1937. Quoted in Haasch 1996: 254. La Bataille の邦題は『ラ・バタイユ』、早川雪洲主演のフランス映画、日本公開は一九二四年。

（21）一九三七年には、第五回冬季オリンピックの開催地が札幌に決定された。『国民の誓』（野村浩将監督、国光映画、一九三八年。ドイツ公開の題名は Das Heilige Ziel）は、のちに日中戦争の勃発で開催が返上された札幌大会の宣伝として作られた。澤村勉「国光映画作品評　国民の誓ひ」、『読売新聞』一九三八年六月一八日。"Tagesschau: *Das heilige Ziel*", *Film-Kurier*, 24. Juni 1938.

（22）"Abkommen Deutschland-Japan. Am 11. November erste Vorführung japanischer Kulturfilme in Berlin", *Film-Kurier*, 4. November 1937. 後の日独文化協定の意味について、川喜多長政が映画人として『読売新聞』の記事で説明した。「映画と日独文化協定」、『読売新聞』一九三八年一二月二日、夕刊。

（23）"Film", Haasch 1996: 257-258. 一九四一年の三月にベルリンを訪問した松岡洋右外相が『馬』のコピーを持ってきた。岩本憲児・牧野守監修『映画年鑑　昭和十六年版』（復刻版）日本図書センター、一九九四年（原本：日本映画雑誌協会、一九四一年）、二、一〇頁。

（24）*Deutsch-Japanische Nachrichten*, 20. März, 1941: 2; 27. März 1941: 3; 3. Juli 1941: 3.

（25）"Film", Haasch 1996: 261-262; "Das Heldenlied vom japanischen Fliegergeist. 'Nippons wilde Adler' in Gegenwart von Dr. Goebbels und Botschafter Oshima im Berliner Ufa-Palast uraufgeführt", *Film-Kurier*, 6. Juni 1942.

（26）Frank Maraun: "Japans Filmkunst. Der japanische Volkscharakter im Spiegel von Spiel-und Dokumentarfilmen", *Film-Kurier*, 3. März 1942.

（27）日本国大使館の文化部に宛てた手紙から。Rudolf Trömel an Kaiserlich Japanische Botschaft, Kulturabteilung, 5. Januar 1945 (Bundesarchiv). Quoted in "Film", Haasch 1996: 263.

（付記）岩本憲児先生や奥村賢先生の励ましを得て、日独映画交流史を遡って調べることになった。おかげで、かつて盛んだったドイツの映画関係の出版物にどっぷりと浸かり、次第に探偵物のように面白くなる研究を進めることができた。本稿の日本語は浅井晶子さんに校閲していただいた。上記の方々に心からお礼を申し上げたい。

4 国際文化振興会と日本映画

『五人の斥候兵』のベネチア受賞を中心に

古賀 太

序

日本映画の海外進出は、一般に一九五一年にベネチア国際映画祭で黒澤明監督の『羅生門』がグランプリを受賞してからと言われている。多くの日本映画史の本では、一九三八年に『五人の斥候兵』（田坂具隆監督）が、同じ映画祭で民衆文化大臣賞を受賞していたことは記されているが、これについての詳しい記述はほとんどなかった。

戦前には、ほかにも何本かの日本の劇映画が台湾などの旧植民地を除く海外で上映されている。だがその詳細は、ほとんど明らかにされていない。本章では、とりわけイタリアとの同盟関係が取りざたされる『五人の斥候兵』を中心に、その上映の経緯を明らかにしてゆきたい。特に一九三四年に設立された国際文化振興会の資料を調べて、その役割を明らかにしたい。

もともと国際文化振興会は、設立以来、外国向けの日本文化紹介を目的とした記録映画を自ら製作してきた。既に三〇年にできていた鉄道省国際観光局は、外国人旅行者を増やすために日本の観光地紹介の記録映画を作っていたが、外務省所管の国際文化振興会はさらに日本文化に対する外国の理解を深めるための映像をつくることとなった。

国際文化振興会と鉄道省国際観光局が製作した記録映画については、山本佐恵の『戦時下の万博と「日本」の表象』[1]にくわしい。ここでは、三八年頃から急に盛んになったと思われる国際文化振興会による劇映画の海外上映に対する支援を中心に見ていきたい。

まず、それまでに海外で上映された日本の劇映画をまとめた文章が三八年六月一日号の『キネマ旬報』に掲載されているので、ここに再録する。

『萩寺心中』（野村芳亭《ほうてい》監督、一九二五年パリ上映（本書中山論文によれば一九二七年））
『街の手品師』（村田実監督、一九二五年パリ、ベルリン上映（同論文によればパリでは劇場未公開））
『十字路』（衣笠貞之助監督、一九二九年パリ、ベルリン上映）
『妻よ薔薇のやうに』（成瀬巳喜男監督、一九三五年ニューヨーク上映）
『大阪夏の陣』（衣笠貞之助監督、一九三六年欧米上映／未確認）
『荒城の月』（佐々木啓祐監督、一九三七年パリ万博上映後、ベネチア国際映画祭上映）
『情熱の詩人啄木』（熊谷久虎監督、一九三七年フランス上映／未確認）
『新しき土』（アーノルト・ファンク監督、一九三七年欧米上映）

図①　『五人の斥候兵』

これに二六年にパリで公開された『愛の秘密』（徳永文六監督）と、三八年八月のベネチアに出た『五人の斥候兵』〔図①〕と『風の中の子供』（清水宏監督）が加えられるだろう。川喜多かしこの当時の報告[2]によれば、『五人の斥候兵』はドイツでトビスが配給を引き受け、『風の中の子供』はパリのシャンゼリゼの試写室で上映されたとのことだが、実際に両国の映画館で配給されたかは確認できていない。同じく川喜多かしこが後に書いた「思い出の名画でつづる東和の歩み」によれば、『永遠の心』（佐々木恒次郎監督）を「樵夫弥吉」という題で、ベルリンで封切り（一九三〇年）、『狂恋の女師匠』(溝口健二監督)、『怪盗沙弥磨』(小石栄一監督)、『大都会　労働篇』(牛原虚彦《きよひこ》監督)の三本をカール・コッホに編集させて「ニッポン」という題でベルリンとパリで封切った(一九三二年)という。(3)

戦前のフランスにおける日本映画の上映については本書の中山信子の論文にくわしいが、その成果も含めてまだ上映が確認されていないものは、「未確認」とした。またここでは、『キネマ旬報』に記述されている、輸出したが実際に上映されていない三本(『仮名手本忠臣蔵』『露の命』『椿咲く国』)や、邦人向けの上映のための一本(『象牙の塔』)は省いている。『日本映画』の三八年六月号には「輸出映画目録」が掲載されているが、これ以外では、パリで『十字路』と同時上映された大藤信郎の千代紙映画『珍説吉田御殿』、および『象牙の塔』と共に米国の邦人向けに上映された『乃木将軍』が挙げられている。

また、ソ連における日本映画の上映については、岩本憲児の調査によれば、『からくり娘』(五所平之助監督、一九二七年)、『京洛秘帖』(衣笠貞之助監督、一九二八年)、『何が彼女をそうさせたか』(鈴木重吉監督、一九三〇年)、『珍説吉田御殿』(一九二八年)などがある。(4)

並べてみるとわかるのは、ソ連を除くと国際文化振興会ができた三四年以降に海外で上映される日本映画が明らかに増えたことである。そして『五人の斥候兵』がベネチアで受賞するあたりから、国際文化振興会が劇映画にも積極的な関与を始めている。ここではその関与の詳細とそれがもたらした結果について考察したい。

1　国際文化振興会と映画

国際文化振興会は一九三四年一二月一一日に認可され、一八日に発会式が行われた。当時の新聞によれば、広田弘毅外務大臣も出席して東京会館で華やかに行われたようだ。(5)同会の創設に関しては、芝崎厚士の『近代国家と国際文化交流』にくわしい(6)。簡単に言うと、三三年の国際連盟脱退以降、国際的な孤立を避けるために文化外交の必要性が高まった結果のようだ。

これまでの一般的なイメージは、国際連盟脱退以降、日本は孤立への道を突き進んだというものだ。しかし、最近ではむしろ、一九三〇年代を日本がグローバルな世界に入った時代と見る研究が出ている。井上寿一は『戦前日本のグローバリズム』において日本が脱退した理由をこう述べる。「自ら進んで脱退することで、満州事変を国際連盟の審議から外す。そうすれば、国際連盟の枠外で外交関係の部分的な修復が可能になる。／事実、国際連盟脱退後、状況は予想通りに進展する。対外危機は沈静化に向かう。日本は新しい地域国際機構の構想をとおして、欧州諸国と外交関係の再設定を試みるようになる(7)」。また彼はこう書く。「一九三〇年代の日本は、通商自由の原則を掲げて世界大で経済外交を展開していたからである。〔略〕日本が引き起こしたのは、経済ブロック間の対立ではなく、自由主義の通商貿易政策の成功による経済摩擦だった(8)」。

五十殿利治編による『「帝国」と美術』の諸論文は、三〇年代に日本美術がいかに海外に進出していったかを語っている。その序文で五十殿は書く。「インターナショナルなモダニズムという一九二〇年代的な図式は一九三〇年代になってインターナショナルなナショナリズムへと変容した(9)」。

芝崎厚士もまた、三〇年代前半の「対外文化政策の制度的展開」を指摘する。国際文化振興会以外にも、鉄道省国際観光局（一九三〇年）、日本学生英語協会（一九三三年）、日本ペンクラブ（一九三五年）、国際学友会（一九三五年）など海外との交流を深める文化団体が続々とできたことを挙げて、芝崎は「この一連の現象は、「文化国際主義」は一九二〇年代に最盛期を迎え、三〇年代に徐々に衰退していったという従来の理解を単純にあてはめることによっては説明が困難である」と書いている(10)。

いずれにしても、発足した国際文化振興会はその「設立趣意書」によれば、「自国文化ノ品位価値ヲ発揮シ、他国民ヲシテ尊敬ト共ニ親愛同情ノ念ヲ催サシムル」ためのものである。その事業内容は「事業綱要」[11]によれば、出版、講演会、展覧会、人物交流などとともに「映画ノ作成及ヒ其ノ指導援助」という項目がある。そこには以下の三つが書かれている。

一．日本文化ヲ外国ニ宣揚スヘキ映画ヲ作製スルコト〔＝外国向け文化映画の製作〕

二．此種映画ヲ作製スル団体若クハ個人ニ対シ必要ナル指導援助ヲ与フルコト〔＝文化映画製作の援助〕

三．外国ニ輸出スル我国映画ニ対スル統制若クハ検閲ニ協力スルコト〔＝映画輸出の便宜を図る〕

つまりここでは、劇映画の輸出については触れられていない。あえていえば三のみ劇映画も含むことも可能だが、ここはあくまで各国税関や検閲レベルの実務的な話である。実際、設立以来、国際文化振興会の映画における活動は、外国向けに日本を紹介する文化映画の製作とその海外での上映に限ってきたことは、毎年の「事業報告」を見ればわかる[12]。

ところが、三八年度の「事業報告」には、「ベネチア国際映画コンクール」〔＝映画祭〕に「本邦出品作品審査選定シ左記ノ如ク各国語版ヲ作製セリ」として『五人の斥候兵』（独語版）と『風の中の子供』（仏語版）が文化映画三本と並んで載せられている。そして「尚同コンクールニ於テ『五人の斥候兵』ハ宣伝相賞ヲ受領セリ」と、自らの事業として評価している。この方針の転換はどこから来るのだろうか。

2 「国際映画協会」の存在

その最も直接的な理由は、「国際映画協会」という団体の存在が大きいだろう。この団体については詳細がわからないが、三五年九月八日の『朝日新聞』に「国際映画協会生る」の記事がある。「外務省ではいよいよ映画で国際的に呼びかけることになり」と外務省主導であることがわかる。会長は「曾我祐邦子爵、理事には黒田清伯、芦田均氏を始め著名な文芸家、思想家、音楽家を始め外交家、外交評論家を網羅（所謂映画人を除外）」と書かれているのが興味深い。「所謂映画人を除外」という表現から、映画関係者ではなく、外務省が主導する様子がよくわかる。

その活動については、八月二七日付『朝日新聞』には「国際映画協会の陣容を強化」という記事がある。「外務省では今回輸出向けの所謂「国際映画」の統制に乗出し昨秋九月に設立された「国際映画協会」を拡大強化して新たに国際文化振興会と同様に外務省の外郭団体となし年額五万円の補助金を交付、これに民間側寄付五万円以て近く財団法人組織とし映画国策の第一線に活動させることになった」。その第一歩が、外務省の助成金三万五千円で製作する藤田嗣治と鈴木重吉の監督による『現代日本』全一〇巻（三六年完成）を欧米各地で公開することと、ドイツ人アーノルト・ファンクが日本で撮る合作映画『新しい土』（三七年完成）を「世界同時に封切上映し晴れの「国際映画」の首途を飾る」ことであった。

また、少し後の一〇月一七日付『朝日新聞』に「国際映画協会事業決定」という記事がある。それによると、(1)「日本文化を世界に宣揚するために「国際映画」（劇映画及び文化映画）のシナリオを民間から懸賞募集する」、(2)「在来の各映画会社の中から「国際映画」として優秀な物を選抜、再編集の上、外国語字幕を付し、海外に紹介する」、(3)「外務省情報部内のニュース映画を国際映画内に移し協力活動する」の三つが事業内容としてあげられている。

「国際映画」という概念が急に浮上して、一種の流行語になっていることがよくわかる。ところが、三年後の三八年四月一七日付『読売新聞』には「国際映画協会つひに解散す」という記事が出ている。この突然の解散の理由は明らかではない。記事には、満州事変後、世界の日本熱は高まったが補助金は年額五万円のまま増額しないので、「一五日の理事会で「無条件で外務省に返還しよう!」ということになりここに発展的解消の幕となったものである」と書かれている。同じ年の『キネマ旬報』五月一日号にも「国際映画協会予算不足で解消」の記事がある。ここでも予算不足だけが書かれている。

しかしこれだけが本当の理由だろうか。私の仮説は、二大事業であった『現代日本』と『新しい土』の失敗によるところが大きいのではないかというものだ。『現代日本』については、三五年九月二〇日付『読売新聞』朝刊に「世界に贈る豪華編〝ニッポンの顔〟」と大きな写真入りで撮影開始を伝えている。『朝日新聞』でも翌年一月一七日夕刊や三月二七日付朝刊でその撮影の様子を伝えている。ところが、三七年の二月一日号の『キネマ旬報』では、前年一二月二二日に帝劇で行われた試写が「意外にも惨々たる不評判に終わった」としている。特に藤田嗣治の監督部分が「日本の悪い半面ばかりを紹介する」として批判の対象となったらしい。その後、内務、文部省両を中心に輸出中止の声が高まり、国際映画協会では一月一五日に理事会を開いて輸出の中止を決定したという。これについては四月になって美術批評家協会から藤田作品を弁護する声もあがり、新聞や雑誌で喧々諤々の騒ぎとなった。

『新しい土』はそれに比べると、「ドイツ山岳映画の巨匠」と言われるアーノルト・ファンクが監督し、評価の高い伊丹万作が共同監督として加わった作品のせいか、新聞レベルでの批判は見つからない。しかし『キネマ旬報』では大騒ぎとなった。たとえば内田岐三雄は「藤田嗣治の作った国辱映画『現代日本』と同列の愚劣さであるというのでもないし」と言いながらも「この映画の劇的構成はあまりにも脆く、薄く、それに重大なことには、物語にも解釈にも我々の実在を歪曲しすぎていた」と批判する。そして「僕は我々がなるべく多くこの映画を見て国際映画に関しての研究をしてもらいたいと思う」と結ぶ(13)。さらにこの映画にはファンク版以外に日本側の監督であった伊丹万作の版があり、日本では両方の版が公開されて、海外ではファンク版が公開されたことも論議を呼んだ。どちらにしても映画評論家の評判はきわめて悪かったと言える。またドイツでもかなり評判が悪かったことが、三七年七月一日号『キネマ旬報』で岩崎昶《あきら》によっていくつかの記事の翻訳と共に紹介されている。

私には、鳴り物入りの二大事業が誰の目にも失敗に終わったことが、「国際映画協会」が突如解散したことの本質的な理由に思えてならないが、どうだろうか。映画評論家の板垣鷹穂《たかお》は同協会を「甚だ短命であったが、所謂「国辱映画」の問題を巻き起こし、輸出検閲制度の効力を発揮させて、忘れ難い印象を留めた存在」とし、具体的に『現代の日本』の製作および『荒城の月』の輸出について非難している(14)。

3 ベニス国際映画コンクールの受賞

三八年四月に解散した国際映画協会は、すでにその年のベニス国際映画コンクール（＝ベネチア国際映画祭）の出品作を決めていた。『五人の斥候兵』と『国民の誓』（野村浩将監督、一九三八年）である。ところが五月一一日号『キネマ旬報』は、「内定映画も更めて銓衡される」と述べている。

七月一日号『キネマ旬報』には改めて選考された経緯が載っている。「今年度は国際映画協会解散後、その事業を継承した国際文化振興会が邦画を送ることになったが振興会では六月一〇日に官民両側から人々を招いて出品映画の相談会を開いた」。選ばれたのは『五人の斥候兵』『風の中の子供』に加えて、文化映画として『日本の小学生生活』（同振興会製作）、『草原バルガ』（満鉄製作）、『東京交響曲』（鉄道省国際観光局製作）で、それぞれ外国語版が作られた。選考委員は文部省、外務省、鉄道省、検閲官、国際文化振興会の代表者に加えて、映画評論家の板垣鷹穂、岩崎昶、飯島正、内田岐三雄が加わっている。映画の専門家を交えて選考委員を組織し、選考結果を公表している様子がわかる。

このことは同振興会の年度末の「事業報告」でも取り上げられていて、「本邦作品審査選定ヲシ左記ノ如ク各語版ヲ作製セリ」としてリストが載っていることから、同振興会の事業としては選考委員会を開くことと外国語版を作って送ることの二つが明確化されていることがわかる。

それではそれ以前はどうだったのだろうか。三七年七月二六日付『朝日新聞』朝刊には、岩崎昶の署名記事で前年のベネチアに『荒城の月』を「「外国向き」に改修を施して送った」ことが書かれている。この映画は、三七年二月二四日付『読売新聞』夕刊に、パリ万博（五月から一一月まで開催）に送ることが書かれており、また同年一一月二一日号『キネマ旬報』では一一月一一日にベルリンで上映されたことが書かれているので、パリ、ベネチア、ベルリンと巡回していたことがわかる。

さて国際映画協会では、どのように選考が行われていたのだろうか。三八年四月一日号『キネマ旬報』の座談会で内田岐三雄が、「『荒城の月』を万国博に送る時、『祇園の姉妹』と『荒城の月』と『一人息子』を三つ候補に立てて、この三つはどれも相当いいが、結局その中で一番無難で、一番詰まらない『荒城の月』を送ることになった」と書いているので、一応専門家の意見は聞いたようだ。しかし報道もされていないことを見ると、国際文化振興会が開いた委員会のような公式なものではなかったと思われる。それにしても、もし溝口健二の『祇園の姉妹』や小津安二郎の『一人息子』が出ていたら、どのような評価を得ただろうかと考えると興味深い。

結果として、翌三八年のベネチアで『五人の斥候兵』は民衆文化大臣賞 Coppa Ministero della Cultura Popolare を受賞した。三八年九月二日の『朝日新聞』夕刊は、八月三一日のローマ特電を囲み記事で伝えている。同紙は既に八月三一日付で『五人の斥候兵』と『風の中の子供』が「審査委員会の全員一致によって推賞されて全欧州諸国の映画劇場で上映されることに決定した」と伝えている。また九月一四日付同紙夕刊では、『五人の斥候兵』のイタリア全映画館での上映が決まったことを伝えている。

この受賞は、国際文化振興会でも大きな出来事となったようだ。三八年一一月に創刊した機関誌『国際文化』の第三号（三九年三月）では、『風の中の子供』の配給について同会が交渉し、フランスでの配給の可能性が出てきたのでネガをフランスに送ったことを書いた後、「尚本会ではこれを機会に日本映画の海外配給に対し愈々本腰の活動を始めることになった」と続けている。

また第四号（三九年五月）には『五人の斥候兵』がフランスで上映された際に出た『フィガロ』紙の好意的な評の翻訳を掲載している。しかしそこには上映場所や日時が書かれていない。三九年二月二日の同紙原文を調べてみたが、やはり明記されていないところを見ると、一般上映ではなく試写と考えるのが妥当だろう。またフランスの映画雑誌 *La Critique Cinématographique* 誌の三八年九月一九日号にも好意的な評があるが、注目すべきは *Pour vous* 誌九月一四日号だ。これはベネチアの賞の結果についてルネ・レーマン René Lehmann が論じたものだが、「日本映画については、軍部のプロパガンダ映画『五人の斥候兵』よりも、私なら『風の中の子供』を選ぶ。そこには、否定しがたい映画的な価値があるからだ」と両者を比較している。『五人の斥候兵』は今日の目から見るとプロパガンダ色よりも映画としての巧みさに目が行くが、当時既にイタリアやドイツと防共協定を結んだ日本が描く中国における日本の兵隊の姿だけに、当時のフランス人がそこにキナ臭いものを感じていたのは事実だろう。

また当時のベネチア国際映画祭の資料を調査すると、国際文化振興会のパリ連絡員であった佐藤醇造が国際審査員の一人であることがわかった(15)。佐藤は翌年も国際審査員を務めているが、一九三二年に始まった同映画祭は、多くの場合、各国の代表団長と国際審査員が重なっている場合が多いようだ。日本の受賞は、イタリアの同盟国であるとともに、審査員の佐藤への配慮もあるだろう。その意味で国際文化振興会が窓口となったことは大きかった。

『国際文化』第七号（四〇年一月）では、『五人の斥候兵』の賞品カップが届き、イタリア大使を交えて製作者や関係者への賞品授与式を同会で行ったことが書かれている。

4　ベネチア受賞後

当然ながらベネチアでの受賞後は、国際文化振興会は次の映画祭での受賞に期待をかけた。『国際文化』第五号（三九年七月）では、「今年度出品作品に関しては過去来数回に亘り」審査委員会を開いたことが書かれている。委員は前回の板垣鷹穂、岩崎昶、飯島正、内田岐三雄に加えて、長谷川如是閑《によぜかん》や谷川徹三、伊奈信男などの映画以外の評論家も加えているのが注目される。『キネマ旬報』同年六月二一日号は「約三ヶ月にわたり慎重に審査を行っていた」と書いている。

そして選ばれた劇映画は以下の四本。『土』（日活、内田吐夢監督、独語版）、『兄とその妹』（松竹、島津保次郎監督、仏語版）、『上海陸戦隊』（東宝、熊谷久虎監督、伊語版）、『太陽の子』（東京発声、阿部豊監督、英語版）。なぜこのような異なる言語の版を作ったのか明らかではないが、英仏独伊という言語のみならず、映画会社もバランスが考えられたようなリストである。

前年の受賞があったせいか、『朝日新聞』も『読売新聞』も六月一一日付朝刊でこの決定を速報している。ところが八月に行われたはずの映画祭の結果は、いつまでたっても来なかった。『国際文化』第七号（四〇年一月）は、「審査の結果は欧州戦乱のため、発表延期となり、本会は未だに公式の通知を得ていない（十二月六日）」と書いている。同時に「最近イタリー側より本会宛に『土』及び『上海陸戦隊』をイタリー側出品作品『アブナ・メシア』他二本と交換したいと申込んできた。本会では早速製作本社との間に斡旋の労を取るべく目下交渉中である」と記されている。しかし実は、映画祭の結果は九月に発表されていた。日本に交換が提案された『アブナ・メシア』は最高賞「ムッソリーニ杯」の受賞作品であり、日本は無冠だった。

また『キネマ旬報』四〇年三月一一日号では、三八年と三九年のベネチア映画祭に参加した国際文化振興会パリ連絡員・佐藤醇造が、帰国後関係者に行った報告会について、内田岐三雄が書いている。「出品した日本映画は賞としてヴェニス国際映画展からカップを贈られた。但し作品の一つ一つに対してではなく、四本を総括したものに対して賞が贈られたのである」。同年四月一七日付『朝日新聞』もこのことを報道し、一一月五日付同紙には国際文化振興会においてその優勝杯をイタリア大使が渡す伝達式が行われたことを報じている。しかしこの賞は、同映画祭の公式資料にはない。こうなると、映画祭終了後にまさに同盟国に対する配慮で考えられたカップのような気がしてくる。

その一方で、四〇年八月のベネチアに向けて、作品選考は進められた。同年六月七日付『朝日新聞』によれば、『暖流』（松竹、吉村公三郎監督、仏語版）が文化映画『捕鯨』と共に選ばれている。ところが八月七日の同紙は「欧州戦争の影響によって輸出取止めとなった」と報じている。これについて国際文化振興会の同年度「事業報告」は、映画祭自体が中止になったと書いているが、これは事実ではないだろう。現在のベネチア国際映画祭のホームページにもあるように(16)、映画祭は四二年まで開催されている。しかしながら三八年以降に最高賞の「ムッソリーニ杯」を受賞しているのはイタリアとドイツの作品のみであり、もはや国際映画祭とは言いにくい存在になっていた。日本が初めてここで賞を取って喜び、国際舞台への進出を真面目に考えた時、その扉は既に閉ざされかかっていたのである。もともと一九三二年にでき、第二回の三四年には最高賞を「ムッソリーニ杯」と名付けた映画祭である。したがって、その政治的運命と軌を一にするように映画祭が展開したのは、ある意味で当然であった。ちなみにフランスでは三八年にマルセル・カルネの『霧の波止場』が「ムッソリーニ杯」を受賞しなかったことに対して、マスコミで大きな反発が見られ、翌年にカンヌで国際映画祭を開こうという動きになった。これは戦争の激化のために一旦中止されたが、四六年に実現した(17)。

四〇年の一一月九日付『朝日新聞』朝刊は、仏印に仏本国からの映画輸送が途絶しているので、仏語版『暖流』を送ることにしたことを報じている。その後、国際文化振興会が劇映画を輸出する動きは、報道にも、同会機関誌『国際文化』やその「事業報告」にも見当たらない。

戦前の日本の劇映画を輸出する流れは、三八年のベネチア国際映画祭で『五人の斥候兵』が受賞してから、政府やマスコミが支える形で急速に進展した。「国際映画」はまさに合言葉であった。ところが、それは結果としては長続きしなかった。日本側が万全の態勢で四本の劇映画を送った三九年には既に映画祭自体が変容しており、国際舞台の夢はあえなく途絶えた形となった。

5　川喜多長政の裏の活躍

今日、川喜多長政といえば戦前から欧州映画を輸入したパイオニアであり、同時に映画の国際交流を進めた人物として知られている。国際映画協会が三七年のパリ万博に『荒城の月』を出した頃から、日本政府による劇映画の輸出振興が始まるが、それからの数年に川喜多は表舞台には出てこない。たとえばベネチアに出す映画の選考委員でもないし、アドバイザー的な役割を果たしている跡はない。

しかし細かく見てゆくと、国際映画協会や国際文化振興会の仕事の陰に、川喜多の姿が見える。三六年八月二三日付の『朝日新聞』は、『新しき土』のアーノルト・ファンク監督が、同じドイツのジョセフ・フォン・スタンバーグ監督と『新しき土』に出演した原節子を交えて軽井沢で会談している大きな写真を載せて、それが「川喜多政道〔長政の誤り〕夫人の案内」であると書く。あるいは、翌年五月四日の同紙朝刊は、川喜多がベルリンについでパリでこの映画の興行を準備していることを報じ、六月二四日同紙夕刊は、原節子が川喜多に伴われて欧州からニューヨークに着いたことを報じている。外務省までお金を出した『新しき土』の外国との交渉は、監督の招聘も含めて常に川喜多が行っていたことがわかる。もちろんこの映画は企画自体が川喜多のものであり、自らプロデューサーだったので当然といえば当然だが、外務省も及ばない国際的なネットワークを持っていたと同時に、外務省や国際文化振興会などとうまく折り合いをつけていた様子がわかる。

三八年夏のベネチアで受賞した『五人の斥候兵』は、その年の『キネマ旬報』二月一日号に、既に川喜多が海外配給権を取得していたことが書かれている。「川喜多長政氏は「これこそ真に日本魂を描いた日本映画の傑作である」とし、支那側の逆宣伝により誤解されがちの日本軍人の真の姿を世界に知らしめる為め同画の諸外国配給を日活と交渉の結果愈々取得したので早速独、英、仏版を製作し、同社が製作中の『東洋平和の道』と共に『新しき土』によって開かれた日本映画の海外進出の途を一層開拓し大いに紹介に努る事となった」。つまりベネチア向けの選考会以前に『五人の斥候兵』は川喜多によって海外配給権が取得され、字幕まで付いていたことになる。川喜多があらかじめ選考委員に手を回して選ばせた、という仮説も十分可能だろう。

三八年一一月一日号の『キネマ旬報』には、夫人の川喜多かしこが二頁にわたって「欧米見聞記」を寄せている。彼女はその年のベネチア国際映画祭には四人の日本人がいて、国際文化振興会の佐藤氏と国際観光局の山口氏が政府関係を引き受け、自分たち夫妻が英独仏の映画人と新聞記者を引き受けて頑張ったという。「英独仏の映画人は皆古い知り合いだったので都合がよかった」。またその直後パリのシャンゼリゼで九月八日と九日の二日間、『風の中の子供』の試写をしたことを書いている。マルク・アレグレ、マルセル・カルネなどの監督に加えて女優のフランソワーズ・ロゼーなども来たようだ。「とにかくみんなが相当興味を以って呉れたのは嬉しかった。配給についてはその権利を持っている文化振興会と打合わせて出来るだけの尽力をしたい」。『五人の斥候兵』は川喜多が海外配給権を持っていたが、『風の中の子供』は、国際文化振興会に委託されていたことがわかる。またこの文章は自分が書かず、敢えて妻に書かせているところに、川喜多氏の黒幕としての存在を感じとることもできるだろう。国際文化振興会の『国際文化』第三号（三九年）にも、『風の中の子供』について「配給事業に関しては海外配給に多年経験を有する東和商事合資会社長川喜多氏の協力を得ることになった」と書かれている。

その後のベネチアなどで川喜多がどのような活躍をしたのかを示す資料は見当たらない。しかし三八年一二月四日付『朝日新聞』の「国策に副ふ映画輸出　専門会社設立」という記事は興味深い。「既に『新しき土』『東洋平和の道』『五人の斥候兵』等を輸出して邦画の海外進出に先鞭をつけつつある東和商事の代表川喜多長政氏は今度その経験を基礎に国策に副ふ単一組織による日本映画の輸出専門会社を企画し、既に日本映画各社及び関係各官庁方面と折衝の結果賛同を得る事になったので、愈々設立することになった」。また数日前の一二月二日付『読売新聞』夕刊では、珍しく川喜多の署名原稿で、日独文化協定が成立したのを受けて、日独の相互の映画紹介の具体的な手立てについて論じている。「今回の文化協定に基く映画政策の正しき発動は両国家を益する事頗る大であろうと考える」。

それまで影武者を演じてきた川喜多がとうとう前面に出てきたような感じだが、それ以降はドイツもイタリアも日本映画どころではなくなってしまい、川喜多の欧米との関係もいったん途絶えた。川喜多の戦前の最後の欧州出張は三八年九月であり、翌年になると新しく設立される中華電影の専務のポストを引き受けて上海に向かう(18)。

6 「国際映画」と「輸出映画」をめぐって

最後にまとめに代えて、一九三〇年代後半から急に浮上した「国際映画」について、雑誌の座談会や新聞記事を引用しながら論じたい。既に述べたように、「国際映画」という言葉は、三六年末に完成した国際映画協会製作の文化映画『現代日本』と三七年末に完成した日独合作映画『新しき土』を巡る論議の中で生まれた。それまでは三〇年に発足した鉄道省国際観光局や、三四年に発足した国際文化振興会が日本紹介のための外国向け文化映画を作っていた。それがこの二本に批判が寄せられたことで、外国向けの映画とは何かということ自体が論議されたと言えよう。

三八年一月一日号『キネマ旬報』の座談会では、「輸出映画」の項目があり、友田純一郎は「日本映画の第一級作品が海外へ行かないで『荒城の月』のような作品が行ったのはどうかと思う」と疑問を述べる。それに答える形で水町青磁は、親しい映画会社にあいているプリントを「手土産代わり」に持ってゆくのではだめで、そもそも「日本の代表作であることを決める機関がない」ことを批判する。これは、国際文化振興会が映画評論家を入れた正式な委員会という形を整え、すぐに解決した。さらに同年四月四日号の同誌座談会では、冒頭に「輸出映画」について話し合う。それは三頁にわたる長いものであるが、結論は同誌編集長の田中三郎の意見にまとめられている。「過度期に輸出映画と銘を打つものを作って、日本に就いて、日本の映画に就いて十分の訓練をして行く、そしてやがて普通の作品を買ってもらえるように導くのと、頭から普通の作品でひた押しに導くのと結果に於てどっちが早いかという問題にはなりうると思う」。

このような議論に対して、さらに明確な意見を打ち出したのが岩崎昶だ。彼は『朝日新聞』の三八年七月二五日付朝刊に始まって、三日連続で「映画の海外進出」という題で連載をしている。まず第一回で彼は、「輸出映画」は「外人に日本の種々相を啓示するだけの目標を持ったもの」として、『新しき土』をそこに分類する。そして「国際映画とは芸術的な品質に於いて国際的なスタンダードに達した日本映画の謂でなければならない」と説く。そして国際文化振興会がその年にベネチアに持っていく映画の選考会に参加した経験を述べながら、前年ベネチアに送った『荒城の月』が「輸出映画」的な観点から選ばれたことを非難し、自分たちが選んだ『五人の斥候兵』と『風の中の子供』は「国際映画」だと胸を張る。そして「このコンクールは現在のところ日本映画の国際進出の唯一の開かれた門戸である。日本映画は今後この貴重なチャンスをより以上の注意と準備を以て捉えなければならない」と結ぶ。

川喜多長政も『日本映画』の三八年一二月特別号において、映画輸出の理想的な形として国内で評価の高かった『五人の斥候兵』に触れる。川喜多は、そのほかにも輸出を目的として作る映画の必要性を訴える。実際に合作映画『新しき土』を製作して、評判はどうあれドイツで劇場公開にこぎ着けた実業家ならではの言葉である。

岩崎は彼らが推薦した映画が受賞したことを受けて、さらに翌年六月二二日と二三日に「ヴェニスへ行く映画」という連載を書く。彼は誇らしく書く。「日本映画は田坂具隆、清水宏の名に於て、地球上でいやしくも映画を生産している国々の代表的観衆の前に、その存在を誇示することができた」。そしてその年は国際文化振興会がさらに正式な選考委員会を組織し、慎重な議論が行われたことを書いている。そこでは劇映画はいい選択ができたが、「文化映画は甚だ手薄で見劣りがする」ことを指摘する。

『五人の斥候兵』の受賞によって、「国際映画」や「輸出映画」の議論は吹き飛んだようだ。質の高い日本映画を送ればいい、という岩崎の真っ当な意見が実証された形で、国際文化振興会もそのような方向に進むかに見えた。しかし同盟国のドイツやイタリアは戦時体制を強め、ベネチアも変容してしまう。そして四〇年一月、岩崎昶は治安維持法により投獄される。ようやくたどり着いた「国際映画」の考えは、五一年のベネチアにおける『羅生門』の受賞まで持ち越されることになる。

（1）山本佐恵『戦時下の万博と「日本」の表象』（森話社、二〇一二年）の「Ⅲ　対外文化宣伝映画に描かれた「日本」のイメージ」参照。また山本の以下の発表がある。「〈文化紹介映画〉から〈啓発宣伝映画〉へ――太平洋戦争期における国際文化振興会と国際観光局の映画」（日本映像学会口頭発表、二〇一一年五月二九日）。

（2）『キネマ旬報』一九三八年一一月一日号。

（3）「思い出の名画でつづる東和の歩み」（『東和シネクラブ』所収、一九六四年一〇月―一九六八年七月）は、川喜多かしこ『映画ひとすじに』（講談社、一九七八年）や、川喜多かしこ・佐藤忠男『映画が世界を結ぶ』（創樹社、一九九一年）に収録されている。また川喜多長政も一九八〇年四月一一日『日本経済新聞』の「私の履歴書」で、同様のことを述べている。ベネチア国際映画祭が一九八五年に出した *Tutti I Film di Venezia (1932-1984)*（Biennale di Venezia, 1985）は、一九八四年までに出品された映画のデータを収録しているが、一九三四年に Nippon という題名の映画が Nippon Katsudo Shashin 製作として出品され、名誉賞 Diploma d'Onore を受賞している。これはおそらくカール・コッホ編集版の「ニッポン」だろう。これが、海外の映画祭での初めての受賞である。当時は国際映画協会もできたばかりだから、川喜多長政が独断で送ったものと推定されるが、この映画の受賞についての記録は日本には見当たらない。土田環の調査によれば、現在フランスやスイスに保存されている「ニッポン」には『狂恋の女師匠』はなく、『怪盗沙弥磨』『大都会　労働篇』に加えて『篝火』（星哲六監督）が入っているという（土田環「戦前期の日本映画における「国際性」の概念」、『CineBiz』第七号、映画大学院大学、二〇一二年三月）。

（4）岩本憲児『光と影の世紀』森話社、二〇〇六年、九八―九九頁。

（5）『読売新聞』一九三四年一二月一八日朝刊。

（6）芝崎厚士『近代国家と国際文化交流――国際文化振興会の創設と展開』有信堂高文社、一九九九年。

（7）井上寿一『戦前日本のグローバリズム――一九三〇年代の教訓』新潮社、二〇一一年、一〇三頁。

(8) 同右、一八七頁。

(9) 五十殿利治編『「帝国」と美術——一九三〇年代日本の対外美術戦略』国書刊行会、二〇一〇年、一八頁。

(10) 前掲『近代国家と国際文化交流』一八頁。

(11) 国際文化振興会の活動を引き継ぐ国際交流基金の図書室には、国際文化振興会の資料が保存されている。「財団法人国際文化振興会設立準備経過及び昭和九年度事業報告書」(一九三五年)もその一つ。

(12) 国際交流基金所蔵の国際文化振興会「事業報告」による。前掲『帝国と美術』の巻末には山本佐恵が概要をまとめている。

(13)『キネマ旬報』一九三七年二月一一日号。

(14)『日本映画』一九三八年六月号。『荒城の月』の三七年のベネチアへの出品については後に触れる。

(15) ベネチア国際映画祭を運営するビエンナーレ財団は、ベネチア郊外に現代芸術アーカイヴを有し、一八九五年のビエンナーレ発足以降の資料を保存しており、研究者は閲覧が可能である。またビエンナーレ財団が出版した前述の *Tutti i films di Venezia* には、各年の審査員リストがある。

(16) http://www.labiennale.org/en/cinema/history/

(17) これについては以下の本に詳しい。Loredana Latil, *Le festival de Cannes sur la scène internationale* (Paris, 2005, Nouveau Monde éditions).

(18) 前掲「思い出の名画でつづる東和の歩み」。

(付記) 本章は、拙論「戦前における日本映画の海外進出と国際文化振興会」(『芸術学部紀要』第五五号、日本大学芸術学部、二〇一二年三月)に加筆したものである。

5 満州における日本映画の進出と映画館の変容

晏　妮

はじめに

満州（現在の中国黒竜江省、吉林省、遼寧省）はもともと映画製作の基盤のない地域だった。日本人が経営する大連の常設館、あるいはロシア人が経営するハルビンの映画館は、満州全域における最初の映画上映の場所だった。一九三一年の満州事変、そして翌年の満州国建設後に、映画配給、上映と映画館の管理体制が徐々に変化し始め、特に一九三七年の「満洲映画協会」（以下、「満映」）の設立に伴って、より大きな変化を余儀なくされた。都市部では、都市開発や鉄道建設などの経済開発事業とともに、映画館も次々と新設され、文化分野においても、植民地的「近代化」が急速に発展し始めた。また、猛烈な勢いで増加していく映画館における上映形態も、しだいに時局の変化の要請で変えざるを得なくなった。満州の映画史は日中映画交渉史の一部であり、特に映画館と映画興行との関係に限って言えば、おそらく戦時の日本国内や上海と比べても、両者にはより緊密な関連性があったと思われる。

本章は、そういう視座を切り口に、満州の各エリアにおける映画館の実態、特に満州国成立後、映画政策が映画事業により強く関与していく中での映画館の変容を明らかにする一方、日系映画館と満系映画館がそれぞれどのように日本映画の満州進出に関わったのかを検証し、そこから満州における映画交渉の経緯の一部を解明することを試みたい。

1　満州国建設以前

満州国が建設される一九三二年以前に、田舎町の長春（後の新京）、あるいは瀋陽（奉天）と異なり、国際都市としてのハルビンは独特な様相を呈していた。ロシア人は一番早くハルビンで先進的な映画館を建設し、映画興行の先鞭をつけた。[1] ハルビンにおける初期の映画上映の実態を記述する次の記事から、当時の映画興行の一端が分かる。

ハルビンは露国人支那人等と各国人種の寄り集まりであるから、各自の御国自慢の鼻いき荒く、総てに華美を競って他国人に劣らぬやう勉めて居る。従って、活動写真等も選りに選ったのを見せ、各国特色を顕はして居る、其他の興行演劇等も時々露本国から、素ばらしいのが来て、各国人の胆をひしぐ、今の処、露国人の意気込みは中々盛んなもんだ。〔略〕之れ等の興行も大抵は露国人が経営して居る、入場料は普通日本の金にして二十銭位なものだ。[2]

そもそも、まだ活動写真と呼ばれていた映画は、いったいいつから満州で上映され始めたのだろうか。筆者が把握している資料によれば、一九〇六年二月、岡山孤児院一行が大連で開催した慈善活動写真会が最初であり、この写真会で、日露戦争を記録した『旅順口海戦』『マッキンレイ大統領の葬儀』と『岡山孤児院の実写』が上映され、翌年、関係者たちは同じ作品を長春に持っていき、巡業上映を行ったという。[3] これが満州での初の映画上映ではないかと思われる。

そして満州早期の映画上映に基督教青年会は関わっており、一九〇七年五月に活動写真を持ってきたという記載がある。詳しい状況を述べる資料はないものの、布教活動の一環として映画を上映することは、上海における初期映画上映の形態と似通っていると言える。

しかし、一九一七年にロシア革命が勃発すると、ハルビンにおいて、「満人」(4)はロシア人が独占した映画館経営を片っ端から買収して、中国映画を上映していくようになる。ハルビンでの映画興行は、最初にロシア人、次は満人というふうに変わっていったものの、この時点では、日本映画どころか、常設館でさえもほとんどない状態だった。

だが、満州での映画上映の先駆としてのハルビンには、一九一七年のロシア革命以降も、ロシア人経営の映画館がまだ残っており、これらの映画館は、外国映画ばかりを上映していた。ロシア系の映画館の宣伝は特に優れており、ハルビン市内だけでも五〇の広告塔があり、館主たちは映画のポスターを貼り出すなど、苦心して宣伝を行って観客を招致していた(5)。こうしたロシア系の映画館は、上映機械も館内設備も中国人経営の映画館と比べてはるかに上等であり、次々と上海経由で洋画を輸入し、ロシア語と中国語の字幕入りで上映し、地元に住むロシア人と中国人観客に喜ばれていたという(6)。この状況は少なくとも北鉄接収(7)まで続いたと思われる。

そうしたハルビンと対照的なのは、大連だった。満鉄本社の所在地である大連には、一九一〇年に作られたとされる満鉄直営の電気遊園演芸館があり、その名前からも分かるように、電気遊園地の中に映画館を設けるという構造の複合施設だった。これは大連における映画館の嚆矢とされる。活動写真時代の大連では、映画館の誕生は明らかに満鉄に関連するものだった。いくつかの文字資料によると、西洋の文芸物をよく上映する電気遊園演芸館は、主任弁士の西山波声による中国語の説明がある利点により、日本人経営の常設館にもかかわらず、中国人の観客も多かったという(8)。ただ、この演芸館はわずか五年で使命を終え、閉鎖となった。

演芸館に続いて建てられた大連の日系常設館は、次の三館。花月席という寄席から映画館に変身させられた帝国館、天活系統の高等演芸館（一九一三年）と日活の浪花（速）館（同年）。これらの常設館は畳に座布団を敷いて火鉢で暖を取るという、近代的な映画館からは想像もできないほどの空間だったという。[9] 当時、活動写真に対する観客の認識がまだ十分とは言えない中で、映画の人気の半分は弁士にあり、こうした日本風の空間で映画を鑑賞する観客も日本人のみだった。日本国内の生活空間をそのまま大連に持ち込んだ、日本人観客向けのこれらの常設館に足を運ぶ中国人観客が皆無だったことは容易に想像がつくだろう。では、当時これらの常設館でどんな作品が上映されていたのかについて、一例を挙げよう。たとえば、一九一七年の常設館ニュースによると、高等演芸館では『吶喊《とつかん》』（日活、一九一四年）、浪花館では『つや物語』『将軍の娘』『モルガン邸の盗難』『怪病院』などの洋画が上映されていたという。「目玉の松ちゃん」こと尾上松之助が常設館に登場し観客を呼ぶようになったのは、すこし時間が経ってからのことだった。[10]

大連の洋画輸入ルートは、ハルビンと同様、やはり上海経由だった。ヨーロッパで映画館網を築いたフランスのパテ商会の上海支社は、中国におけるアメリカ映画の配給権を持っており、満州への輸入権もパテ商会の手中にあった。しかし、日本国内から持ち込まれた洋画もあって、同じ作品が上海と日本から同じ時期に輸入され、違う常設館で上映されるケースもあったために、配給権をめぐるトラブルが続出していたという。[11]

だが、配給ルートの多様化のためか、いろいろな資料を合わせて読むと、初期の洋画上映に関していえば、日本国内より満州の方がより自由だったようだ。たとえば、日本国内でフランスの怪盗映画『ジゴマ』（ヴィクトラン・ジャッセ監督、フランス・エクレール社、一九一一年）が一九一一年に公開されると、たちまち大人気を博し、ジゴマブームを呈したものの、風紀上の問題により、一九一四年に日本国内で上映禁止となった。しかし、大連の浪速館では『噫《ああ》　名探偵』というタイトルでしばらくは上映され続けていた。[12]

演芸館を閉鎖した満鉄だったが、一九二五年に「大連満鉄社員倶楽部」を建設し、電動発電機を使用することで、映画館近代化の先鞭を付けた。そして、大連では、先進的な上映設備を持つ常設館の昭和会館が一九二七年に新設され、既成の常設館とはあまりにもランクが違いすぎた設備は、後に四館協定を結ぶに際し、トラブルを引き起こしたこともあった。この事例からも分かるように、結局、映画館の近代化を促す機運は満州事変前にすでに到来していた。[13] 満鉄が率先して映画館の近代化を推進したのは、ロシアそしてソ連に端を発したハルビンの映画館の近代化と張り合おうとしたのではないかと思われる。これも日露戦争以降、ロシアと日本が満州で様々な権力を争う中での一例に過ぎないと言える。

では、満州事変前に満州には日系常設館はどれほどあったのだろうか。一九三〇年の『日本映画事業総覧』によると、大連には六館、奉天には三館、旅順、安東、営口、撫順、長春にはそれぞれ一館があったとされる。ハルビンのゼロ館と大連の六館とはまさに先述の日露勢力の対抗を示す、対照的な数字ではあるが、中国全土においても、満州の日系常設館を除いて、あとは青島の一館と上海の二館があるのみだった。満州事変前に、映画を見せる対象がほぼ日本人に限られるとしても、満州は全中国の中で日本映画が一番多く輸入された地域だったことは間違いない。ちなみに、植民地の朝鮮での日系常設館は二六館もあること[14]を付け加えておこう。

2 満洲映画協会の設立前夜

一九二三年に設立された満鉄に「満鉄映画製作所」が設けてあり、係員二名とカメラ二台しかないところから出発した満鉄映画班は、満州の風物紹介の短編を撮ったりして、日本政府の国策と資金が支える映画製作を始めた。先述の大連での遊芸館の建設と運営も、もちろん、このスケールの小さい映画製作にも対応できるようなものだった。

一九三一年の満州事変に続き、翌年、傀儡国家・満州国の成立が宣言されると、満州映画の状況は一変した。満州全地域における映画製作、興行を統制すべきと主張する言説が現れてきた。

たとえば、一九三四年の『国際映画年鑑』に掲載されている「満洲国映画界概観」は、満州全体の映画について、下記のように記述している。

満洲国は建国なほ浅く、且つその文化の程度も低いから、全体から見て映画界はまだ揺籃期にある。従って映画が上映せられているのは、満鉄付属地の如き日本人街か、然らざれば哈爾浜《ハルビン》の如き国際都市のみであって、地方農村においては映画を見たことがないといふ地方が多数存在する。そして諸都市に上映せられる映画は、日蘇支米等より輸入された外国映画のみである。満洲国にはまだ国産映画はない。哈爾浜その他において見るところ、満洲人向映画と称するものがすでに支那映画である。これは風俗、人情、言語、文字が同一であるから已むを得ないが、建国以前はアメリカ映画の如きも、上海所在の映画会社の管轄に属し、わが国の市場とは全くその系統を異にしていた。その慣習が今も尚存在し、外国映画については上海系統と日本系統との二つが錯綜して、その統一を欠くこと甚だしい。(15)

緒言となる、以上の文章はハルビンや大連の映画興行の乱立状態を裏付ける証言であるのは言うまでもないが、満州国が成立されてからも、次第にメディアの中心的存在となりつつある映画、特に日本が主導すべき映画興行がいかに幾重もの困難な状況下におかれていたのかを物語ってもいる。そうした状況をふまえて提言されたのは、まず日本映画国策の実行であり、その中で、殊に満鉄弘報部の役割を受け継ぎつつ、中央官庁および関東軍の映画に対する利用が強調されている[16]。

映画館建設のラッシュが始まる前夜、つまり、満映が設立される前に、少なくともこの時点から映画統制がすでに唱えられていることが分かる。またその統制はほかでもなく、まさに述べてきた映画配給、興行の混乱に着目し、時間や経費があまりかからない映画検閲制度からスタートしたのである。それまで検閲制度は一応、大連、安東、奉天、新京、ハルビンで各々実行されていたとはいえ、大連の検閲に引っかかったものでも、安東か新京で無事にパスする前例があったと指摘され、その一元化を図るために、検閲改革案がここで提示されている[17]。

このような検閲制度の実行は、満州で映画館を席巻していた外国映画と上海映画を制限し、日本映画の進出の道を切り開くためだったのでもあろう。資料によると、実際、統制の事例としてあったのは、「公安上、風俗上に甚だ有害と見られる作品であり、一九三四年一一月から一二月にかけて哈爾浜において上映を禁止し、且つそのフィルムを没収せるものにつぎの如き作品がある。ソヴエート映画『不返の鬼』、『黒海一歌女』、上海聯華公司『奮闘』」である。ソ連映画の二本はともかくとして、聯華出品の『奮闘』（史東山監督、一九三二年、サイレント）は三角関係の恋愛を中心に展開するメロドラマでありながら、二人の青年は侵略に抵抗するために従軍する場面があり、明らかに抗日メッセージが込められたものであることが、禁止の原因となった。「嘗て支那映画のために排日宣伝が行われ、民心を大いに攪乱された苦き経験を有する満洲国としては、かくの如き輸入映画の取締を一層厳重に行ふ必要を痛感している[18]」と書き手は強調している。

配給の問題もここで議論されている。前述の映画配給の混乱は問題視され、そうした中で輸入される日本映画の少なさ、また仮に公開されても日本人の観客しか見に来ない現状について、詳しいデータを示しながら分析されている。この記事に記載されている事例をすこし検討しよう。

当時、日活、松竹、新興、大都、宝塚等の作品はいずれも大連から輸入されて満州の各地に配給されることになっていた。しかし、大連、奉天、撫順、新京などには配給できたものの、ハルビンだけが例外だった。日本映画はたまに巡業者によって持ち込まれることがあっても、正式に映画館で上映できるケースはほかの地方と比べると、ハルビンの場合きわめて少なかった。一例をあげると、満州国成立二年後の一九三四年七月一四日から九月二〇日までの間に、ハルビン警察庁において検閲を受けた映画は、アメリカ映画が最も多い七二本、その次に中国映画の二〇本、フランス八本、イギリスとポーランドそれぞれ四本、ドイツ三本、ソビエト二本だった。日本映画はと言えば中国映画に次ぐ一一本だったが、ハルビン配給映画全体の四・八パーセントしか占めていなかった。その一一本の内訳は下記の通りである。『空中艦隊』『春と娘』『海棠のえだ』『満洲里大戦』『結婚適齢期』『未来花』『上海』『旅は青空』『午前二時半』『昭和新選組』『新蔵兄弟』[19]。

以上の作品から見れば、製作会社も映画内容もバラバラで、どれがどんな理由で選ばれたのかについて、経緯に不明な点が多いが、ただ同記事によると、入場料金の価格にかなり影響されたらしい。料金の安い映画でなければ、映画館は上映させようとせず、時々、「内検切れのボロ映画が、日活、松竹の堂々たる封切特作品を尻目にかけて全満をわが物顔に跋扈している」というようなありさまだった。少なくとも、大連やその他のエリアと違って、ソ連に近く、ソ連映画業者が多いハルビンは、満州の中でも特別な存在だったと言える。大連において、ある程度日本映画を受け入れる市場があったのと比べて、ハルビンには、受け入れる基盤はなかった。ロシア、ソ連経由の植民地的近代化をはやく受け入れた点に限って言えば、ハルビンは上海に似ている一面がある。映画という視覚メディアが全くない満州のその他の地方、あるいは満鉄をはじめ、後進的帝国主義国である日本の勢力がより浸透していた大連と比較すれば、日本の映画国策を推し進めるポイントの一つは、ハルビンにおけるソ連勢力の駆逐だったのではないかと思う。

一九三四年に、満州エリア全体にある日系館は二十数館であり、発声装置を有する映画館は一一館しかなかった。最初に映画館の設備改良を図る大連に続き、その他の地方は次第に映画館の改築と新しい映画館の建設に取り組むようになっていった。ただ興味深いのは、一九三四年にハルビンで開業が許可された三つの優れた設備を備える映画館、光陸、美国、大公園は、いずれもロシア人と中国人向けの映画館であり、これらの映画館の従業員もロシア人が多数雇用されたことである。満州国が設立し、一方では国策が声高に叫ばれ、ソ連勢力に制限をかけようとする中でも、ロシア人が多く暮らすハルビンでは、むしろ映画館の先進設備をアピールして、満州のその他のエリアに伝播していってほしいという思惑が映画関係者の中にもあったように思われる。

さらに付け加えれば、このような現象はおそらくハルビンのみではなかっただろう。たとえば、一九三五年の『満蒙』誌に掲載されている「中国映画界の現状と満洲」と題する記事は、上海映画の現状について、作家と作品を取り上げて詳しい解説をし、「中国と共通な生活、文化の満州国民は、満州人としての感情的智性的限界を不可避的に自分自身の裏に与えられている訳で、従って生活と環境を殆ど同じうする中国映画には存分の感受性と理解力を持つが、外国映画に対してはそのパーセンテージが甚だしく削減されるのである〔略〕中国映画については必然的に多くの美的親和力を持つことは当然であらう[20]」と、むしろこのまま上海映画を上映させることを提案したかのような書き方をしている。中でも『漁光曲』に関する分析は明らかに、岩崎昶の一九三五年の『キネマ旬報』での連載記事「中国電影印象記」の記述を踏襲しており、書き手本人の上海映画への視線を感じさせる、すこぶる興味深い記述である。

3 満映設立以後――日本映画の輸入と映画館の増加

一九三七年八月二一日、満州国の首都である新京では、満鉄と満州国がそれぞれ半分ずつ出資する国策映画会社「満洲映画協会」が正式に設立された。「満映」の設立に伴い、大連が中心だった日本の映画指導勢力は新京に移ったと考えられる。撮影所のない新京郊外に五万坪の土地を有する巨大な撮影所が建てられたことによって、それまでソ連、中国、あるいはその他の欧米会社と争って行われていた日本映画の興行、配給は、大きな変化が生ずることになる。

日本国内の映画法実施は一九三九年だったのに対して、満映が設立された約二か月後に「満洲国映画法」が発布。このように、満州は日本国内に先駆けて映画に対する統制を実施することになった。従来無統制の配給を一元化し、番組の統制、商業的にはむずかしい文化映画の配給、三時間興行制、満州映画と日本映画の上映[21]などを規定した映画法は、「満映」の中国全土への配給権を保障した。[22]

ただ、こうした映画統制が発動されたものの、初期の満映は現状をすべて是正するような強硬な統制を行わなかったようだ。何しろ、供給できる映画のフィルムは、日本映画の場合、満州に来るまでの時間の短縮は何とか解決しても、満州の観客が日本映画をほとんど見ようとしないという観客側の選択は、配給側の意思ではすぐに解決できないからだ。それに、満州の大都会以外のエリアには、映画というメディアがまだ浸透しておらず「三日映画アト三日はしばいや何か催物という事で、田舎はまるで駄目[23]」という状態が、満映関係者を悩ます難題だった。そのためか、「満洲国映画法」が実施されたのちにも、「上海から国策上支障のない画を買って[24]」のような発言があり、上海映画を満映製作のものとともに配給せざるを得なかったのである。

そして、日本人観客向けに配給する日本映画の選択も、国策よりも娯楽本位であり、日本人に面白い作品を見せて、そこから得た利益を満映作品の製作資金に回すという、比較的柔軟な考え方に代表されるように、満映の政策は満州全土の映画事情に対応せざるを得なかったのである。[25]

先述の『ジゴマ』に対して、日本国内より柔軟な対応をした一九一〇年代と比べると、もちろん、統制が厳しくなったとはいえ、以上あげた例からも分かるように、映画基盤のない広大な満州エリアで、どのように映画配給を取り仕切り、日本映画を進出させていくべきかと、満映関係者たちはあれこれと工夫する姿が、当時の記事や対談を通して見えてくる。

他方、映画館の建設に満映は資金を出さなかった。その代わり、映画入館料を安くする方法で映画館を援助していた。[26] 最初に満州の観客に見せた日本映画は、彼らの趣味に合わせてエノケンものが選ばれ、文字の読めない観客のために、トーキーなのに、銀幕の音声を小さくして、弁士を使おうといったようなアイディアを捻出し、満州の観客の関心を日本映画に向かわせようとした。[27] ただ、有声映画を無声にしてまで、観客を誘致しようとするこうした発想がどこまで実践されたのかについて、裏付けるような詳しい資料がないため不明である。

4　日本映画・上海映画・満州映画の「三権分立」——『満洲映画』を手掛かりに

満映設立同年の一二月に、映画宣伝を図るための機関誌『満洲映画』が創刊された。刊行当初、「満文版」と「日文版」が同時に発行されていたが、ほぼ別々の雑誌と見なしていいような内容構成であった。一九三九年八月以降、満映側が統制をはかるためか、この二つのバージョンを合併し、一冊に「満文頁」と「日文頁」をそれぞれ配するように変わった。

満文版は言うまでもなく、中国人関係者の手によって編集されたものだ。しかし、初期の『満洲映画』満文版に限って言えば、上海映画の紹介、批評、スターの私生活に関する報道がかなり掲載されている。ここに一例をあげると、合併前の一九三八年五月号グラビア頁〔図①〕を見れば、満映の女優たちの写真を掲載している左の頁は日文版と全く同じだが、右の頁は驚くほど異なる構成になっている。日文版はドイツ製カメラの広告が丸一

図①　『満洲映画』（1938年5月号）の日文版（上）と満文版

頁と大きく占めるのに対して、満文版は「洪深之自述」(「洪深の自叙伝」)の連載を掲載[28]。周知のように、洪深は、上海映画界における代表的な愛国者である。第二次上海事変以降、上海から南下して抗日宣伝に従事しながら、最終的に重慶に辿り着いた彼は、抗日の寓意があると言われる『木蘭従軍』(卜萬蒼監督、新華、一九三九年)の重慶での焼き討ち事件をリードした一人としても知られており、いわば、左翼の中の左翼で、日本の占領と真っ向から対抗する有名な映画人の一人である。その洪深の自叙伝が、すでに映画統制が敷かれた状況下で、堂々と『満洲映画』に掲載されていることが、イデオロギー統制が実施されても、隙間だらけの満州においてこそ起こった「奇跡」だったとしか言えない。また、同年に大々的に開催される満系映画館宣伝物展覧会で一等賞を勝ち取った映画館のポスターには『街角の天使』(『馬路天使』袁牧之監督、一九三七年)があり、この写真もまた堂々と『満洲映画』満文版に載せられている[29]。

満州においていつまで経っても衰えない上海映画の人気については、当時満州を訪れる文化人、映画人による記事にも記述されている。たとえば緑川貢の「満洲映画断想」では、彼が満人街にある満系映画館〔図②〕を訪ねた時の感想をこう述べている。「私は満人街に赴くたび、電影院を訪ねて満映作品を探すが、いつも上海映画ばかり〔略〕、満映スター一連を見かける機会は多くても、スターとして、また頼もしい青年として、当たり前の目を向ける以上のことはあまりない[30]」と。さらに、緑川の記事には今読んでも興味深い記述がある。『支那の夜』などの大陸三部作によって日本で旋風を巻き起こした李香蘭に関して「日本人間の好評に比して、満人方面にはあまり受けぬと聞いた[31]」と彼は述べている。もともと満映が生み出した国際スターの李香蘭だが、満州に滞在した時間が少ないうえに、満映作品での出演も他の地元出身の俳優よりはるかに少ないのが理由の一つであろう。一九三九年頃からすでにたびたび日本を訪れている彼女は、『満洲映画』での露出度は決して少なくはなかったものの、一般民衆の認知度は日本より低かったと考えられる。また上海映画スターの人気の高さも一因だろう。たとえば、満文版一九四一年新年号附録の表紙を飾ったのは、満映スターの季燕芬と上海の陳雲裳（『木蘭従軍』の主演女優）であり、作り手の上海映画、上海スターへの羨望のまなざしを表しており、満映作品と上海映画との親近性を訴えようとする意図もあったのだろう。[32] 述べてきたように、一九四〇年前後、すべて中国人役者を出演させる満映作品でさえも受けが良くない厳しい受容事情をふまえて考えれば、関係者にとって、日本映画の満州への進出は二の次ではなかったかと想像できる。

以上の例からも分かるように、満映は日本映画の進出という大任を引き受ける一方で、自社製作の映画にも取り組まなければならならなかった。矛盾を孕んだこの課題に、満映一同は心を一つにして対応せざるを得なかったが、『満洲映画』の中国人スタッフは相変わらず上海映画への愛着を捨てられなかった。そればかりか、彼らは巧みに隙間をぬって、国策宣伝用の雑誌に敢えて国策に反するような内容を掲載、統制への服従と不服従を器用に使い分けていたと思われる。それもまた、満映設立に伴い「満人」向けの映画を作りたい以上、上海映画をいきなり排除するのは得策ではないという日本人関係者の心得とは、ねじれた形ではあるが、一致していた。このような両者の思惑は、結局上海映画に対して、比較的寛容な措置を取ることを促したと考えてもよい。

図②　緑川貢「満洲映画断想」にある満系映画館の写真

こうして、上海映画、日本映画、満州映画の三者は、それぞれの興行の場を得て、いわば均衡した状態がしばらく続いた。一九三九年、『満洲映画』の満文版と日文版が合併されて以降、毎号よく見られる映画スチール写真の配分が、満映自社作品、日本映画、上海映画、ドイツ映画、朝鮮映画となっている。たとえば、一九四〇年一月の『満洲映画』クラビア頁のスチール写真を順に追っていくと、『雲裳仙子』（岳楓監督、上海華成）、『燕子盗』（王元龍監督、上海芸華）、『南の誘惑』（La Habahera 監督、ドイツウファー）、『暖流』（吉村公三郎監督、松竹）、『空想部隊』（千葉泰樹監督、南旺）、『授業料』（崔虎圭・方漢駿監督、朝鮮高麗）。それに次ぐ一九四〇年二月号は『国境之花』（水江龍一監督、満映）、『大地に咲く』（清瀬英太郎監督、日活、中国語題名「大地花開」、以下同）、『水仙花』（金幽影監督、朝映）、『紅楼夢』（岳楓監督、上海新華）、『最後の一兵まで』（カール・リッター監督、ドイツ・ウーファ、「最後的一兵」）になっている。

しかし、一方で、上海映画のさらなる満州観客への浸透を阻止するためか、上海映画をめぐる記事やスチール写真が許されても、上述の季燕芬と陳雲裳のツーショット以外、スター写真の掲載はほぼなかった。逆に、スターの宣伝頁に割り当てられたのは、日本人スターとそれに相似している満映俳優の写真を対照させるように並べるケースが多く見られ、これは上海映画スターの影響力を軽減し、日本映画と満映スターを印象付ける一種の戦略だったと思われる。

5　太平洋戦争以降

太平洋戦争勃発後、満州は日本国内と歩調を合わせて、配給体制を紅白二系統に改変した。大連に始まったと思われる学生向けの日本映画上映会は引き続き受け継がれ、動員しやすい観客層から日本映画を受け入れる基盤作りをする方法をとり、満州の観客が日本映画を見ようとしない現状を改善しようとした。たとえば、新京の日系館で開催される満州の小学生向けの上映会では、『父ありき』（小津安二郎監督、松竹、一九四二年）が上映された。字幕がないために、教師が事前に映画のあらすじを説明したうえでの上映だったという。もう一方、上海あたりでは絶対上映させない『将軍と参謀と兵』（田口哲監督、日活、一九四二年）のような日中戦争を描く映画は、日系館で半月以上も続映され、動員された観客が七〇〇〇人にも及んだが、小中学生も団体観客の中に含められたという(33)。

しかし、日本から見れば、満州は「内地」（日本国内）の映画市場に過ぎないという認識があったのも事実だった。日本から満州、満映視察に出かけた桑野桃華の記した「満洲の映画事業概観」は、日系館と満系館を別々に論じており、日本映画の進出を支える日系館を「内地映画の市場としての満洲国」と見ており、満映の存在を日本国内の配給に有利だと述べている。一九四二年に書かれたこの記事は、一九四一年の統計によれば、満州における日系館は八八館になり、一九三四年の二十数館と比べると、四倍に増加し、満映設立前より相当数の日系常設館が建設されたと述べている。記事に示された日本映画の興行成績順から見れば、奉天（四〇〇万人）、大連（旅順を含めると三五〇万人）、新京（二〇〇万人）、ハルビン（一五〇〜一六〇万人）で、日系館のハルビンでの進出がだいぶ進んだとはいえ、満州の大都市の中で、ハルビンでの日本映画興行成績が一番悪かった(34)ことは一目瞭然である。

それに対して、満系館はどうだったかというと、一九四二年の時点で全満には八二館あり、数字上は、ほぼ日系館と互角だった。しかし、こちらの推定観客数ははるかに多く、一八〇〇万ないし二〇〇〇万人だったという。では、肝心の上映作品の内訳はどうだったのだろうか。少し長くなるが、それに言及する部分を引用しよう。

これらの満系館は、満映の作品を封切上映するのが主たるものであるべきなのでありますが、ニュース映画、文化映画は別として、劇映画は残念ながら、必ずしも満映作品が主流をなすというところまで行っていないのではないかと想像されるのであります。それならば、日本映画が上映されているのかといふと、今日までに、数本の劇映画が試験的に上映された外、満語版に改訂された文化映画が、相当数上映されたのを除いては、一般的に見て、満人には殆ど観られていない現状なのであります。結局、彼等は矢張り上海で作られるところの支那映画に、関心をもっているやうであります。[35]

ここからも分かるように、制度上、満映による満州映画製作、配給、興行の一元化が実行され、映画館の数も大幅に増え、映画を見せる条件がかなり整えられていたと言える。ただ、映画の商品としての価値は、たとえ戦時中であっても、否定できない重要な要素であり、観るか観ないかが観客の選択でしかないのは戦時の満州においても変わらない。満映作品の躍進を図り、日本映画の進出を推し進めるために、膨大な資金と人件費が使われたとはいえ、それに報われるような効果は必ずしも収められたとは限らないのである。

にもかかわらず、満映成立後、日本映画は確実により多く満州に上陸した。では、日本映画上映の実態はどうだったのかについて、主に徳川夢声の記事を通してその一端を検証しよう。

弁士、俳優である徳川夢声は一九三五年、三九年、四一年の三回にわたって、満州の映画館でアトラクション公演を行うために満州に赴いたことがある。しかし、満州の一〇以上の都市を歩き回った彼は、「満支系の劇場には、一回も足を踏み入れた事がない[36]」という。

一九四二年に本人が書いた記事によれば、徳川は新京、奉天、ハルビン、牡丹江、吉林、鞍山、撫順、錦県、安東の日系館で映画とアトラクションの上映公演を行った。各地での公演はもっぱら日本人観客向けだったので、中国人観客に関する言及は全くない。その代わりに、ハルビンを訪れた時の日系館アジア劇場でのエピソードにふれている。たまたま当劇場の日本人支配人の夫人はロシア人であり、従業員にもロシア人が多く、そこで上映される日本映画はロシア語字幕付きで、その字幕は幻燈を使用してスクリーンの下に映しだされている。これはこの映画館で上映される日本映画を見に来たロシア人の観客がかなりいただろうという証言になる。徳川自身が出演する『子宝夫婦』(斎藤寅次郎監督、東宝、一九四一年)が上映されると、たちまちロシア人の間で好評を博し、ロシア人観客は続々と見物に押しかけてきて、上映中、日本人観客と同じところで笑ったり、同じところで泣いたりしたという。[37] これは一例に過ぎないが、太平洋戦争中の一九四二年にも、ハルビンで暮らすロシア人の多さが証明されると同時に、満州人観客を増やしたいところの日系館だが、意外とロシア人観客を集客できた興味深い事実を明らかにしている。だがしかし、これは一般的な現象では決してなく、支配人自身の家族構成が招いた思わぬ収穫だったと言うべきであろう。それはともかくとして、徳川が行ったアトラクション付きの映画上映がなぜ満系館で行われなかったのかを考えさせられる証言であり、これはむしろ日系館と満系館との乖離状態が依然として改善されていないことを物語っているのではないかと思う。

では、満系館では、どうだったのだろうか、一九四二年、たとえば、満映の所在地、満州国の首都である新京における満系館での上映作品は、相変わらず主として上海映画だった。上海映画と対抗するためには、「満映が積極的にこれらの満系館でニュース大会をやったり、適当な日本映画を選択して上映[38]」をした。たとえば「『愛の一家』(春原《すのはら》政久監督、日活、一九四一年)などは中々受けたそうである[39]」と伝えられている。しかし、蓋を開けてみれば、観客は以前と同様、主に小学生の団体鑑賞だった。[40] 同じ頃のハルビンに至っては、たとえば大光明電影院の「入口のところ大きな女優の肖像写真を沢山飾ってあるのが眼についた。ただしこの女優は全部上海映画のスターに限られ、満映のスターは一人も加はっていなかったようだ[41]」というありさまで、まるでハリウッドスターの写真のみで飾られている占領下の上海洋画館のロビーを彷彿させる風景だ。つまり、日本支配下の上海で、日本映画進出の最大のライバルがアメリカ映画であり、満州への日本映画進出を阻むのは、中国のハリウッドと言われる上海で製作された中国映画だった、と言っても過言ではない。「満洲の日系館といふのは経営者も日本人で、観客も日本人、満系館は経営者も多くは満人で、観客も満人である。〔略〕満洲国民といふものを対象に置いて考えれば、どうしても満系館が主で、日系館は従の存在になるようだ(42)」と、この実情を時実象平《ときざねしょうへい》がありのままに語ったように、満州国が設立される前より、在満日本人の年々の増加により、以前と比べられないほど、日本映画の満州進出が必要となり、しかもその需要も多くなった。しかし、それはあくまでも、当時の「内地」である日本国内の市場を満州に移しただけの話で、日本人に日本映画を見せることは実現されたものの、本格的な日本映画の満州進出は、まだ達成と言える状態にはほど遠かった。

おそらく日本映画の進出促進は『満洲映画』誌に与えられた使命の一つだったろう。当誌は満州の文化人や満系館の支配人を集めて誌上座談会を大連、新京、ハルビンで盛んに開いていた。次にその座談会の一つを例にしよう。

「奉天各映画館関係者座談会」に参加したのは、奉天の満系映画館と満映宣伝部、満映奉天出張所の関係者たちだった。「日本映画の満洲上映における問題」と題する一節では、宣伝部部員の王則(43)が問題を提起し、参加者に答えてもらうように進められたが、英語が分からないのに欧米映画を見るのと同じように、日本映画の上映をどう思うかという王則の質問に、二人の支配人は次のように答えた。

「日本映画の上映はあってもいいが、条件付きだ。必ず現代もの、しかも日本を代表できるような一流の作品でなければならない。最近、満系館で数本の日本映画を見たが、いずれも低俗な観客向けの作品ばかりだ」「もし日本映画を上映させるなら、満語版に翻訳し、あるいは日本で上映される洋画のように字幕を入れてほしい。弁士の説明だけでは効果はない。弁士のレベル、テクニックはいずれも人を惹きつけられないから」「仮に〔日本映画を〕上映させるとしても、上海映画、満洲映画と一緒に写さなくてはいけないだろう(44)」。

また同じ『満洲映画』満文版に掲載されている「日本映画満系電影院配給上映問題之検討」は「日本映画の満系館での上映は、映画の供給不足という点から見ても、日満の一心一徳の関係から見ても、あるいは芸術論的見地から言っても必要であり、可能である。ただ、娯楽の享受は自発的な需要を待たなければならない。押し付けるものではけっしてない」(45)と述べている。満文版に掲載されているこの記事は日文版には掲載されていないようだ。つまり、当地の人が編集する満文版では、日本映画の満系館での上映に直面する困難さがある程度素直に語られてはいるものの、文字メディアである『満洲映画』は二つのバージョンがあるという矛盾を抱え込んでいて、それもまた満州、満映における非対称的関係のジレンマを端的に表している以上、最後の最後まで、それを克服することができなかったように思われる。

結びに

最後に、結論の代わりに敢えて告白しよう。一九一〇年代から一九四〇年代までの資料を手掛かりに、これまでほぼ先行研究がないと言ってもいいテーマをまとめるこの小論を書くにあたって、筆者はいつもと違って、事前に論文の構成を練らなかった、というより、練れなかった。満州映画館の変容と日本映画の満州進出という漠然としたテーマを一昨年から決めておいたものの、どのように論を進めていくのかについて、全く見当がつかなかった。ひとまず手元にあるだけの資料から自分が取り組んでいるテーマと関連性のある言説を選択して読み解いていくことに集中した。

しかし、書いていくうちに、筆者が想定した結論と異なる方向へと発展していったわけである。要するに、戦時の要請によって、日本映画は比較的容易に満州に上陸し、中国のその他の日本占領エリアと比較してみても、あらゆる日本映画が満州でかなり自由に上映されていたことが分かった。政治的に複雑な葛藤が縦横に交錯している戦時下の上海と比べれば、満州への日本映画進出はより遂行しやすい環境にあったのは確かだ。しかし、実際、映画制度上の一元化、スローガンとしての雄大な映画進出の志の実現を阻むものは、本章の検証にもあるように、図らずも最初から最後まで変えられなかった日系館と満系館との齟齬であり、また映画を見る観客たちであった。実質的に日本支配下におかれた満州では、制度上の統制が実行されても、より難しいのは人心の統制であるということを各種の言説資料は証明してくれる。

ここで言う人心の統制はもちろん、満州国という幻の国家に暮らす大衆の気持ちを指している。しかし、繰り返すことになるが、戦時満州に上陸した日本映画の商品としての価値が、結局地元の人々に認知されなかったことが、日本映画の満系館への進出失敗の、より重要な原因ではなかったのだろうか。あれほど上海映画にしがみつく満系映画館と満州人の観客たちを研究することをこれからの課題にしなければならない。というのも、それを検証しないと、満州への日本映画進出という課題の解明は畢竟できないのではないかと思うからだ。したがって、本章はとりあえずこのテーマの中間発表として読んでいただければと思う。

(1) 市川彩『アジア映画の創造及建設』国際映画通信社出版部、一九四一年を参照。
(2) 冬児生「満洲の活動写真」、『活動写真界』明治四三年（一九一〇）三月二五日。
(3) 天野光太郎「満洲・映画今昔譚」、『満洲映画』一九三八年二月号を参照。
(4) 日本語資料の記述法を年代順に見れば、満州国ができるまでは「中国人」という用語が使用されていたが、その後、満州に居住している人々を民族問わずに「満人」というふうに変わった。
(5)「日露系映画館の巻」、『満洲映画』一九三八年二巻一一号。

（6）同上。
（7）一九三五年、北満州の鉄道が満州国に譲渡されたことを指す。
（8）「満洲 Manchuria」、『キネマ・レコード』Ⅱ期二冊、一九一六年一二月号。
（9）前掲、天野光太郎「満洲・映画今昔譚」。
（10）同上。
（11）松尾駒雄の「満洲の映画地帯」の一節「満洲に於ける外国映画配給の特異性」は、当時洋画配給の乱立性について詳しく解説している。『キネマ旬報』一九三三年六月一一日号を参照。
（12）『ジゴマ』関連映画の上映禁止に関しては、山本喜久男『日本映画における外国映画の影響』（早稲田大学出版部、一九八三年）三三頁を参照。
（13）前掲、天野光太郎「満洲・映画今昔譚」。
（14）『日本映画事業総覧』国際映画通信社、一九三〇年六月。
（15）「満洲国映画界概観」、『国際映画年鑑』国際映画通信社、一九三四年。
（16）「満洲国映画界概観」第一節「映画国策」の「一中央官庁及び関東軍の映画利用」を参照。前掲『国際映画年鑑』。
（17）同上の「三映画検閲制度」を参照。
（18）同上。
（19）「満洲国映画界概観」、前掲『国際映画年鑑』。
（20）日高英太郎「中国映画界の現状と満洲」、『満蒙』一九三五年一月号。
（21）それまでの日本映画の配給は日本映画各社が直接各常設館と契約を結ぶ形だったが、その権利をなくし、満映が各社に対して映画購入あるいは貸借契約を行い、常設館に対しては各々月並、歩合、特約、特料等の各種料金制を実施し、また一方配給系統を整備し、その合理化を図ったことで日本映画関係の各支社並に独立配給業者は全満から姿を消すことになった。「満洲映画抄史」、『映画旬報』一九四二年八月一日号を参照。
（22）林顕蔵・牧野満男らの座談会「満映の抱負と使命を語る」、『キネマ旬報』一九三八年一一月一一日号を参照。
（23）同上。
（24）同上。

(25)同上の林顕蔵の発言を参照。
(26)同上。
(27)同上。
(28)『満洲映画』満文版、一九三八年五月特別号を参照。
(29)同上。
(30)緑川貢「満洲映画断想」、『映画評論』一九四〇年四月号。
(31)同上。
(32)『満洲映画』満文版、一九四一年新年号表紙を参照。
(33)時実象平「満洲の映画館」、『映画旬報』一九四二年一〇月二一日号。
(34)桑野桃華「満洲の映画事業概観」、『映画旬報』一九四二年八月一日号。
(35)同上。
(36)徳川夢声「満洲の映画館瞥見」、『映画旬報』一九四二年六月一一日号。
(37)同上。
(38)前掲、時実象平「満洲の映画館」。
(39)同上。
(40)同上。
(41)同上。
(42)同上。
(43)王則は作家だったが、満映宣伝部を経て、後に満映で『家』を撮り、監督デビューした。だが、一九四三年に北京に行った彼は、恋人であり、満映女優の張敏に会うために満州に戻った時、特高によって惨殺された。
(44)「奉天電影院関係者座談会」、『満洲映画』満文版。
(45)老漢「日本映画の満系館上映問題の検討」、『満洲映画』一九三八年一一月号。

6 占領下の華北における日本映画と映画館

張 新民

一九三七年七月七日、北京近郊の盧溝橋で起きた日本軍と中国軍との衝突、いわゆる盧溝橋事件によって日中全面戦争に突入した。その後、日本軍は河北、察哈爾《チャハル》、綏遠《スイエン》、山西、山東などに次々と侵攻し、中国の華北地域は、日本占領下になった。

1 日本映画館の設置状況

盧溝橋事件以前、華北の映画市場は天津を中心にすでに誕生していた。当時、アメリカ映画の勢力は絶大で、その市場の大半を占め、優れた設備を有した映画館が、競ってアメリカ映画を上映していた。一方、日本映画常設館は、天津日本租界の浪花館と青島の電気館二館のみで、満州の大連にある日本映画各社駐在所を介して映画を輸入し、日本居留民を対象に映画上映を行なっていた。

盧溝橋事件勃発や戦争地域の拡大により、天津、北京、済南、青島など、各地の映画館は相次いで休館したが、一九三七年一〇月以後、天津や北京の洋画館から映画上映を再開、天津の浪花館も同年一一月三日に再開した。一方、青島の電気館は戦局の影響で、その再開は、「新民映画協会」の設立を待たなければならなかった。

「新民映画協会」の時期

一九三八年一月、日本北支那方面軍（以下「北支軍」と称す）が「北支ニ於ケル新聞通信及映画施設処理要領」

を策定し、「対民衆的ニハ満洲映画協会ヲ利用ス之カ為該映画協会ヲシテ北京ニ現像所ヲ設置セシメ主トシテ新民会教化部ニ於テ之カ指導ニ任ス」という映画工作方針を定めた。それによって、華北民衆教化団体新民会が指導、「満洲映画協会」（以下「満映」と称す）映画スタッフが実務を担当する「新民映画協会」が北京に設立された(1)。

「新民映画協会」の設立目的は、本来対中国民衆の宣撫宣伝や「北支軍」映画製作に協力する目的であったが、日本居留民が急増し、さらに「満映」と日本映画会社との間に結ばれていた配給契約では、華北地域も「満映」配給圏内に含まれていたため、日本映画館増設による日本映画配給上映網の整備にも手を広げた。

一九三八年三月、「新民映画協会」は「北支軍」を後ろ楯に北京の光陸劇場をはじめ、華北各地で日本映画館増設を展開した。「新民映画協会」活動停止の一九三九年一二月末まで、天津四館、北京三館、青島二館、済南二館、張家口、石家荘、太原、大同、徐州、山海関、開封、海州、新郷各一館、計一三都市で二〇館増えた(2)。このように、天津、北京、済南、青島の四大都市を中心に華北の日本映画配給上映網が整備された。

北支の配給は、満洲の満洲映画協会と同じ使命を持つ新民映画協会が、以前満洲映画協会の配給部のエクスパートであつた腕つこきをそれぞれ配備し充当させ、北支にも配給権を持つ満映が満洲のフアストランから、セカンドランへ落ちる直前に北支へ提供する事になつてゐる。

（藤島昶「その後の北支映画界――僅かに新民映画協会の活躍あるのみ」、『満洲映画』日文版、一九三八年一〇月号、五〇頁）

「満映」は、「新民映画協会」を通じて日本映画配給だけでなく、映画館の上映番組編成や企画までコントロールしていた(3)。

日本映画館では一般興行以外、日本軍人のための特別興行も行ない、前線帰還兵に無料鑑賞券の支給、軍人・軍属の入場料割引制度などの軍人優遇サービスも実施した。入場料金は「一等一円乃至一円二十銭、二等八十銭乃至六十銭といふのが普通で、兵隊さんは二十銭といふところが最も多く、稀れに三十銭または子供並み(4)」であった。

天津総領事館警察署が、一九三九年一二月末に調査した天津日系映画館一年間の入場者の統計では、大人が四七万九五七一八人、小人が四万六〇四四人、軍人が二〇万八七三三三人、計七三万四三四八人であった(5)。一九三九年は八、九、一〇月の三ヶ月が、水害のため休館しており、実際はこの数字にさらに三ヶ月分を加えて考えると、年間入場者数は九〇万人以上に上る。また、北京の日本映画専門館光陸劇場、国泰劇場、飛仙劇場三館では、一九四〇年一月の一ヶ月間の総入場者数は、一〇万三八四人に達していた(6)。

「華北電影股份有限公司」の時期

「華北電影股份有限公司」(以下「華北電影」と称す)は、中華民国臨時政府、「満映」、日本映画業界三者の共同出資で、「新民映画協会」と「北支軍」宣撫班に属する「興亜影片公司」を統合して、一九三九年一二月二一日に北京で設立された「北支那における映画事業の一元的経営体」である(7)。

前述のように、「新民映画協会」は日本居留民が多い大中都市を中心に日本映画専門館の増設を行なったが、「華北電影」が最も力を入れたのは中間都市、すなわち鉄道や自動車道沿線にある中規模都市における日華併映館の設置であった。

日華併映館に就て一言すればこれは一都市一常設館の場合に住民の要望によつて生まれたものである。映写方法は、一週間を前半と後半に分ち前半三日を華画、後半の四日を日画として上映したり、又は毎日の上映時間を二分して、一時と六時の開場を日本映画、三時と九時の開場を中国映画といふ風に交互に組んでゐるが、過渡期の華北ならではみられぬ特異な形式である。

（池田一郎「華北電影の現状」、『映画旬報』第六四号、一九四二年一一月一日、一七頁）

日華併映館の設立方法は、まず「華北電影」が相当数の人口を有しながら常設館のない中間都市に巡映班を派遣して定期有料巡映を行い、巡映班の収めた成績を参考に常設館を新設する。一九四三年まで、日華併映館が一六の中間都市で設立された［表①］。

太平洋戦争開戦後の一九四一年一二月、アメリカ映画が全面上映禁止となり、天津、北京、青島、済南にあるアメリカ映画会社配給館は、枢軸国（ドイツ、フランス、イタリア）映画館、日本映画館、中国映画館にそれぞれ転向した。一九四三年、華北における日本映画館は二七館、日華併映館は一六館となった。

日本国内では、一九四二年四月、社団法人映画配給会社の設立（一九四二年二月）によって、全国の映画館を紅と白の二系統に統一し、配給の全国一元化を実施した。日本国内の映画新体制に応じ、華北でも日本映画配給系統を整備し、同年六月一日に紅白制を採用実施した(8)。

一九四二年度、日本映画館年間入場者総数五九二万八一一八人で新記録を樹立した。そのうち北京一三八万二一一人、天津一四九万五八九一人、青島六四万五四二六人、済南五二万四八五八人、太原五〇万五五三九人、石門三五万八五九六人、張家口二四万四六四七人であった(9)。

一九四三年、日本各社の映画製作本数が減少し始めたため、華北でも同年三月一日から東宝映画を紅系、松竹

表① 華北における日本映画館・日華併映館一覧表（一九四三年二月現在）

都市	映画館	館主	定員	映写機／発声機	上映系統
北京	光陸劇場	渡邊雄記	八八七	ローヤル／RCA	白系（以下同）
	飛仙劇場	間島守正	七九三	ローヤル／ビクター	紅系（以下同）
	国泰劇場	渡邊雄記	五七一	ローヤル／RCA	紅白全系（以下同）
	真光劇場	羅明發	八二〇	シンプ／ウエスターン	二番館（以下同）
	大光明劇場	山本仁	一一二七	ローラー／ローラー	二
天津	浪花館	横井アサ	七九四	ローラー／ローラー	白
	天津劇場	藤雄光茂	六二六	ローラー／ローラー	紅
	光華劇場	藤雄光茂	七〇〇	ローラー／ローラー	全
青島	映画劇場	三浦晴	一一四〇	ニッセイ／リビング	白
	国際劇場	宮部光利	九五〇	ローラー／ローラー	紅
	東洋劇場	三浦晴	八一五	ローラー／ローラー	全
	電気館	三浦晴	七〇一	ニッセイ／リビング	二
済南	山東映画館	藤本善吉	九〇二	ローラー／ローラー	白
	日本劇場	山崎武源太	八一九	ローラー／ローラー	紅
太原	東方劇場	忐道保亮	五〇〇	ローラー／ローラー	白
	太原劇場	間島守正	八九四	ローラー／ローラー	紅
石門（石家荘）	石門劇場	神林馬之助	九〇〇	ローヤル／ビクター	白
	勧業劇場	間島守正	四六〇	ローラー／ローラー	紅
張家口	世界館	有泉由幸	六五〇	ローヤル／ローヤル	白
	張家口劇場	五十嵐正爾	八五〇	ローヤル／ビクター	紅
徐州	徐州劇場	松本眞一	七〇〇	ローヤル／ローヤル	全
開封	開封劇場	柴崎時成	七〇〇		全

連雲港	国際劇場	峰木一萬	八〇〇	ローラー／ローラー	全
保定	映画劇場	森治三郎	一五〇	ローラー／ローラー	全
大同	大同劇場	林源之助	八五〇	ローラー／ローラー	全
臨汾	臨汾劇場	奥村忠士	三五〇	ローヤル／ビクター	全
潞安	興亜劇場	間島守正	六〇〇	ローラー／ローラー	全
山海関	山海関劇場	畠中嘉七郎	六三〇	ローラー／ローラー	日華併映
秦皇島	亜洲劇場	呉子厚	九〇〇	ローラー／ローラー	日華併映
唐山	天宮電影院	藤清	五〇〇		日華併映
塘沽	塘沽映画劇場	北島與多郎	五五〇	ローラー／ローラー	日華併映
徳縣	徳光劇場	華北電影	四五〇	ローラー／ローラー	日華併映
芝罘	中華劇場	李殿章	八四〇	ローラー／ローラー	日華併映
濰縣	興亜劇場	森山武雄	四六〇		日華併映
海州	海州劇場	峰本一萬	一四〇〇	ローラー／ローラー	日華併映
新郷	興亜劇場	澤山実	五五〇	ローラー／ローラー	日華併映
陽泉	陽泉劇場	鳥山健吉	五五〇	パテー／	日華併映
楡次	楡次電影院	間島守正	五〇〇	パテー／	日華併映
昌黎	昌黎電影院	畠中與七郎			日華併映
順徳	興亜電影院	荻原佼			日華併映
宣化	宣化劇場	察南民政庁	六〇〇	ローラー／ローラー	日華併映
厚和	興亜協進劇場	山本秀夫	一二〇〇	ローラー／ローラー	日華併映
包頭	西北協進劇場	若林祐生	六五〇	パテー／	日華併映

＊『華北電影股份有限公司社報』の「配給館一覧表」（第四七号、一九四三年三月一日）と『昭和十八年映画年鑑』の「北支映画館録」（日本映画雑誌協会、一九四三年一二月）より作成

映画を白系とし、大映作品を紅白両系に編成する製作会社別の系統をやめて、日本国内と同様に紅白両系均等割当の制度に改めた[10]。それに伴い、「北京の日華映画館、並に天津の日系館は六月一日よりいづれも従来の循還制興行を時間制に改め、日系館は平日三回、華系館は平日三回、土曜四回、日曜五回興行と変更」し、順次、華北各都市にもこれを適用した[11]。そして、入場料金均一制も実施し、一九四三年には、封切館は、大人一・六元、小人〇・九元、将官・軍属一元、下士官以下〇・四元で、再映館は大人一・三五元、小人〇・七元であった[12]。一九四四年、封切館が一〇元と五元、再映館が五元と三元にそれぞれ値上がりした[13]。上映番組もそれまでの時代物と現代物の二本立てから、劇映画、文化映画、時事ニュース映画各一本となった[14]。

しかし、「新民映画協会」時期に確立した「満映」経由の日本映画配給上映制度は是正されず、「華北電影」配給収入の六割は、「満映」への歩合金として払わなければならなかった[15]。「満映」の隷属会社と化した「華北電影」の経営体制は、一九四五年終戦まで全く変わらなかった。

表①のように、日本映画館や日華併映館が使用した映写設備は、パテー、シンプ、ビクター、ウエスターンなど、フランスやアメリカのメーカーの映写機や発声機もあったが、日本メーカー、特にローラーとローヤルが圧倒的に多い。ごく僅かの日本映画館を除いて、日本占領以前は華北だけでなく中国全土でも、日本の映写設備はほとんど使用されていなかった。各映画館が使用する映写設備は、その大部分が日本占領下になってから新しく日本より導入されたもので、映画館の建物については、日本映画館や日華併映館の新築館は一つもなく、日本が占領した後、既存の映画館、演芸場、会館などをリニューアルしたものである。このように、既存施設を利用し、新しい日本メーカーの映写設備を導入したのが、日本映画館や日華併映館設置の特徴である。

2　日本映画の進出と中国人観客吸収工作

盧溝橋事件以前、中国の知識人はアメリカ映画、庶民たちは上海映画を楽しんでいたが、一九三一年の満州事件後は反日気運が高まる一方で、日本映画を見る中国人は皆無であった。盧溝橋事件後、いかに中国人観客を吸収するのかが、華北に進出した日本映画にとって重要な課題となった。

中国人観客吸収工作の展開と『東洋平和の道』

日本映画の中国人観客吸収工作は、日本映画館の増設とほぼ同時期に展開された。「新民映画協会」設立直後、陸軍省新聞班の柴野為亥知《ためいち》少佐は、「支那人に、日本映画を親しませるには、先づ娯楽的なものが良く、次いで漸次国策的なる内容を持つたものを出すべきである」(16)と、日本映画の華北進出方針を宣言した。

一九三八年五月三日、北京の光陸劇場と国泰劇場両館では、「日華合作第一弾」「中国人必見の傑作」と大々的に宣伝し、『東洋平和の道』（鈴木重吉監督、東和商事、一九三八年）を同時上映した(17)。北京で募集された中国人俳優が主演、華北各地でロケ撮影を行ない、盧溝橋事件下の若い農民夫婦の避難行を描いた『東洋平和の道』は、当初は国泰劇場のみで上映予定であったが、「新民映画協会」は成功させるため、光陸劇場の上映予定番組を変更して、両館の同時上映に踏み切っている。一都市複数の映画館での日本映画同時公開は、華北映画史上前例のないことであった。しかし、期待と裏腹に肝心の中国人はほとんど見に来てくれず、観客数は少なかった。光陸劇場と国泰劇場のマネージャー渡邊次郎は、「『東洋平和の道』から見て、邦画の進出は当分駄目では無いでせうか。永い間抗日教育を受けた青年の多い今日では日本物は大衆が受け容れないでせう。今の小学生達が青年にな

るまで見込が無い」と言い切った。(18)

天津映画館同時爆弾テロ事件

光陸劇場と国泰劇場は、元々天津にあった映画館経営会社「大陸影業公司」が出資した洋画館で、「大陸影業公司」は察哈爾省主席兼保安司令官・劉汝明や国民党二九軍将軍・馮治安、佟麟閣が投資した会社であったため、敵の資産として接収された。(19)北京の光陸劇場と国泰劇場を同時に接収された同社の映画館は、天津にある同名映画館「光陸」と「国泰」もあった。天津のイギリス租界とフランス租界にある「光陸」と「国泰」は、接収された後も日本映画館に転向させず、「新民映画協会」の配給館としてアメリカ映画を上映し続けていた。それにもかかわらず、一九三八年六月五日、天津の「光陸」と「国泰」では、「抗日殺奸団」による同時爆弾テロ事件が発生した。

中街のキャピトル〔光陸〕映画館では約五百名の観客を収容して映画上映中であつたが午後三時二十分ごろ突如二階観覧席より抗日殺奸団と署名した赤、黄のビラに国泰、光陸電影院は敵人の経営するところ、かくのごとき場所に娯楽を求める者にわれらは厳重制裁を加へるとの意味の激越な文句を謄写版で印刷したビラを撒布したものがあり一時観客は総立となつたが、間もなく治まり、引続き映写中同四時五十分ごろ突如スクリーン右側の辺で大爆音と共にマグネシューム様の可燃性爆発物が火焔をあげこれが忽ちスクリーンに引火して大火事となつたもので、多数の観客は幸ひに一名の負傷者もなく避難したが火は忽ち場内に充満、日支両国消防隊、各国租界消防隊など総出で消火につとめたが同五時半ごろ全く屋根まで抜けおちて壁一重隔て丶国際ダンスホール、セント・アンナを半焼して同七時ごろやうやく鎮火した、〔略〕一方仏租界十六号の国泰映画館でも映画上映中五時、二階観覧席より前記同様ビラを多数撒布したものがあり、これと同時に階下観覧席前部便所側で大爆音とともに出火したがまもなく消止めたもので。

（『大阪朝日新聞　北支版』一九三八年六月七日）

両館がテロの標的となった原因について、当時の日系新聞は「キャピトル、国泰両映画館が抗日団から目標にされたのは同映画館が事変後北京の同名の両映画館とともに資本系統が日本側に移り北京日本人倶楽部の神林馬之助氏が経営、渡邊次郎氏がマネーヂャーとなつて四館が一つのチエンとなつて経営および映画の配給を行つてゐた関係上より狙はれたものと見られてゐる[20]」と分析しており、「大陸影業公司」の政治的背景から、日本軍の接収への反発の可能性が強い。

同時爆弾テロ事件は、『東洋平和の道』上映との直接的な関連が薄いとはいえ、中国人観客の誘客活動に大きな影響を与えた。事件後、日本映画館は安全上のためか中国人向け新聞上映広告への掲載を取り下げ、積極的な中国人観客の誘客活動をやめた。

日本映画鑑賞会による中国知識人の吸収工作

一九三九年一月、新民会機関紙『新民報』を発行する新民報社は「日本映画の鑑賞は、中日親善ための最も手近な手段であるが、いまの一般観客がそれを看過し、まことに残念だ」とし、「日本映画に興味を覚える」ために、一九、二〇日両日の夜、北京の国泰劇場で『新民報』読者を対象とする日本映画鑑賞会を主催し、『愛染かつら』（野村浩将監督、松竹、一九三八年）を「愛染葛」という題名で上映した[21]。映画上映後、観客の座談会も開催したが、「何分に用意不十分で彼らのために一枚の説明書すら用意できなかつたので大した意見も得られなかった。然し自国映画さへ蔑視してゐる中国知識階級に、一応日本映画をみせたと言ふだけでも試みとしては成功であつたと云へる」[22]。『東洋平和の道』と異なり、露骨な国策宣伝のない、日本のモダンな都市生活を背景に病院の御曹司と美人看護師との恋を描く『愛染かつら』を選んだのは、中国人の反日感情を刺激せず、日本へ親近感を覚えさせるためであろう。日本映画鑑賞会は「第一回目」として、今後も定期的に実施する予定だったが中国人観客の反応があまりよくなかったためか、その後引き続き開催されず一回限りで終わった。

一九三九年秋、清水宏監督『子供の四季』（松竹、一九三九年）を北京で公開し、「小孩的四季」と改題して中国語パンフレットを発行し中国側に宣伝した。大自然のふところに抱かれて生き生きと生活している日本の子供たちを描く児童映画で、思想的にも無難であったこともあり、二〇〇名近い中国人観客が来場し映画の評判もかなり好評であった。中国側専門学校から「映画を通じて日支の融和を図りたいから毎月一回生徒に見せる日本映画を斡旋して貰ひたい」という申し出もあった[23]。

しかし、それら中国人のみを対象とする日本映画鑑賞会や特別試写会は、映画館の興行利益を目的とする誘客活動ではなく、あくまで「日中親善」や「日中融和」を鼓吹するための政治的な活動で、中国の文化人や教育関係者を対象とした宣撫宣伝である。

中国語字幕版日本映画の上映

「華北電影」設立後、北京の国泰劇場をはじめとして漢字映画新聞『電影報』（日刊）に上映広告を掲載し、中国人観客の誘客活動を再開した[24]。

北支で華北電影の手で一元的に配給される日本映画は在留邦人に見せるのみで支那人に積極的に見せると云

ふ事は殆んど行はれてゐない。たゞ北京で上映される時に華北電影が支那語の題名をつけて支那側に宣伝したことは時々あるが、その宣伝に乗つて日本映画館に見に来た支那人は極めて少数であつた。支那映画館へは支那人のみが、日本映画館へは日本人のみがそれぞれ見に行くばかりで、支那映画館へ見に行く日本人は僅少だが、それ以上に日本映画館へ見に来る支那人は少い状態である。

（村尾薫「燕京映画だより」、『映画旬報』第三二号、一九四一年一一月二一日、二〇頁）

図①　映画新聞広告（『電影報』1941年1月13-16日）

北京の日本映画上映状況から、島津保次郎監督『二人の世界』（東宝、一九四〇年、中国語題名「連理鴛鴦」、以下同）は、飛仙劇場の六日間（一九四〇年一一月三〇日から一二月五日）上映で、中国人入場者二〇〇名、溝口健二監督『浪花女』（松竹、一九四〇年、「浪花女」）は、光陸劇場の六日間（一九四〇年一二月二八日—一九四一年一月二日）で二〇〇名、渡邊邦男監督『熱砂の誓ひ』（東宝、一九四一年「熱砂之誓」）は、飛仙劇場の四日間（一九四一年一月一三—一六日）で五〇〇名であった[25]。三作とも、上映の際に『電影報』に上映広告［図①］だけでなく、あらすじも掲載されていたが、映画の上映では中国語字幕なしで行なわれていた。

北京では『電影報』と云ふ日刊四頁の新聞がある。其の新聞は或るスペースを館に無代にて提供する（館にては其の無代にて提供されたスペースに自己の館の広告をする）其の代わり館にては其の新聞を一枚一銭位にて買ふて、入場者に分配してゐるのである。

（伊東玉之助「華北の映画興行」、『映画旬報』第一三号、一九四一年五月一一日、七五頁）

当時華北で上映されるアメリカ映画は、日本映画と同じくオリジナル・タイトルを映すが、スクリーン横に中国語サイド・タイトルを映していた。また日本人が多く行く館では日本語サイド・タイトルも映していた。「凡てが急いで書いたものであるから読み難い(26)」という問題があるが、英語のわからない観客にとってあらすじだけの紹介より分かりやすいだろう。あらすじの紹介だけで、オリジナル・タイトルをそのまま映すという興行方法では、中国観客を呼び込むには限界がある。

「華北電影」が東宝との提携で一九四〇年に製作した『熱砂の誓ひ』は、北京を舞台に日本の土木技師と日本で声楽を学ぶ中国人女性の恋愛物語である。飛仙劇場の封切上映後、華北各地の日本映画館で順次公開し、上映日数計八三日間、総入場者数は六万四〇〇〇人で、日本居留民に好評だった。

『熱砂の誓ひ』が日本映画館を巡回した後、「華北電影」が中国語にスーパーインポーズして「砂地鴛鴦」として、一九四一年六月三日に北京の中国映画館「新新」で中国人を対象として再映した。

「砂地鴛鴦」は、「新新」での上映に先立ち、中国の文化人や新聞報道関係者を対象に試写会を催し、試写会後に行った座談会では、「監督にしても俳優にしても中国の民情、風俗などに対する研究が全然みられなかった」「安易な日華男女青年の恋愛問題を取り上げることは、不自然で、うんざりだ」などの厳しい批判があったが、「新新」の四日間の上映では、中国人入場者数は三五四四名、飛仙劇場の七倍になった。その後、華北各地の中国映画館二〇館で上映し、どの映画館も興行的に失敗はなかった(27)。

「砂地鴛鴦」と前後にして、「華北電影」は『君を呼ぶ歌』（伏水修監督、東宝、一九三九年）に中国語および英語のサイド・タイトルを付して、同年六月一二日から一四日まで三日間北京の洋画館「芮克」で上映した。中国語の題名は「鶯歌儷影」〔図②〕で、『君をよ呼ぶ歌』は李香蘭主演の『熱砂の誓ひ』と違い、中国での上映を全く考えずに製作された、東京と大阪を舞台にした「大音楽映画」であった。六月四日開催の試写会では、参加者が口をそろえて「物語も、音楽歌唱も人を感動させるし、日本の社会や家庭生活を理解することもできる」[28]と絶賛した。その後、天津、済南、青島の洋画館五館と張家口の中国映画館で上映され、どこでも「予想外に成功で、始めて日本映画を見た支那人や外人も多かった[29]」。

一部の中国知識人は、「「鶯歌儷影」が至る所で中国人に歓迎されたのは、美しい音楽があって、東方人の恋愛倫理観がよく表現されている芸術映画であるからだ。今後、中国で上映される大陸映画は、必ず中国語字幕を附して、ストーリーも中国人観客に適応しなければならない。中国人俳優を起用するか否かは副次の問題だ」と「鶯歌儷影」を賞賛しながら、それまでの「大陸映画」の問題点を指摘した[30]。そして「日本映画をほんとうに支那人に見せるには支那映画館または米国映画館へと上映しなければ十分の成果を期し難い」と感じた現地の「北支軍」報道部の担当者もいた[31]。

図②　映画新聞広告（『電影報』1941年6月12−14日）

一九四二年三月末、『蘇州の夜』（野村浩将監督、松竹、一九四一年）は、中国語スライドを付して「蘇州的夜」という中国語題名で、中国映画館ではなく、北京の光陸劇場で上映された。六日間に合計一七五八人の中国観客が来場し、日本映画館の「新記録を樹立した[32]」が、「新新」の「砂地鴛鴦」より中国人観客は半分以上少なかった。多くの中国人にとって、やはり日本映画館での映画鑑賞には抵抗があったのであろう。

一九四二年以後、中国語字幕を付した「華語版」映画は、「馬来戦記」（『マレー戦記』日映、一九四二年）、「緬甸戦記」（『ビルマ戦記』日映、一九四二年）、「空的神兵」（『空の神兵』日映、一九四二年）、「南海花束」（『南海の花束』東宝、一九四二年）、「夏威夷馬来海戦」（『ハワイ・マレー沖海戦』東宝、一九四二年）、「英国崩潰之日」（『英国崩る、の日』大映、一九四二年）など、日本の戦果や軍事力を誇示する戦記映画が、次々と日本映画館で上映された。日本映画館で上映する際、中国映画館で特別試写会を催すこともあったが、中国映画館での興行上映はなかった。

華北電影では新しい日本映画が来る毎に、それが支那側に見せられる映画であれば、日本映画館で上映する際も支那側へ宣伝することに努めてゐる。今後は一層積極的に日本映画を時々支那映画館へ上映したいと私は思つているが、プリントが今のところ一本しかないので先づ日本映画館をまわしてしまつてその後でないと支那映画館へ出すわけにはゆかぬ。一通り日本映画館をまわした後ではプリントが傷んで汚くなつてゐる。あまりプリントが悪くては特に支那側への宣伝を含めての上映は出来ない。現在華北電影が配給してゐる映画は満映が権利を持つてゐるので、日本映画も満洲で一通り上映してから北支へまわつて来るのが多いがその場合はプリントの状態は一層悪くなる。

（村尾薫「燕京影片片々」、『映画旬報』第五〇号、一九四二年六月一日、四三頁）

つまり、前述の「満映」経由の日本映画配給上映制度によるフィルム劣化問題で、中国映画館では上映困難の苦境に陥った。華北政務委員会総務庁情報局統計によると、一九四三年度の華北映画検閲では「不受理」、すなわち上映禁止の処分を受けたのは五九件で、そのうち「破損」の理由で「不受理」となったのは五〇件であった。[33]フィルム劣化問題は、検閲においても深刻な問題になっていた。この問題は日本から映画を直接輸入できた「満映」や上海の「中華電影」には存在せず、「華北電影」だけの特有の問題であった。

中国人に見せられる映画

「支那側に見せられる映画であれば、日本映画館で上映する際も支那側へ宣伝することに努めてゐる」、これは「華北電影」の中国人向け日本映画宣伝の基本的な方法で、「華語版」であれば前述のように中国映画館での特別試写会を催し、中国の文化人や新聞報道関係者を集めて座談会も行なう。「日本語版」の場合は、中国人向けの漢字映画新聞や雑誌に上映広告だけでなく、あらすじの紹介も掲載する。しかし、中国人に見せられる映画でなければ、映画館上映広告掲載のみであった。

図③　日本人俳優の紹介（『華北映画』第五期）

『電影報』の掲載状況から、日本映画館上映広告と一部の映画のあらすじ紹介以外、日本映画界の動向、日本人映画監督や俳優の紹介など、映画普及のために必要な商業宣伝はほとんど行なわれていなかった。そして、華北全地域で流通していた漢字映画誌『華北映画』（月刊、のち旬刊）は日本映画紹介のコラムがあるが、映画のスチール写真付きあらすじ紹介のみであり、映画評論、映画理論の翻訳紹介など、日本映画への理解を深めるために必要な知識はほとんど掲載されていなかった。図③のように俳優の紹介は、第四期（一九四一年二月一五日）と第五期（一九四一年三月一五日）では高峰秀子、日暮里子、三浦光子、原節子、高峰三枝子、宮城千賀子の写真付きプロフィール紹介があるが、日本人男優は全く紹介されていなかった。つまり、日本映画に関する認知度を高め、それに親近感を感じさせるための対中国人への浸透工作は積極的に行なわれていなかったといえる。

一九四三年上半期、北京封切の日本映画は四五作であるが〔表②〕、そのうち「華語版」は『ハワイ・マレー沖海戦』と『英国崩るゝの日』二作しかなく、同時期に『華北映画』で紹介された日本映画は『ハワイ・マレー沖海戦』、『成吉思汗』（牛原虚彦《きよひこ》・松田定次《さだつぐ》監督、大映、一九四三年）、『阿片戦争』（マキノ正博監督、東宝、一九四三年、「鴉片戦争」）、『戦ひの街』（原研吉監督、松竹、一九四三年、「戦争之街」）四作だけであった[34]。『成吉思汗』と『阿片戦争』は歴史物で、前者はモンゴル帝国の創始者テムジンの青春物語で、後者は題名のとおり猿之助が林則徐に扮し、イギリスの中国侵略を描いた作品である。『戦ひの街』は華北で宣撫活動に従事する日本人宣撫官と中国の舞台女優を介して日華両国の平和友好を説く現代物で、『成吉思汗』『阿片戦争』『戦ひの街』の三作は、いわゆる「大陸映画」である。表②のうち、『ハワイ・マレー沖海戦』『英国崩るゝの日』『成吉思汗』『阿片戦争』『戦ひの街』の五作を除いて、他の四〇作はすべて日本を舞台にした作品であった。この五作品以外、憲兵司令部指導の防諜映画『あなたは狙はれてゐる』（山本弘之監督、一九四二年）や『開戦の前夜』（吉村公三郎監督、一九四三年）のような国策映画のみならず、喜劇映画『磯川兵助功名噺』（斎藤寅次郎・毛利正樹監督、一九四二年）や股旅物『伊那の勘太郎』（瀧澤英輔監督、一九四三年）などの娯楽映画までも、全て中国人に見せられない映画として、中国人には宣伝せず、日本居留民だけを対象に上映していた。

現地の日本人映画関係者は「蓋し中国人にて日本映画を見る者は極めて僅かである、中国人は日本人と映画を見る事を欲してゐない[35]」と、中国人が日本映画館に見に来ない原因を、日本人と映画を見たくないことと考えていたようである。前述の「砂地鴛鴦」と「蘇州的夜」の中国人入場者数の変動から、一理あるようにも思えるが、

表② 北京封切の日本映画一覧（一九四三年一―六月）

月	系統	製作会社	映画名
一月	紅	東宝	磯川兵助功名噺
	白	大映	新雪
	紅	東宝	おもかげの街
	白	松竹	愛国の花
	紅	大映	歌ふ狸御殿
	白	松竹	或る女
	紅	大映	海の豪族
	白	松竹	続南の風
	紅	東宝	ハワイ・マレー沖海戦
	白	大映	英国崩る丶の日
二月	紅	東宝	母は死なず
	白	松竹	京洛の舞
	紅	大映	あなたは狙はれてゐる
	白	松竹	女の手
	紅	東宝	山祭り梵天唄
	白	松竹	美はしき横顔
三月	紅	東宝	母の地図
	白	大映	三代の盃
	紅	大映	富士に立つ影
	白	大映	成吉思汗
	紅	大映	虚無僧系図
	白	松竹	二人姿
	紅	東宝	伊那の勘太郎
	白	松竹	幽霊大いに怒る
四月	紅	大映	青空交響楽
	白	松竹	開戦の前夜
	紅	東宝	阿片戦争
	白	松竹	湖畔の別れ
	紅	東宝	歌行燈
	白	松竹	鳥井強右ヱ門（鳥居強右衛門）
	紅	日活	新版大菩薩峠
	白	松竹	戦ひの街
五月	紅	東宝	ハナ子さん
	白	大映	護る影
	紅	大映	華やかなる幻想
	白	日映	航空戦記
	紅	東宝	姿三四郎
	白	大映	風雪の春
六月	紅	松竹	家に三男二女あり
	白	松竹	ふるさとの風
	紅	東宝	新版エノケンの森の石松 新版金語楼の大番頭
	白	日活	新版風雪将棋谷
	紅	大映	女のたゝかひ
	白	東宝	兵六夢物語

＊『華北電影股份有限公司社報』（第五四・五五号合部、一九四三年七月一五日）より作成

日本側が中国人に見せたい映画しか宣伝しない宣伝方法にも原因があったのではないか。

　当時日本国内の国策映画論者は「大陸における思想戦としては日本映画の進出が重要な任務を担当するが、遺憾ながら現状では単に現地日本人に歓迎されるのみで、北支民衆には記録映画以外は余り親しまれてゐない。また事実として輸出に日本の物語映画は乏しいのである[36]」と、中国人が日本の物語映画に親しめない原因に、輸出した映画本数が少ないことを挙げていた。しかし、現地の日本映画関係者は「松竹、日活、東宝は全作品、新興、大都は主要作品をいづれも北支へ輸出してゐる[37]」と主張しており、一九四三年上半期北京封切の日本映画は、一九四二年一一月に日本国内で封切られた『或る女』（渋谷実監督）、『磯川兵助功名噺』、『愛国の花』（佐々木啓祐監督）、『英国崩るゝの日』（田中重雄監督）、『湖畔の別れ』（中村登監督）、『鞍馬天狗横浜に現る』（伊東大輔監督）、『歌ふ狸御殿』（木村恵吾監督）、『おもかげの街』（萩原遼監督）、『女の手』（瑞穂春海監督）、『あなたは狙はれてゐる』の一〇作[38]のうち、『鞍馬天狗』を除く、他の九作はその二ヶ月後にはすべて北京で上映されている。華北で上映された日本映画の本数は、日本国内と格差はあるが、乏しい程ではない。つまり、中国人が日本の物語映画に親しめなかった原因は、輸出された映画本数が少なかったというより、輸出された数多くの日本映画のうち思想戦に役立つものしか積極的に見せようとしなかったためではないか。

　一九四四年以後、『あの旗を撃て』（阿部豊監督、東宝、一九四四年、「軍艦島之末日」）、『加藤隼戦闘隊』（山本嘉次郎監督、東宝、同年、「無敵飛鷹隊」）、『轟沈』（渡邊義美・北村道沖監督、日映、同年）、『菊池千本槍』（池田富保・白井戦太郎監督、大映、同年、「南溟忠魂」）などの南方戦線を描く戦時映画以外、日本の国内事情を反映する『熱風』（山本薩夫監督、東宝、一九四三年）、『決戦』（吉村公三郎・荻山輝男監督、松竹、一九四四年、「増産闘士」）、『不沈艦撃沈』（マキノ正博監督、松竹、同年、「増産戦之凱歌」）、『一番美しく』（黒澤明監督、東宝、同年、「神聖与優美」）、『女性航路』（佐々木啓祐監督、松竹、同年、「新女性之道」）、『血の爪文字』（千葉泰樹監督、大映、同年、「科学的勝

利」）など、勤労増産を訴える国策映画も中国人に宣伝するようになった。当時、華北でも行なわれていた節約増産運動に呼応して、中国人にも働きかけようとしたのであろう。

一九四四年一二月以後、中国人向けの日本映画宣伝が見当たらなくなり、一九四五年八月の終戦まで、それは再び現れなかった[39]。一九四四年一二月から生フィルム不足が深刻化したため、従来三六本のプリントが半数の一八本となり、約四〇パーセントの映画館が営業中止を余儀なくされたという日本の国内事情[40]から、華北の日本映画館も同様に深刻な状況に陥ったことが容易に想像できる。

盧溝橋事件勃発と共に華北に進出した日本映画は、五年間を経ずして年間入場者数が約六〇〇万人の映画市場となった。日本国内で上映されたほとんどの映画が封切後、「満映」経由で華北に輸入され、日本国内とほぼ同時期に見ることができた。「満映」経由の配給上映制度によるプリント劣化問題があったが、映画館経営、配給上映系統、映写設備など、日本映画の鑑賞環境は日本国内とほとんど同じで、華北でも均質化された日本映画を楽しむことができる状況であった。しかし、華北に進出した日本映画は、日本居留民への娯楽提供と対中国人への思想戦という二つの役割を同時に果たさなければならなかった。日本映画館は日本居留民の娯楽場であり、対中国人思想戦の戦場でもあった。その二つの機能を果たすために、思想戦に役に立つ映画のみ中国人に宣伝するという宣伝方法を採った。このように中国人は、戦記映画、大陸映画、勤労増産などの国策映画以外、数多くの日本映画を見ることができず、日本映画へ親近感を覚えないまま終戦を迎えた。

（1）拙稿「新民映画協会の設立とその活動状況について」、『中国学志』頤号、二〇一二年参照。
（2）桑野桃華『大陸映画界の現状と日満支の聯携問題』同盟演芸通信社、一九四〇年六月、四五頁。

（3）「当地は映画統制法実施に依る満洲映画協会の出張所新民映画協会から映画の配給を受けつゝあり、従つて番組は満映本社番組係より通知され、それに依つて営業してゐますので番組編成や企画は当方の思ふに委せぬ事ばかりです」（渡邊次郎「北支には独特の領域が存在する」、『国際映画新聞』第二二九号、一九三八年九月、一二―一三頁）。
（4）桑野桃華『大陸映画界の現状と日満支の聯携問題』四七頁。
（5）桑野桃華『大陸映画界の現状と日満支の聯携問題』七―九頁。
（6）桑野桃華『大陸映画界の現状と日満支の聯携問題』九頁。
（7）古川信吾「華北電影公司の使命を語る」、『国際映画新聞』第二六三号、一九四〇年二月五日、四頁。
（8）「三十一年度（一九四二年）業務日誌」、『華北電影股份有限公司社報』第四三号、一九四三年一月一日、二頁。
（9）「一九四二年度都市別入場員数調」、『華北電影股份有限公司社報』第五〇号、一九四三年四月一五日、四頁。
（10）『華北電影股份有限公司社報』第四八号、一九四三年三月一五日、二頁。
（11）『華北電影股份有限公司社報』第五六号、一九四三年七月一五日、四頁。
（12）「華北映画通信」、『映画旬報』第八五号、一九四三年六月二一日、一四頁。
（13）王震中「華北通訊三十三年度的華北電影」、『上海影壇』第二巻第四期、一九四五年二月、二七頁。
（14）「映画配給規程」、『華北電影股份有限公司社報』第六五号、一九四四年一月一日、五頁。
（15）田中公「華北電影の現状」、『映画旬報』第二八号、一九四一年一〇月一一日、二七頁。
（16）柴野為亥知「日本映画の北支進出」、『国際映画新聞』第二二〇号、一九三八年四月二〇日、五頁。
（17）『新民報』一九三八年五月三日。
（18）「北支における映画座談会　日本映画の大陸進出策とその動向を語る」、『国際映画新聞』第二二六号、一九三八年七月二〇日、一二頁。
（19）田静清編著『北京電影業史跡（1900-1949）』北京出版社、一九九〇年一二月、八四頁。
（20）『大阪朝日新聞　北支版』一九三八年六月七日。
（21）『新民報』一九三九年一月一八、一九日。
（22）浅井昭三郎「中国人と日本映画」、『映画旬報』第六四号、一九四二年一一月一日、一二頁。
（23）浅井昭三郎「中国人と日本映画」一二頁。

（24）北京の日本映画館の上映広告は、一九四〇年八月一一日『電影報』に掲載された国泰劇場の小杉勇主演『歴史』（日活、一九四〇年）の掲載によって復活した。
（25）「昭和十六年度華北映画の足跡」、『映画旬報』第三七号、一九四二年二月一日、六八―六九頁。
（26）伊東玉之助「華北の映画興行」、『映画旬報』第一三号、一九四一年五月一一日、七五頁。
（27）村尾薫「燕京映画だより」、『映画旬報』第三二号、一九四一年一一月二一日、二〇頁。
（28）「「鶯歌儷影」座談会記」、『電影報』一九四一年六月八日。
（29）村尾薫「燕京映画だより」二〇頁。
（30）枕流「対於大陸電影的期待」（大陸映画への期待）、『華北映画』第一一期、一九四一年九月一五日、四頁。
（31）村尾薫「燕京映画だより」一九頁。
（32）浅井昭三郎「中国人と日本映画」二三頁。
（33）華北政務委員会総務庁情報局編『電影検閲論』一九四四年、一〇三―一〇四頁。
（34）拙稿「華北映画（The Hua Pei Movie）目録（上）」、『中国学志』坎号、二〇一四年、七五―七九頁。
（35）東武郎「華北興行通信」、『映画旬報』第六一号、一九四二年一〇月一日、五一頁。
（36）津村秀夫『映画戦』朝日新聞社、一九四四年、八九頁。
（37）村尾薫「燕京映画だより」二〇頁。
（38）「11月の映画案内映画配給社配給」、『映画旬報』第六四号、一九四二年一一月一一日。
（39）『華北映画』では第六八号（一九四四年一一月一〇日）の『奴隷船』（丸根賛太郎監督、大映、一九四三年、「怪船大血案」）を最後に、第九五号（一九四五年八月一〇日）廃刊まで日本映画を紹介しなかった。
（40）田中純一郎『日本映画発達史Ⅱ』中央公論社、一九五七年二月、三九六頁参照。

II 日本映画の輸出

戦後の構想と実践

〔前頁写真〕 Japan motion picture almanac 1957（映画業界が作成した宣伝用カタログ）

7 冷戦期アメリカが見た日本映画

ジョンストン・プランの役割

マイケル・バスケット

我々が戦っているのは精神戦であります。ロシアはこれを理解しており、抜け目なく執拗に遂行しています。私たちもこの戦いに対して、誘導ミサイルや水素爆弾の開発と同じように、注意を払うことが必要です。些細な問題ではありません。これは共産党側にとって重要な作戦です。私たちにとっても同様なのです。(1)

米映画協会（Motion Picture Association of America, ＭＰＡＡ）会長エリック・ジョンストンが一九五七年アメリカ議会上院でこう述べたとき、彼はその当時ヨーロッパと東アジアにせまっていた軍事衝突の可能性について述べていたのではなく、多くのハリウッド業界人が考えるアジア地図を再定義した、「文化的冷戦」について言及していたのである。

アジアにおける文化的冷戦はどのようなものだったのだろうか。当時のアメリカ政財界そして映画界を代表する人物だったジョンストンにとって、日本の映画産業の役割は何であったのか。本章では、ハリウッドの利益を促進しようとした映画業界の有力なスポークスマンであると同時に米大統領の特使でもあり、そして実業家でもあったジョンストンが果たした様々な役割をみることによって、これらの問いを考えてみたい。また、ソ連の影響をアジア地域から排除するその一方で日本映画業界にアメリカのヘゲモニーを確立するという、二重の封じ込め政策のため、米映画協会は「ジョンストン・プラン」のような財政援助戦略をいかに利用したのかという問いにも光を当ててみたい。ここではジョンストン自身による文書、業界報告書、政府文書、英字の映画ジャーナリズムをもとに以下の三点に沿って展開していきたい。

まずは冷戦下アジアにおける映画市場のイデオロギー的重要性を米側はどう見ていたかについて概観する。次に、日本の米映画に対するクオータ制度[2]、送金を阻まれ凍結された利益剰余金、アジア地域に残された日本帝国の負の遺産などの未解決な諸問題に、ジョンストンがどう対処したのかを検討する。最後に、日本はアジア地域で経済・文化・政治的影響力を取り戻すべきというアイゼンハワー政権の日本に対する期待、という文脈に当てはめて、ジョンストン・プランを再検討していきたい。

1 冷戦体制におけるアジア映画市場の重要性

ハリウッドの世界映画市場制覇は国務省や商務省との効果的な連携の結果として一九一〇年代に始まった。日本の映画市場は、一九二〇年代よりハリウッドがその支配を達成できなかった数少ない例として、アジアにおけるハリウッドのヘゲモニーが抱える問題となっていた。一九三〇年代から一九四〇年代にかけて帝国日本がアジアを席巻し、しばしばその植民地や占領地市場からハリウッド映画を禁じたことにより、状況は悪化する[3]。第二次大戦中のアジアおよびヨーロッパの映画市場喪失で、ハリウッドとワシントンは危機感を募らせ、一九四五年以前から失われた市場の奪回策を考え始めて冷戦の「文化競争」の土台となった。早くも一九四四年にアメリカの映画雑誌が、チェコスロバキア、ルーマニア、ハンガリーその他の市場から米映画を永久に締め出す恐れのある、ヨーロッパ全域にわたるソ連の戦後計画「汎スラブ映画圏 Pan-Slav Film Sphere」について警告を発し[4]、もし野放しにすれば、市場回復とその地域でのアメリカ覇権を再構築するのに最低一〇年はかかる、「一〇年戦争」となるだろうと予測した[5]。

戦後、反ソビエトのレトリックは主流ジャーナリズムにも広がり、ハリウッドの抱える課題を一般的なアメリカ国益と同一視するようになる。『ニューヨーク・タイムス』紙や『ビジネス・ウィーク』誌などは、共産主義に奪われた市場の奪回を目指すハリウッドの戦いを、二つの相反するイデオロギー間の世界的紛争の要であると位置づけた。[6] このようなレトリックは、ハンナ・アーレントが冷戦の特徴としていみじくも述べた「ほかの手段をもってする戦争の継続」の例証であり、共産主義のドミノ効果を食い止めたいアメリカの封じ込め政策と共鳴するものであった。[7] これら市場のどれであれ失うことは、ハリウッドとワシントンにとってイデオロギー的・経済的に深刻な結果をもたらすものであった。市場からのアメリカ排除という脅威の多くは、ソ連による該当地域の軍事占領、政府が許可した企業による独占、映画産業国営化により生じたもので、[8] そのような政権下では往々にして映画関連施設が差し押さえられ、積み立てられた資金は押収、米映画を彼らのイデオロギーに合うよう再編集することまで行われた。そのような事態の広がりを避けるため、国務次官補バール（A.A. Berle）は米映画協会に対し、米映画の自由な海外配給を守るための国務省の全面協力を約束する書簡を送り、アメリカ外交官らに対し一九四四年、国益に対する米映画の価値を理解するようにと通達した。[9] ハリウッドはそれに応える形で一九四五年に米映画輸出協会（Motion Picture Export Association, ＭＰＥＡ）を設立、米映画協会会長エリック・ジョンストンをその会長に就任させた。映画輸出協会ＭＰＥＡは国務省および商務省と連携し、市場奪回に向け対処することとなった。[10] ＭＰＥＡ設立に対しソ連は素早く反応した。インドとは映画に関する協定を結び、インドネシアには財政および技術援助を提供、そして影響力が及ばない市場に対しては労働争議の支援を行い、ＭＰＥＡを苛立たせる。これに対しジョンストンとＭＰＥＡは国務省情報局と連携し、ソ連の手中に帰しそうな市場に対して直接投資を促進することで応酬し、たとえばインドネシアでは機材購入費三八万ドルを投じたり、[11] フィルムセンターの建設援助をするなどして、[12] ジャカルタで開催予定のソ連映画祭をキャンセルさせることに成功した。[13]

ジョンストンは特にアジアを問題視していた。彼は、戦後の新しい各国政府は長年にわたる植民地搾取のせいで、外国資本に対し敵対的であると考えていた。同様に、「アジア人のためのアジア」という民族ナショナリズムは、産業の国有化、保護貿易政策、労働争議などを誘発しやすいとも見ていた。[14] ビルマ、中国、インド、インドネシア、韓国の政治・軍事・経済的不安定さを考えれば、ジョンストンには日本の市場はむしろ比較的安定しているように思われた。なぜならドイツ占領の経験を踏まえ、GHQは人事的な面も含め占領中の日本からソ連をはじめとする他国からの干渉を極力排除した上で、日本市場を米映画に対して開放、ソ連の影響下からの離脱を確実なものにし、労働争議、映画業界のパージに対しても効果的に、しかもMPEAの関与を最小限に抑えて対応していたからである。[15]

アメリカの冷戦構造にとっての日本の重要性は、一九四九年、中国が共産主義国家として誕生したあと、ますます明らかになる。一九四八年に中国国民党が事前通告なく「共産主義と戦う」ための費用が必要だと米映画の関税を五倍に引き上げたとき、ジョンストンはことさら懸念すべき状況だと考えた。MPEAはすぐさま国務省に抗議を申し入れ新作の輸出を中止するが、共産主義の勝利の数ヵ月後、米映画は完全に禁止されてしまう。[16] 歴史学者ブルース・カミングスは、中国が共産主義の手に落ちたことで、日本は成功例であり中国は「失敗に終わった事例」という今日でも通ずるアメリカの論調が形成されたと指摘している。[17] この姿勢は一九五一年に『羅生門』がベネチア国際映画祭でグランプリをとったときのアメリカの映画ジャーナリズムの昂揚ぶりでも明らかだった。MPEAは日本映画の国際社会登場を、アメリカにとってのイデオロギー的勝利として絶賛した。MPEAにしてみれば日本の再教育、再建された映画業界は自由企業体制モデルに従った、まさに成功物語だったからである。[18] アメリカ占領中に構築された新政治経済状況をフルに活かしたMPEAの方針は、日本に対して効果的な相対的優位性を確立した。言い換えればMPEAは常に日本を支配し従属させ、閉鎖的で絶対的な勝ち組でいることを望んでいたわけではなく、上げ潮の日本映画産業に対するMPEAのサポートは、アメリカの利益を脅かさない程度に限定された慎重なものだったのである。

しかしながら、米軍の占領終了は日本映画業界が大きな流動と変化の時を迎えたことを意味し、MPEAと日本映画業界の新たな関係が始まる。それは一九五三年までに日本で上映された米映画の一〇五〇万ドルに及ぶ未送金利益金が日本で凍結され、日本国外に持ち出せず、同年、大蔵省が映画のクオータ制度を導入、輸入業者数および外国映画の本数を制限するという形で現れた。

2 エリック・ジョンストンとMPEAが問題化した日本映画市場

一八九五年ワシントン州で生まれたエリック・アレン・ジョンストンは、海兵隊除隊後はセールスマンを皮切りに鋭いビジネス感覚を発揮、米商工会議所の会頭にまで上り詰めて一九四二年から一九四五年まで先例のない四期を務めた。一九四三年にはジョンストンの評判がフランクリン・ルーズベルト大統領の耳にも届き、ルーズベルトは彼を米州開発のための米国委員会委員長に任命する。一九四四年、ソ連への経済特使を任されたジョンストンはヨシフ・スターリンとの交渉のための訪ソも果たしている(19)。

当時のMPEAは第二次大戦中に主要市場の多くを失ったことで、世界に、またホワイトハウスに対し、ハリウッドの利益を代表するに十分な外交的資質を持つ、新しいトップの必要性を痛感していた。一九四五年、ハリウッドスタジオ首脳たちは、ジョンストンの持つそうそうたる政界人とのコネクションと国際貿易交渉における優れた経験に注目し、彼をMPEAの会長として採用したのである。ジョンストンはおそらく一九四五年のMPEA設立の根拠であったとさえ考えられる。米企業の利益は国家の利益と不可分であると心底信じるジョンストンは、ハリウッド並びにワシントン両方のニーズである「映画大使」の役に相応しかった。ジョンストンのみが、米映画に制限を加える諸外国に対処するための、米政府の全面支援を獲得する力を持っていた。彼はＭＰＥＡへの参加を促すため、企業の説得にまわる。

私は〔相手国の〕財務大臣のところに出向き、我々の映画は〔その国の〕半数以上の映画館の経営を成り立たせているという事実を、脅かすことなく、しかし正確に伝えることができます。それはその国にとって雇用と経済強化です。また私は映画館からの税収についても論じ合えます。しかし、たった二社でも三社でも、アメリカの会社がその相手政府からの制限を受け入れてしまえば、私の財務大臣に対する議論は影響力を失ってしまいます。[20]

こう述べて、映画会社は海外で共同戦線を張ってこそ強いのだと、説得したのであった。ジョンストンが日本に対してとった策はまさしくこれで、ハリウッドと米政府の二重の後ろ盾をもとに、ジョンストンは日本の政財界と映画業界の首脳陣に対し、日本でハリウッドが直面しているとＭＰＥＡがみなす三つの主要な点、すなわちクオータ制度、未送金利益、そして映画業界を絶えず親米に保つ必要性について、積極的に働きかけた。

日本の大蔵省がＭＰＥＡと直接交渉するクオータ制度を導入したのは一九五三年だった。クオータ制度は通常多くのヨーロッパの例にみるように、政府による国内映画産業の保護と援助のためだが、しかし日本政府の場合はクオータ制度を導入しても保護と援助へはまわさず、せっかくたまった剰余金を自国の映画産業の育成に使うことも自国映画の輸出推進に役立てることにも、ほとんど関心を示さなかった。大蔵省は事態を憂慮する業界から提案書を出させたり、撮影所経営者や業界代表者を招いて討論会を開催したりするが[21]、大蔵省とＭＰＥＡとの年間クオータ交渉の結果に沿う結論しか出していない。また一九六四年にクオータ制度を廃止するまでＭＰＥＡ

の抗議も非常にうまくかわしており、日本のOECD経済協力開発機構への加盟の条件として一九六一年にほんの少しの譲歩をそつなく行っただけであった[22]。

MPEAは、日本政府が米映画の輸入を抑制する保護貿易主義を確立することで「反米」スタンスをとっている、と見ていた。MPEA副会長アービング・マースは日本の参議院議会でMPEAの批判がなされたことを受けて日本の諸新聞編集長たちに断固とした手紙を送りつけ、「強力な勢力」による米映画の文化的価値を攻撃する動きは、米映画の輸入を妨害するものだと非難している。マースはMPEAの望みはただ「日本映画産業の繁栄に寄与し日本国民に貢献すること」だけであり、これがアメリカ産業の拠って立つ立場である、と述べている。たとえば日本の映画館主トミヅカ・コウキチが、マースの意見はもっともで、日本の配給業者は割り当て制度の犠牲者だと主張[23]したことからも示唆されるように、米映画の最強の協力者はしばしば当該国の配給業者で、彼らが輸入制限をする政府に反対を唱えるのをアテにできるかもしれないということをMPEAはわかっていたし、そのような関係を外国で助長するためにMPEAはかなりの時間と費用を投じていた[24]。

もうひとつの問題は日本での米映画の収入を送金できないこと、すなわち送金不可能な利益剰余金問題だった。これは映画の収入総額が日本政府の定めた送金上限を超えたとき日本の口座に凍結されることをさす。通常、政府は未送金利益は国内製作または共同製作という形で国内映画業界に還元、再投資するようにMPEAと交渉し、それらの映画は米国やその他海外地域で配給されて地元映画業界の成長に寄与するというのが他国では一般的なのに対し、日本政府は推定一〇五〇万ドルに膨らんだ利益剰余金を映画業界に再投資することは求めず、その代わりに他の産業を助成する融資についての交渉を求めてきたのであった[25]。

ジョンストンは初来日の一九五四年秋、七五〇万ドル、当時の二七億円、MPEAメンバーによる利益剰余金のおよそ七二パーセントを、水力発電業に出資する公的融資へまわす可能性について大蔵大臣に打診している[26]。

翌年の一二月に融資は成立、調印式は英字新聞・雑誌で広く報道されて、水力発電会社代表たちにＭＰＥＡ所属会社の代表たちが小切手を手渡している何枚もの写真が掲載された[27]。一九五六年と一九五八年にも融資が成立するが、その両方とも映画業界が対象ではなかった[28]。ＭＰＥＡは、融資は「アメリカが日本の繁栄を望んでいる」ことの現れだと主張したが、みんながそれを映画業界の最善の利益だと思っているわけではなかった。松竹の社長・城戸《きど》四郎は「日本映画週間」への日本代表団トップとして一九五八年ニューヨークを訪れた際、日本政府の決定について米映画業界紙に対し、「日本政府とエリック・ジョンストンの両方とも、映画産業よりも電力産業の将来の方がより確実だと思ってるんでしょう」と不満をぶちまけ、映画産業はその資金で本当に必要な機材の購入ができたし、「電気の人たち」よりも高い利率を払えただろうと述べている[29]。

ジョンストンは、ＭＰＥＡの大いなる努力が実り、一九五〇年代半ばまでには主要なヨーロッパ市場は事実上、飽和状態になったと判断した。米映画産業の利益の成長を維持するため、ジョンストンはアジアでの拡大、特に日本に注意を向けた。日本市場はその地域で最も堅調なだけでなく、その当時はイギリスよりも支払い能力があるようになってきており、たとえば一九五五年、イギリスでテレビの普及が米映画収入の低下を招いたとき、当時の西ドイツと日本の市場は大幅な利益をあげ、ラテンアメリカ市場からの利益とともにその年のイギリス市場の損失を相殺した[30]。以前ジョンストンは、アジア市場は入場料の低さと劇場数の少なさから、低収入しか見込めない地域と見ていたが[31]、東南アジアの後進市場をもっと割のいい市場に成長させるためには、安定した長期にわたる投資が必要であると気づく。長期投資は良いビジネス・チャンスであり、同時にアメリカのヘゲモニーを支えるものでもあった。ジョンストンは一九五六年の二度目の来日で、「アジアへの新たなアプローチ」という計画を発表する。その計画が、マーシャル・プランがヨーロッパに対してそうなったように、アジアに対しても、アメリカへの経済的依存を促すことで政治的同盟を作り出すことを期待していた。

3 ジョンストン・プラン——日本映画産業と冷戦アジアの発展

一九五六年二月二五日、アジア主要諸国歴訪の一環として、ジョンストンは日本政府、財界、映画界首脳らとの会議のため来日する。ジョンストンは短い記者会見で、来日の目的は利益剰余金と映画業界への技術支援の可能性について話し合うためだとしたが、大方の英字紙は米国の財政援助に関連していると見ていた。[32] MPEAの公式プレスリリースによれば、ジョンストンの今回の公式な立場はハリウッドの主要映画会社の代表としてであり、ただし海外貿易についても政府高官および産業界首脳と話し合うことになるだろうというものだった。[33]『東京タイムス』紙はジョンストンの曖昧な地位を指摘し、ジョンストンが米国際開発諮問委員会の委員長、MPEA会長という二足のわらじを履いていることは日本の海外経済政策と緊密な関係にあり、見落としてはならないと読者に念を押している。[34] 日本商工会議所会頭の藤山愛一郎もやはりジョンストンをハリウッド代表以上の人物として見ていた一人だった。藤山は、おそらくジョンストンの訪問は最近のソ連による中東と東南アジアへの「経済攻撃」に応えたものであろうと述べている。一九五五年以来、ソ連は東南アジアに対する援助計画を積極的に強化しており、それを踏まえて藤山はジョンストンの訪問を、ソ連の計画に対する現地の反応を探る予備調査活動と見ていた。[35]

ジョンストンが単なるハリウッド代表として受け止められていなかったことは、鳩山一郎総理大臣と閣僚が彼と対談を行っていることからも明らかで、ジョンストンとの会談が長引き、国会の審議開始が三〇分遅れたほどだった。[36] アイゼンハワー大統領からの挨拶を伝えたあと、ジョンストンは鳩山総理に、日本の経済発展はフィリピンとインドネシアへの賠償問題を早急に解決することにかかっていると述べる。その翌日にジョンストンが明らかにすることになる東南アジア開発計画の主導的役割を日本が演じるために、賠償問題の解決はなんとしても必要なことだったからである。ジョンストンの計画は、日本が技術的ノウハウを、アメリカが資本を、東南アジア諸国が人的資源と原材料を提供する「三頭共同開発方式」であると彼は述べるが[37]、その場で映画に関する話し合いはなかったようである。実際、ジョンストン滞在中は主に映画と無関係な人々との会談が組まれていた。

ジョンストンは翌日、東京商工会議所主催の歓迎昼食会の席上、約四〇〇名の出席者を前に彼の計画を発表した[38]。まず、ソ連のアジアに対する最近の提案はただのインチキと揶揄し、「アメリカの目標は征服と搾取ではなく、友情と協力」であること、冷戦のイデオロギー対立は西欧先進諸国にアジアの重要性をあらためて実感させたと出席者に述べ[39]、アジアは自由主義世界の理想とテクノロジーか、反対側の破滅と惨めさかのどちらかを選ぶ時が来た、賭けられているのは、より強固な安全の下でのより良い生活なのだ、と強調した。

ジョンストン計画は三つの柱からなっていた。第一は、アジアの「自由陣営」新興国家に対する経済開発計画の主導権を日本が握るよう求めていることだった。ジョンストンは日本国民の生まれながらの勤勉さを強調した上で、日本の技術力、地理的な近さ、他のアジア諸国との文化的・歴史的類似性を考慮すれば、主導権を担うに誰よりも適していると指摘した。第二に、二〇年から五〇年で返済する低金利ローンはアメリカおよびその他の自由主義先進国によって、アジアの「協力的な自由」主義国家すべてへ融資されるべきであるとジョンストンは提案する。ジョンストンはこれはローンであり、〝ギフト〟ではないと強調、それこそが持続的成長に必要な安定的財源で、望ましいものだとする。融資案は、必要な財源確保のため米国上院とアメリカの納税者を納得させるのにも好都合であった。第三に、ジョンストン計画はアジア開発のための金融公社の設立を呼びかけた。あらゆる自由主義の友好国はその国際機関に参加するよう招かれ、また民間の出資も歓迎とされ、約一〇億米ドルの資金のうち半分はアメリカから、残りは他の西洋先進諸国から拠出されるという構想だった[40]。ジョンストンはこれは公的に米政府を代表しての話ではなく彼個人の考えだと強調したが、この計画を彼が長を務める国際開発諮問委員会へ提出し、その後、大統領へ提案すると述べるなど、将来性には自信を見せた。

ジョンストン計画に対する反応はすぐさま日英両方の言語で広く報道された。ＭＰＥＡ内部報告書は、プランに対し「日本政府と財界首脳は非常に好意的に反応」したとまとめている[41]。大蔵大臣・一萬田《いちまだ》尚登《ひさと》は賛成をいち早く表明した一人で[42]、一萬田自身長いことアメリカに資金供給された集団地域開発の取り組みをアメリカに働きかけており、ジョンストンのアジア金融公社設立構想を歓迎したのだった。非公式とはいえ、ほとんどの英語報道機関はそれが来るべき次のアメリカの政策とばかりに報道した[43]。そのような楽観的な見方はジョンストンが大統領と下院議会の経済アドバイザーであることからと推測されるが、ジョンストンの前回来日時一九五四年の提案が、数億ドル規模の日本産業界に対する融資になったという実績はＭＰＥＡ会長としてなされた、という事実も手伝っただろう[44]。

しかし一週間もたたぬうちに日本をベースとする英字新聞によって、アイゼンハワー政権はジョンストンによってなされたようなアジア開発計画を検討していないと報道されてしまう。米政府高官による、ジョンストンの提案は米政府の裏付けなくなされたという発表の引用には、ＭＰＥＡ会長という肩書きだけが記されていた[45]。余談だがこれには再度逆転劇があり、翌週米国務長官ジョン・フォスター・ダレスの日本訪問時にジョンストンの名前抜きの類似の計画が発表される。後のものと推定されるＭＰＥＡの内部報告書は、これらの新聞記事切り抜きを並べ、ジョンストンの不手際ではなかったことが強調されていた[46]。

ジョンストンの来日は、アメリカのアジアにおけるヘゲモニーと日本映画産業の役割について私たちの再考を促す、興味深い二つの出来事と時を同じくしていた。一つは、ジョンストンが来日したその日に、日本政府が米映画の輸入を削減するという発表をしたこと、二つ目は共産主義の脅威を念頭に、東南アジア防衛における日本の役割の明確化を意図したダレス国務長官の来日である。[47]

一九五五年、日本の映画産業総収入の約三分の一は外国映画からで、そのうちの七〇パーセントはハリウッド映画だった。[48] MPEAにとってこれは所属会社に一〇〇万単位のドルが行くのと同時に、日本映画市場の米映画への依存体質を作り出す。日本政府にとっては、凍結された未送金利益は日本の他の産業を助成する融資にうってつけの資金だった。交渉の前哨戦と言わんばかりに米映画輸入の削減に関する声明が、ジョンストンの東京到着と同日に出されたのは、偶然ではない。そして映画業界と話し合うために来たと記者会見では言いつつも業界人らとの会合はあまりなく、ジョンストンが東南アジア開発構想を打ち上げて去って行った数週間後に、大蔵省が九〇〇万米ドルを送金のため確保し、その一部は日本の産業への融資という形で凍結解除されるだろうと発表したのも、偶然ではないだろう。新聞はこの成果をジョンストンと大蔵省の交渉によるものだと報道したが[49]、ジョンストンは尋ねられて、今回の訪問中、凍結剰余金に関する交渉を行う約束はなかった、しかし日本の経済状況全般の話を含め最善の話し合いを行えたと信じている、とだけ述べている。[50]

米政府にとって、日本の産業界への融資は、アメリカへの経済的依存を維持するという点とアメリカの冷戦秩序内にしっかりと日本を組み込めるという意味で望ましいものだった。その中でこそジョンストン・プランの価値は最もよく見えてくる。金銭的利益以上に、ジョンストン・プランはアジアにおけるアメリカにとっての強力なイデオロギー的武器だった。ジョンストン・プランは、東南アジア地域でのソ連の経済進出に対抗する一方で、同盟国であるイギリスなどがイニシアティブをとった、コロンボ・プランのような競合する開発援助プログラムの競争力を削ぐことでアメリカのヘゲモニーを強化するという、敵も味方も封じ込める二重の封じ込め政策として機能した。ジョンストンのプランはコロンボ・プランよりも大きな額の融資を約束しており、アジアの自由陣営諸国のみの参加に限定していた。そしてジョンストン自身が述べたように、両プランの重要な違いは日本が地域において担う役割であり、[51] 日本は賠償金問題を解決し東南アジアで開発計画の主導的役割を果たすべきというジョンストンの意図は、アイゼンハワー政権の日本に対する方針と直結できるものだった。

旧日本帝国領域で戦う米軍からの「特需」がいかに日本の戦後経済に貢献したか、歴史学者は久しく指摘してきた。一九五三年、アイゼンハワー大統領は、日本が、中国東北部および北部の資源の利用とその市場への参入がかなわなければ、これからの日本の経済的将来はないと信じていた。[52] ジョンストン・プランも同様に、東南アジアは日本の経済発展のための原材料供給地であるようなイメージを打ち出しているが、ただし日本の援助に日本の軍国主義は付随してこないという約束が、地域的安全保障のために必要だった。ちなみにジョンストンがこのような計画を提案したのは初めてのことではない。一九四九年発行の『コリアース』誌の中でジョンストンは、開発途上国のための長期経済援助という解決策を見出さねばならないと書いており、マーシャル・プランは政府に財政負担を強いすぎると批判、自らのプラン、すなわち民間による投資も可能な金融公社設立を提案している。国際金融公社は、外国資本に反感を抱くアジアの新政権からの抵抗を回避するには効果的な方法であるというのがジョンストンの主張だった。この四九年版ジョンストン・プランでは投資者の資金は消失しないという信頼を保証するため、軍事安全保障の必要性がより明確に述べられている。[53]

*

ジョンストンにとって日本の映画産業はどういう位置づけだったのだろうか。経済的には、日本の映画業界はアジア地域で最も安定していて採算も取れる映画市場として、アメリカによる秩序にしっかりと組み込まれていた。利益剰余金はＭＰＥＡにとっての海外利益であり、一方で日本の他の産業への助成金となった。アメリカにとって、欧米での日本映画の高い評価と興行的成功、アジアにおける日本映画業界の活躍ぶり、たとえば東南アジア映画製作者連盟の設立や東南アジア映画祭の開催などは、対ソ連思想戦におけるまさにイデオロギー的成功物語であった。

ジョンストン・プランは、ハリウッドが日本で直面した二つの大きな障害、すなわち凍結された利益剰余金と輸入クオータに対する、長期的な解決への間接的な試みだった。東南アジア開発への投資でインフラ整備が叶い、それはすべての自由主義国家間での自由な貿易につながるという目論見だった。経済的・イデオロギー的・文化的にアメリカの冷戦構造の中に織り込まれている限りにおいては、映画産業も自由であった。しかしジョンストン・プランのレトリックのどこを探しても、「自由」がそのような条件付きだったことは出てこない。

ＭＰＥＡと米政府が、海外市場の米映画に対する需要を作り上げたということは、実はただ商品流通の管理に成功したという単なる状況の反映であり、決して現地の人々のアメリカに対する欲望の反映ではない、と言ったら言い過ぎであろうか。一見ジョンストン・プランは映画産業と何の関係もないように見えるが、東南アジア市場に米映画をもたらそうとすれば、まずはその低所得地域に経済発展をもたらし、映画を観られるよう基盤を整えなければならない、そのための第一歩は投資である、という発想なのだった。そして日本の映画産業は、アメリカからみれば成功物語と言われながらも、結局のところ日米両政府が目指したヘゲモニー拡張、日本の経済成長のための踏み台にしかすぎなかったように見えるのである。

（1）Johnston to the Senate Foreign Relations Subcommittee on the Informational Guaranty Program, 7 October 1957, Eric A. Johnston Papers [*EJP*] (Ms 118), Eastern Washington State Historical Society/Northwest Museum of Arts & Culture, Spokane, WA, box 7, folder 87, 10.

（2）映画クオータ制度（Film Quota System）とは、政府が国内で製作された映画の上映またはスクリーンの数などを映画館に義務付けること。自国産業を外国映画から守るための経済的措置。

（3）Michael Baskett. *The Attractive Empire: Transnational Film Culture in Imperial Japan* (University of Hawaii Press, 2008), chapter 5.

（4）“Films World Markets Likely to Follow the Sphere of Influence of U.S., England, Maybe Russia” *Variety*, 25 July 1945, 7; “Russ Ready to Crash World Mkt.” *Variety*, 2 January 1946, 9; “U.S. Films Face Fight Abroad” *Business Week*, 29 December 1945, 109-110.

（5）“Russia Aims for Pan-Slav Sphere” *Variety* 25 October 1944, 1, 55.

（6）“Soviet Industries to Rival American” *New York Times*, 13 July 1944, 6; “US Films Face Fight Abroad” *Business Week*, 29 December 1945, 109-110.

（7）Hannah Arendt. *On Violence*. (New York: Harvest, 1969), 11.

（8）Johnston to the U.S. House Judiciary Subcommittee Studying Monopoly Power, 16November 1949. *EJP*, box 7, folder 87, 4-5.

（9）A.A. Berle, “American Motion Pictures in the Postwar World,” 22 February 1944, in *NARA*, RG59, 800.4061, 1940-4 Motion Pictures.

（10）Internal MPEA memo, “Industry Reporting and Communications,” 7 May 1963, *EJP*, box 6, folder 23.

（11）“Festival Facts & Futures” *Far East Film News*, May 16, 1954, 34.

（12）“Indonesia Film Bldg. Gets Fifty-Year Lease” *Far East Film News*, 15June 1956, 1.

（13）“Sov Fest in Djakarta Postponed Once More” *Far East Film News*, 28September 1956, 3.

（14）Eric A. Johnston. “After the Marshall Plan-What?” *Colliers*, 21 May 1949, 68.

（15）谷川健司『アメリカ映画と占領政策』東京大学学術出版会、二〇〇二年、三八七―四〇〇頁。井上雅雄『文化と闘争』新曜社、二〇〇七年。佐藤洋「東宝争議・レッドパージとは何だったか」、岩本憲児編『占領下の映画――解放と検閲』森話社、二〇〇九年。

（16）“Stop Film Flow to China” *Variety*, 8 September 1948,　15. "China Increases Film Tax” *New York Times*, 8 September 1948, 36.

（17）Bruce Cumings, “Japan and Northeast Asia into the Twenty-first Century” in Peter J. Katzenstein and Takashi Shiraishi,eds., *Network Power: Japan and Asia* (Cornell University Press, 1997), 137.

（18）“Boundary Displacement” *Bulletin of Concerned Asian Scholars* 29:1 (Jan-Feb 1997), 8.

（19）“Johnston Brings Film International Viewpoint” *Film Daily*, 20 September 1945, 13. op cite

（20）“Un-united Americans Sure to Lose” *Variety*, 10 October 1956, 11.

（21）『映画年鑑　一九五四年版』時事通信社、一九五四年、四九頁。

（22）『映画年鑑　一九六二年版』時事通信社、一九六二年、三〇頁。

(23) "Powerful Forces Aiming to Restrict US Pix in Japan" *Variety*, 10 December 1952, 5, 17.

(24) "Exhibitors in Foreign Lands Seen US Distribs Main Ally" *Variety*, 28 April 1954, 7.

(25) "Movie Problems Found in the Far East" *New York Times*, 14 March 1959, 26.

(26) "On Mr. Johnston's 'Suggestions'," *Far East Film News*, 2March 1956.

(27) *Film Daily*, 22 December 1955, 4.

(28) "Another Big US Loan So Soon?" *Far East Film News*, August 31, 1956, 11.

(29) "Frozen US Yen Should Have Been Loaned to Japan Pix Biz: Kido" *Variety*, 22 December 1958, 17.

(30) "American Foreign Revenue Analyzed" *Far East Film News*, August 24, 1956, 18.

(31) *Variety*, 9 September 1953.

(32) "Eric Johnston Here for Top-Level Talks" *Nippon Times*, 26 February 1956.

(33) "For Press Release" 21 February 1956, *EJP*, box 7, folder 23.

(34) *Tokyo Times*, 1 March 1956.

(35) "Johnston Plan Seen Hinting U.S. Policy" *Asahi Evening News*, 29February 1956.

(36) Internal memorandum, MPEA Tokyo, 21 February 1956, *EJP*, box 7, folder 23, 1-2. op cite "Reparations Settlerent Urged by Eric Johnston" *The Mainichi*, 28 February 1956.

(37) "Eric Johnston Talks With Prime Minister," *Nippon Times*, 28February1956. "Reparations Settlement Urged By Eric Jo.nston" *The Mainichi*, 28February 1956.

(38) Internal memorandum, MPEA Tokyo, 21 February 1956, *EJP*, box 7, folder 23, 3.

(39) "A New Approach to Asia," manuscript, 28 February 1956, *EJP*, box 7, folder 23, n.p.

(40) "EAJ Proposes Asian Development Plan" *Far East Film News*, 2March 1956, 1, 10.

(41) "Japanese Reactions to the Johnston Plan," 1 April 1956, *EJP*, box 7, folder 23, 1-6.

(42) 「金融公社設立の構想・蔵相・ジョンストン氏意見一致東南アのみを対象に」共同通信 29 February 1956. op cite "Ichimada Backs Johnston Plan"*Japan News*, 1 March 1956.

(43) "Johnston Plan Seen Hinting at US Policy" *Asahi Evening News*, 29 February 1956.

（44）“On Mr. Johnston’s ‘Suggestions’,” *Far East Film News*, 2 March 1956.

（45）“Johnston Plan Gets Dim D.C. Reception” *Nippon Times*, 8 March 1956, 2.

（46）“Japanese Reactions,” *EJP*, 1. “Japan’s Defense Role is Defined by Dulles; US Diplomats Meet” *Asahi Evening News*, 19 March 1956, 1.

（47）*Nippon Keizai Shinbun* 25 February 1956 and *Nippon Times* 25 February 1956.

（48）“US-Japan Film Problems” *The Mainichi*, 27 February 1956.

（49）“Gov’t May Increase Film Remittances” *Asahi Evening News*, 30 March 1956. *EJP*, box 7, folder 23, n.p.

（50）“Johnston Says No Talk on Accumulated Yen,” *Rengo Tsushin*, 29February 1956.

（51）“A New Approach to Asia,” manuscript, 28 February 1956, *EJP*, box 7, folder 23, n.p.

（52）Eisenhower Library, Eisenhower Papers (Whitman file), 139th National Security Meeting, 8 April 1953, National Security Council Series, box 4.

（53）Eric A. Johnston. “After the Marshall Plan-What?” *Colliers*, 21 May 1949, 16, 68-69.

8　永田雅一と日本映画国際化戦略

田島良一

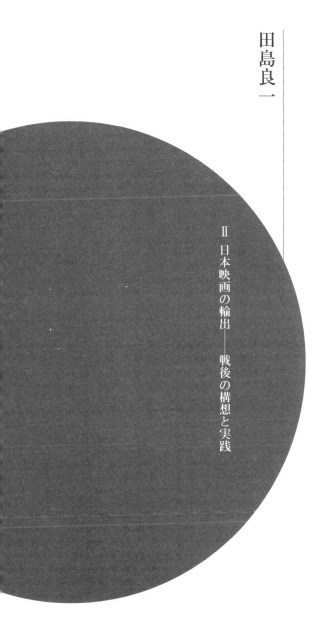

はじめに

日本の映画産業は少子高齢化による市場規模の縮小から、今後は海外への進出が重要な課題となっているが、永田雅一《まさいち》（一九〇六―八五）は戦後逸早く日本映画の輸出振興を図った人物だった。

もちろん、日本映画の輸出は戦前から行われているが、海外の配給ルートに乗り、商業ベースで成功したのは一九五一年のベネチア国際映画祭でグランプリを獲得した黒澤明監督の『羅生門』が初めてであり、その後も同映画祭では溝口健二監督の『西鶴一代女』（一九五二年）、『雨月物語』（一九五三年）、『山椒大夫』（一九五四年）、そして、黒澤明監督の『七人の侍』（一九五四年）などが国際賞や銀獅子賞などを受賞している。特に、一九五四年のカンヌ映画祭でグランプリを受賞した衣笠貞之助監督の『地獄門』はニューヨークのギルド劇場で四七週間の驚異的な長期興行に成功するなど、興行的にも大成功を収めた[1]。そして、これらの受賞作のうち、『西鶴一代女』と『七人の侍』を除く他の受賞作は全て、大映社長であり、プロデューサーでもあった永田雅一の製作した作品であった。

このことだけでも永田が日本映画の国際的評価に大きく貢献していることが分かるが、永田の貢献は国際映画祭での受賞や日本映画の輸出に留まらず、東南アジア映画製作者連盟の結成と東南アジア映画祭の開催、外国との合作映画（国際共同製作）の推進など多岐に亘っている。だが、永田の功績も大映が倒産したために、専ら永田の社長としての責任が問われる中で忘れられてしまった感がある。そこで、本章では、日本映画の国際化に向けた永田の貢献を大きく以下の三点に絞り、改めて映画プロデューサーとしての永田の先見性を映画史的観点から再評価してみたい。

1 永田の日本映画輸出戦略

永田雅一自身の語るところによれば、永田が日本映画の輸出という国際感覚に目覚めたのは、戦後の一九四九年に、映画人として初めてアメリカを旅行した時からであると言う[2]。永田はこの旅行でハリウッドの映画会社も訪問したが、そこで知ったことは、日本とアメリカの機械や設備の大きな隔たりであり、アメリカ映画のマーケットとして、日本は世界の一パーセントにすぎず、その一パーセントのアメリカ映画が日本の映画市場の四〇パーセントを占めているという、日本の映画界の貧弱さであった[3]。永田はこの体験から日本映画の海外進出に強い関心を持つようになり、帰国後の記者会見で次のように語っている。

現在アメリカでは、普通作品プリント二百本で、九カ月に約二百万ドルを回収することができる。もし日本映画が輸出されて同じように上映されるとすれば、かりにその六掛けと考えても百廿万ドルをうることができる。日本映画のいまの国内市場では、四〇本のプリントで、やっと七、八万ドル程度しか回収できないのであるから、まるでケタが違っている。〔略〕監督や撮影や技術では、日本が別に劣っているとは思わないが、やはり問題は、機械や設備である。早い話が、カメラはミッチェル、録音はウェスターンでなければ、アメリカ人は、そのつくられた映画も信用しないだろう。こんど私はミッチェル二台を入手、許可が下り次第輸入できることになっているが、ウェスターンとも仮契約をすまして、早ければ年内一杯には来る。これによって、本格的な輸出映画を撮ってみたいというのが、いまの私の念頭である。これが、日本映画界の島国性を打破するなによりの早道である。[4]

永田は、さらにこの訪問によって、アメリカでは製作映画の二〇パーセントから二五パーセントがカラー映画になっていることを知り、日本でもやがてカラー映画の時代が来ることを予測し、アンスコ・カラーの研究に着手しているが、日本映画の輸出拡大を実現するには技術的進歩が不可欠というのが永田の映画プロデューサーとしての信念であった。そのため、永田は社団法人日本映画技術協会（現・日本映画テレビ技術協会）の会長として日本映画の技術的水準の向上に努める一方で、日本映画の輸出には政府の融資が受けられる映画産業の序列格上げが必要であるとして、一九五〇年に映画産業振興審議会（五三年に社団法人映画産業振興会に改組）を創立し、自ら委員長になり、映画に冷淡であった通商産業省内の産業合理化審議会の中に映画産業部会を設置することに成功する。これで、映画産業は、下位の丙種から石炭や鉄鋼並みの基幹産業に位置づけられることになったが、幸いなことに、永田の製作した大映の『羅生門』がベネチア国際映画祭でグランプリを受賞し、海外セールスにも成功したことにより、通商産業省が輸出産業のホープとして日本映画を推奨する事態になった。[5] 当時の日本政府にとって、戦後の荒廃から立ち直るために貿易振興と外貨獲得は国家の最優先事項だったからで、一九六六年には輸出映画の製作資金を融資する日本映画輸出振興協会が永田の尽力で通商産業省の認可を得て発足している。機を見るに敏な永田はこの気運に乗じて、外貨獲得に映画が最適であることを次のように力説している。

映画というものは九九・九までがインカムだ。材料はフィルム代だけで、殆んど版権料である。外貨獲得にこれ程便利で有益なものはない[6]。

永田にとって、日本映画を輸出して外貨を獲得することは「日本経済自立化に幾分でも寄与出来る[7]」ことであった。そして、『羅生門』のグランプリ受賞は永田の輸出映画振興の強力な追い風となったが、それは永田が予想しなかったことであり、グランプリ受賞の知らせを聞いて、「グランプリとはいったいなにか」と質問をして外人記者団の失笑を買ったという、永田自身の回想が何よりの証拠である[8]。『羅生門』のグランプリ受賞はやはり、よく知られているように、イタリフィルム社長のジュリアーナ・ストラミジョーリの尽力によるもので、『羅生門』は外国向けに作られたわけでもなかった。

永田が最初に外国向けの輸出映画を手がけたのは、大映創立一〇周年記念映画として企画された吉村公三郎監督の『源氏物語』であり[9]、これは最初はカラー作品の予定であったが、技術的な問題から白黒で撮影され[10]、一九五二年のカンヌ国際映画祭で撮影賞を受賞した。永田にとっては、『源氏物語』こそ『羅生門』の栄光を担うはずの作品だっただけに、この受賞は永田に自分の手で国際的評価を得る作品を作り出したという自信を与えただけでなく、『羅生門』のグランプリ受賞を「まぐれ当たりだ。フロックだろう」という陰口に発奮し、「見ていろ。もう一ぺんとってやる[11]」とグランプリを狙った『地獄門』を作らせることになる。永田はそのためにとった戦略を次のように記している。

調べてみると、南仏カンヌの映画祭もヴェニスに匹敵するものであることが分かった。そして、イタリアの場合は要するに社会性を盛ったもの、フランスの場合は美的にすぐれたものが賞に入る例が多いということも分かった。今度は明らかに、映画祭出品を意識して菊池寛先生の「袈裟と盛遠」という戯曲をもとに「地獄門」を作った。第一回大映カラーで衣笠貞之助監督である。ストーリーは単純で、古い日本の女性はかくのごとく封建的であることをハッキリ出し、そして批判を受けようと思い立ったわけである。衣笠監督はじめみんな難色をしめしたのをあえて敢行した。(12)

図① 『地獄門』の二つのトロフィーを手に羽田空港に帰着した永田雅一（田中純一郎『永田雅一』時事通信社、1962年）

この『地獄門』は永田の狙い通り、一九五四年のカンヌ国際映画祭に出品され、見事にグランプリを獲得するが［図①］、特に絶賛されたのは『地獄門』の色彩で、同年度のアメリカの第二七回アカデミー賞でも名誉賞とカラー部門の衣装デザイン賞を受賞している。永田は『地獄門』で、初めてイーストマン・カラーを取り入れたが、それ以前からカラー映画の研究に取り組んでおり、一九四七年にフジカラー・フィルムを使った短篇の『キャバレーの花籠』を、一九五一年には小西六のさくらカラーを使った『歌は風に乗って』という短篇を作ったが、いずれも色彩が商品として見せられる段階ではなく、ボツにしている。次にアンスコ・カラーに注目したが、交流電気の日本では直流電気のアンスコ・カラーは使えないことが分かり、これも中止している。結局、イーストマン・カラーを採用することになったが、これについて永田は次のように述べている。

映画産業のような国際的企業において、機材が国産品であろうが、国産品でなかろうが、そういうセンチメンタルなことをいっていてはいけないということだ。国産品の助成はもちろんするけれども、その製品が不完全な間は、国内はとにかく、外国へ出して、外国と太刀打ちができない。そんなセンチメンタルな気持でやっていたならば、日本映画はカラーとして国外に進出できなかったと思う。[13]

永田はさらに、『地獄門』の色彩ばかりが称賛されることに反発し、次のように反論している。

『地獄門』が、なぜこれほど外国でうけたかというと、例えばカラーが美しいというが、私は、そればかりじゃないと思う。ストーリーが簡単で、登場人物が少くて、しかもバック・グラウンドにおいては、日本の美というもの、芸術というものをちゃんと備えていたと思う。[14]

いずれにしても『地獄門』の成功が、イーストマン・カラーという、アメリカの最新技術の導入に負っていることは事実で、「映画は機械を通しての芸術的仕事であり、才能と機械が五分五分にミックスされていなければ基礎が固まっていないと云える。〔略〕映画を製造する過程の諸設備、諸機械を根本的に改善すれば、その雰囲気の中で、人また優秀なる才能を発揮する」[15]という、永田のプロデューサーとしての信念の勝利と言えよう。永田が最初のアメリカ訪問で、ミッチェル撮影機やウェスタンの録音機を購入して来たのもそのためであり、また「アメリカ人の間に信用されているものを使っている会社だということが、また一つの信用にな」り、「そういう会社のつくる映画だということになれば、輸出のときの早さが違う」[16]からであった。

実際、『地獄門』はすでに触れたように、ニューヨークのギルド劇場で、四七週間の長期興行に成功しただけでなく、アメリカ全土をはじめ、フランス、イギリス、イタリア、スペインなどのヨーロッパ諸国や、インド、パキスタン、セイロンおよび東南アジア諸国にも輸出され、これらの海外から上がる配給収入は八〇万ドル（二億八八〇〇万円）を上回る数字を示した。(17) これはグランプリやアカデミー賞が国際的な反響を呼んだ結果、海外からの引き合いが多くなったためで、永田はこの勢いで、さらに輸出を振興すべく東南アジアに目を向け、一九五三年、ショウ・ブラザーズの中国人プロデューサー、ランラン・ショウ（邵逸夫）と協力して東南アジア映画製作者連盟を結成し、一九五四年には同連盟を母胎とする第一回東南アジア映画祭（五六年からアジア映画祭、八四年からアジア太平洋映画祭と改称）を東京で開催するのだが、次に、永田の創設した東南アジア映画製作者連盟の特色について検証してみたい。

2　東南アジア映画製作者連盟の結成と東南アジア映画祭

永田は一九五三年七月八日から二一日まで、フィリピン、インドネシア、マレー、タイ、香港、中国（台湾）の六カ国を視察しているが、その目的について次のように述べている。

私は日本映画の輸出ということについては、常に声を大にして話しており、今日の日本経済を建て直す上からも、あらゆる産業分野から輸出を振興して、外貨を獲得することが大切だと思っている。〔略〕映画の面で、この輸出状況を見ると、貿易再開の昭和二十二年には、わずかに三万二千ドル、二十三年にやっと十万ドル強、二十四年に十五万ドル、二十五年に辛うじて二十二万ドルとなった。ところが、二十六年に『羅生門』がグラン・プリをとってから、一躍倍額の五十四万ドルになった。そして、二十七年には八十四万ドルとなったので、この勢いで、更に輸出を振興しようというのが、この東南アジアの訪問となったわけである。

それはなぜかというと、日本映画の一番いいマーケットは、理屈抜きにして東南アジアである。〔略〕そこで私はアジアに向かって開拓する必要があると思って、昨年七月に国々を廻って、まずいきなり単にセールスするのはだめだから、それぞれ七つの国の製作者の協会が集まって、一つの連盟を結成しようじゃないか。その目的は、われわれアジア民族のつくる映画は芸術的にも、技術的にも世界水準にある。水準を抜くレベルまで到達しようじゃないか。――これが主たる目的である。しかしてこの東南アジア映画製作者連盟が主宰者となって、毎年われわれのつくった映画を出品しあって、映画祭をやろうじゃないか。これがイタリアのヴェニスとか、フランスのカンヌのごとく、一国の団体、機関がやるのじゃなくて、われわれ東南アジア映画製作者連盟が廻り順にやって行こうじゃないか。そうすると、その祭りのあいだ、あらゆるアジアの民族が一堂に集まる――集まるということだけでも、善意なり友情が深まるのじゃないか。もってお互いの文化の交渉が図れる。これはどうだといって、わたしは一国一国廻ってきた。〔略〕集った国の人々は、日常生活は箸を使ってメシを食う。また彼らのヒューマニズムというか、生存道徳というのは、忠孝節義というものが基本をなしている。だから、私たちの義理人情というものが彼らにわかる。欧米人にわからぬ人情が彼らにはわかる。この民族と手を握らないで、誰とにぎるのか？(18)

図②　東南アジア映画製作者連盟結成式に出席した永田雅一（同）

いささか長い引用になったが、この永田の文章から、東南アジア映画製作者連盟の結成と、東南アジア映画祭の目的が日本映画の輸出先の新たな市場開拓と外貨獲得にあったことが分かる。永田はこの帰国報告を映画産業振興会に諮り、承認を得て、一九五三年一一月一七日から一九日までの三日間、マニラ市のマニラ・ホテルで東南アジア映画製作者連盟の結成式〔図②〕と映画祭の準備会議を開催、提案者の永田が連盟の会長に選任され、第一回東南アジア映画祭が翌五四年五月八日から東京で開催された。この第一回の映画祭には、日本、香港、マレー、フィリピン、タイ、中国、インドの七カ国が参加し、劇映画の最優秀作品には大映のイーストマン・カラーによる島耕二監督の『金色夜叉』が選ばれた。

ちなみに、第二回同映画祭はシンガポールで開催されたが、東南アジア市場の開拓という、永田の狙いは的中し、五四年度の『映画年鑑』には次のように記されている。

> 映画祭を通じて、東南アジア諸国の映画業者が、日本映画産業の偉大さを認識し、また日本の映画企業経営者と親交を結んだことは、邦画にとって最も重要な輸出市場たる東南アジア映画市場の開拓に大きなプラスをもたらしたが、各国代表は映画ばかりでなく、映写機、発声機、レンズ、カメラなどからアドバルーンまで買付けたほか、これを機会に諸雑貨を日本から輸入しはじめており、日本産業全体にとっても有意義な催しであった。さらに出席各国代表はショウ一族のような財閥をはじめ政・財界の大立者、新聞経営者、貴族、大学教授、評論家など、各国の世論を指導するに足る一流人物ぞろいで、これらの人々が、映画祭を機会にして日本に好意をもつようになったことは、東南アジア諸国の対日世論の好転に寄与するところが大きく、その政治的効果もみのがすことは出来ない。(19)

だが、映画産業史家の邱淑婷《ヤウシュクティン》によれば、永田の目的は東南アジア市場の開拓ばかりでなく、永田が戦前に提唱した大東亜映画人大会の延長であり、「この連盟や映画祭を通じて戦時のイメージを一変させようとした[20]」ことにあったと言う。邱の指摘どおり、永田は戦前に『映画評論』誌上で「大東亜映画人大会を提唱す」というマニフェストを掲載しており、そこでは次のように述べている。

去る十一月五、六日の大東亜会議によって大東亜宣言が生れたが、あの大宣言の趣旨に則って、私はどうしても大東亜映画人大会を急速に開催することが必要だと思ふ。これは年一度は必ず行って、先ず第一回は日本で開催し、二回三回はその都度大東亜諸地域の適当なところで開けばいい。文学報国会によって大東亜文学者大会が既に二回行はれ、また大東亜新聞記者大会も催された。今日においては新聞、ラジオ、映画といふくらゐに映画の重要性を増してゐるのであるから、映画人大会をやらないといふのは間違ひだと思ふ。[21]

永田の言う大東亜宣言とは、一九四三（昭和一八）年一一月五日、六日の大東亜会議で採択された、「大東亜を米英の桎梏より解放」するという戦争目的を提示した宣言を指すが[22]、確かに永田のマニフェストを読むと、東南アジア映画製作者連盟は大東亜映画人大会の構想の復活と見られなくもない。事実、永田は副会長のランラン・ショウの挨拶から、「いまアジアではアメリカ映画、ヨーロッパ映画がはんらんしているが、アジアはアジアの映画を作るべきだ。その場合に日本は一日の長がある。欧米に代ってとりあえず日本映画を本年は四十本注文したが、来年は百本は注文したいと思っている」「要するに東南アジアの映画を日本映画でぬりつぶして、その次にはお互の国で作った映画をやって行く。その欧米映画に代るべき日本映画である。私はそのために努力する[23]」という言葉を紹介しているが、この発言などは、日本が盟主となって、欧米諸国の植民地支配からアジアを解放し、共存共栄の新たな国際秩序を建設するという大東亜共栄圏構想の映画版である。

とはいえ、テヅカヨシハル（手塚義治）が指摘しているように、この二つの設立理念の間には決定的な違いがある。テヅカによれば、大東亜映画人大会が「アジア全体を西洋に対峙させる「アジア主義」を基盤に構想されたのとは大きく異なり、東南アジア映画製作者連盟は、当時現れつつあった米ソ冷戦構造を背景にして高まる共産主義の脅威に対する警戒心に駆られ、不安定な情勢にあったアジア映画産業を西側資本主義体制の影響下に包括するという政治的目的を持って設立された[24]」のである。

テヅカの指摘が事実であることは、東南アジア映画製作者連盟結成に当たって、永田が次のように『キネマ旬報』の記者のインタビューに答えていることから明らかである。

この集まりではっきりしていることは、七カ国といってもコミュニストの団体は入れないということです。これは、はっきり申合せができているし、参加作品もしたがって政治的な思想的な傾向のあるものは拒否するということをうたっている。ということはいま世界は二つなんだ。その二つはデモクラシーの世界とコミュニストの世界。現在においては中立ということは許さるべきことではないんだ。この連盟はデモクラシー民主々義陣営の七ヶ国が集まって結成したのです。われわれはデモクラシーのために、そういう製作者の手で製作された映画でないと好ましくないということは、明確にしようということになっている[25]。

この永田の発言で、東南アジア映画製作者連盟が、反共産主義という、西側自由主義陣営に与した組織であることが分かるが、興味深いのは、アメリカ映画協会会長のエリック・ジョンストンが連盟結成に対する祝辞の書簡を永田に送っていることであり[26]、アメリカ映画製作者協会が、東南アジア映画祭で西洋諸国のアジア理解に最も貢献した劇映画に特別賞としてミッチェルの最高級カメラ一台を贈呈していることである。これによって、連盟と映画祭にアメリカが関与していることが窺われるが、孫崎亨によれば、アメリカは政治を運営する上で、マスコミの役割を重視する国であり、占領期から今日まで、日本の大手マスコミのなかに、「米国と特別な関係をもつ人びと」を育成してきたと言う。(27)

永田は戦後、戦争犯罪人として公職から追放されたが、その不当性をGHQのマッカーサーに直訴して短期間で追放解除になった関係で、マッカーサーと親しくなり、またデトロイト銀行頭取のジョセフ・ドッジと親交を結ぶなど、(28)大の親米派として知られている。渡米の際にはエリック・ジョンストン主催の歓迎パーティーに招かれ、アメリカ映画界のトップたちと歓談したり、(29)大映配給の長編記録映画『太平洋戦争の記録　日本かく戦えり』(一九五六年)に、アメリカ国防省が使用フィルムの八割以上も提供するなど、(30)アメリカの永田への厚遇ぶりを見ると、永田もそのなかの一人だったのではないかと推測され、連盟も映画祭も反共の砦として利用されていたのではないかと思われる。だが、ここでは指摘に留め、それについては今後の研究課題としたい。

ところで、先に引用した永田のマニフェストで注目したいのは、永田が川喜多長政を称賛して次のように述べていることである。

今度上海で話合ってみて、私の受けた感じでは、張善琨は相当な政治家といふ印象が深い。〔略〕彼は現在の上海における映画、演劇、娯楽場、さういふものをみんな握ってゐる。〔略〕これに対して馮節といふ人はその過去の経歴といひ、人格といい、全然張善琨と対蹠的な人物である。〔略〕馮節は中国で初めてできた国策映画会社である中華電影連合で総経理をやってゐる。〔略〕ところで馮節と張善琨との調和であるが、これは実にうまくとれてゐるので、私は非常にいいと思ってゐる。〔略〕それを陰に陽に援けてゐるのが川喜多長政である。川喜多の存在は、一映画人としての川喜多でなく、日本人としての川喜多であって、中国の文化工作に挺身してゐる。しかも映画工作のため私財を抛って国家のために尽瘁してゐる。黙々とやってゐるので派手ではないが、彼の立派な言動は現在の中華映画を通してはっきりとうかがはれる。〔略〕私は現在の川喜多氏の行き方が、日華同盟条約の精神に早く徹することでないかと思ふ。近い将来に全面和平が招来した場合、川喜多長政は憂国の士として歴史に残る人物と信ずる。彼がわれわれ映画人の一人であることは大いに誇っていい。私も今度中国に行ってみて初めて川喜多氏の存在の意義がわかり、彼に対して大いに敬意を表する次第である。(31)

周知のように、川喜多長政は一九二八年に東和商事合資会社を設立以来、ドイツ映画を中心とするヨーロッパ映画の輸入や、『狂恋の女師匠』(一九二六年)などの日本映画の輸出、さらには、ドイツとの合作映画『新しき土』(一九三七年)、日中初の合作映画『東洋平和の道』(一九三八年)の製作を行うなど、東西文化の交流と理解の促進に努めた戦前の日本を代表する国際的映画人であり、このマニフェストが書かれた時には中華電影連合股份有限公司の副董事長という要職にあった。その川喜多が当時最も力を入れていたのは日中友好であり、日本映画の輸出についても、文化工作や国策上最も重要なのは、ヨーロッパやアメリカではなく、満州国、支那、インド、ベトナム、タイなどの東洋諸国であると述べている。(32)これは永田が日本映画の一番いいマーケットは東南アジアであると述べたのと一致する。また、川喜多は日本映画の海外進出について、「最も大切な事はたった一つの事よりない。即ち立派な映画を沢山作って日本映画の水準を上げる事、これである(33)」と述べているが、永田も同じく「われわれ映画人は何のために映画を作っているか、日本の映画企業を健全な機構にして、優秀映画を作って世界の映画市場で各国と争覇するのだ。立脚点を失わず、眼は全世界に向けるのだ(34)」と述べている。その意味で、東南アジア映画製作者連盟や、東南アジア映画祭は永田の尊敬する川喜多長政の事業を継承発展させたものと見ることもできる。

いずれにしろ、永田にとって東南アジア映画製作者連盟と東南アジア映画祭の目的が、新たな映画市場の開拓による外貨獲得と、米ソ冷戦の中で、アジアの映画産業を西側資本主義体制に組み入れることにあったことは確実である。そして、永田が外貨獲得のために日本映画の輸出と同じく重要視したのが外国との合作映画であった。続いて、合作映画における永田の狙いについて見ていきたい。

3 合作映画の推進

田中純一郎によれば、永田が外国との合作映画の企画を考えたのは、『羅生門』のグランプリ獲得で日本映画の海外進出に自信を得たためであり、日本映画への好奇心が薄らいで、せっかく開拓した海外市場を失っては、もったいないと考えたからであると言う[35]。そこで、日本映画への関心を維持させるために永田が思いついたのが海外の映画人との合作であり、合作が成功すれば、それは日本映画自体の企画の振幅をひろめる上にも役立つからである。

永田が最初に手がけた合作映画は、アメリカのサミュエル・ゴールドウィンと同プロのアメリカ配給会社社長ジェームス・マルビイと提携した『いついつまでも』であった。この作品は朝鮮戦争に出征するアメリカ軍人と、日本女性との恋愛に、日本名物の大地震の場面を取り入れたもので、ポール・H・スローンが監督し、アメリカのテレビスター、クリス・ドレークと日本の木村三津子が共演した。だが、スローン監督の撮影が長引いた上に、スター・バリューも乏しかったため、一九五二年に公開されたものの、配給収入が製作費を下回るという不成績に終わり、第一回の合作は失敗に帰した。
第二作目はアメリカの子役女優として人気の高かったマーガレット・オブライエンと日本の美空ひばりが共演した仲木繁夫監督の『二人の瞳』（一九五二年）で、以下、永田が製作した外国との合作映画を年代順に列挙すると、次のようになる。

（一九五五年）
・溝口健二監督『楊貴妃』京マチ子、森雅之主演〔図③〕。香港のショウ・ブラザーズとの提携作品。製作費は大映が七〇パーセント、ショウが三〇パーセント負担し、アメリカ、カナダ、南米、欧州、東南アジア諸国に配給された。
・鈴木重吉監督『ブルーバ』サミュエル・ゴールドウィンと共同製作した猛獣映画。

（一九五八年）
・『長い鼻』香港のショウ・ブラザーズとの提携作品。インド南西部の巨像の生態を描いた長編記録映画。製作費一切を大映が負担し、旅費、滞在費、フィルム費をショウが負担。

（一九五九年）
・加戸敏監督『山田長政　王者の剣』長谷川一夫主演。タイのアスビン映画社との提携作品。現地ロケーション、滞在費をアスビン映画社が負担し、撮影スタッフの往復旅費、日本での製作費を大映が負担。配給収入は大映七〇パーセント、アスビン映画社三〇パーセント。
・アラン・レネ監督『二十四時間の情事』エマニュエル・リバ、岡田英次主演。フランスのパテ・オーバーシーズとの提携作品。製作費は大映三〇パーセント、パテ七〇パーセント負担。配給収入も同じ割合。カンヌ映画祭で国際映画批評家連盟賞を受賞。(36)

以上が五〇年代までの合作映画であるが、その後も台湾の中央電影事業股份有限公司と合作した七〇ミリの『秦・始皇帝』（一九六二年）などが作られている。なお、戦後間もないアメリカとの合作映画では、『いついつまでも』に先立ち、ジョージ・ブレイクストン・プロと東日興業、東宝の提携による『東京ファイル212』（一九五一年）と『運命』（同年）が作られているが、これは試作程度のもので、永田のように、本格的な市場開拓を目指したものとは言えなかった。[37] その後も、大沢善夫と川喜多長政が共同で設立した大和プロとアメリカのジョセフ・フォン・スタンバーグが提携して製作した『アナタハン』（一九五三年）が公開され、話題を呼んだが、永田の『いついつまでも』の方が一年早く、その意味で、戦後最初にビジネスとしての合作映画を製作したのは永田雅一ということになる。

図③　香港のショウ・ブラザーズとの合作映画『楊貴妃』ポスター

では、外国の映画人にとって永田と提携して合作映画を製作することは、どんなメリットがあったのだろうか。前出の邱淑婷によれば、永田と『楊貴妃』を合作した香港のランラン・ショウの場合には、「国際的に広く知られてきて、東南アジア映画製作者連盟主席を兼任していた大映と、よい関係を保つことによって、自身の国際的地位をアップさせ、その作品の東南アジア配給権を獲得するほか、カラー宮廷片の撮影技術を身近に参考するためであった[38]」と言う。

このように、永田と合作することは東南アジア諸国の映画界にとってもメリットがあり、ランラン・ショウは永田の大映ばかりでなく、東宝とも提携し、中国の「白蛇伝」に取材した豊田四郎監督、山口淑子、池部良主演の『白夫人の妖恋』（一九五六年）を合作している。また、東宝も合作に力を入れ、前年の五五年にイタリアとの合作映画、カルミネ・ガローネ監督、八千草薫主演の『蝶々夫人』を公開している。このほか松竹もフランスと合作したイヴ・シャンピ監督、岸恵子、ダニエル・ダリュー共演の『忘れ得ぬ慕情』（一九五六年）を作っているが、田中純一郎によれば、「いずれも永田の与えた刺激によるもの[39]」である。だが、残念なことに、合作映画には相手の映画製作の取り組み方の違いや、どちらの国の市場を優先するかなどの困難な問題があるためか、永田の製作した合作映画は興行的に必ずしも成功作ばかりとは言えず、そして、それは、他社の合作映画も同様で、一九六〇年代の映画産業の斜陽化とともに、経済的リスクの多い合作映画は日本映画全体としては一時的な流行に終わってしまい、合作映画による外貨の獲得という永田の狙いは失敗だったと言わざるを得ない。とはいえ、田中純一郎が指摘しているように、合作を通して「戦前まで、国内の狭い天地でしか活動していなかった日本映画の技術者達が、ひろく世界の映画技術者と交流し、日本映画の声価を国際的に認識せしめるとともに、先方の技術や経験をも吸収して、日本映画の質的向上に役立てたことは計り知れぬものがあ[40]」った。

以上、日本映画の国際化に向けた永田の貢献を三点に絞って見てきたが、では、永田のこれらの貢献は、映画史的観点からはどのように評価されるのか。最後に、この点を考察してみたい。

おわりに

既に述べてきたように、永田の日本映画の国際化に向けた戦略は、海外の映画祭での評価を利用した日本映画の輸出、東南アジア映画製作者連盟の結成と東南アジア映画祭の開催、外国との合作映画の推進であった。そして、これらの戦略は、いずれも外貨の獲得を目的にしたもので、それは貿易振興と外貨獲得という戦後の国家的な経済再建プロジェクトの一翼を担うものであった。だが、永田のような外貨獲得を目的とした日本映画の輸出は、戦後の日本の経済成長路線が一九八〇年代に輸出志向から内需拡大志向へと転換していく過程で、その歴史的役割を終えてしまったと言ってよい(41)。また、『羅生門』や『地獄門』が海外の国際映画祭でグランプリを受賞したように、アジア諸国における日本映画の芸術的・技術的優位も、アジアの近隣諸国の経済力が日本に追いつくにしたがい、日本と同様に最新の機材や技術の導入が可能となり、芸術性においても一九八〇年代半ばの、陳凱歌や張芸謀らの中国第五世代、侯孝賢や楊徳昌らの台湾ニューウェーブ等の台頭によって、日本映画の優越性はその根拠を失った。テヅカヨシハルによれば、むしろ、既に述べたような日本と香港の映画産業の力関係は八〇年代に逆転し、七〇年代のブルース・リーに続いて八〇年代以降のジャッキー・チェンのコミカルなカンフー映画が日本の映画館で大ヒットを飛ばすようになるのである(42)。

さらに、永田が創設した東南アジア映画祭も、アジア太平洋映画祭と名称を変えて存続しているが、一九八五年に設立された東京国際映画祭や、一九九一年にスタートしたアジアフォーカス・福岡国際映画祭等の新設によって、今では「謎の映画祭(43)」と呼ばれるような影の薄い映画祭となっている。ちなみに、東京国際映画祭は「輸入」を促進して日米の貿易摩擦を解消しようという政府の経済政策から生まれた文化的副産物で、より多くの外国映画を日本で上映し、東京を世界の映画都市として位置づけるという狙いがあった(44)。

このように、永田が実行した国際化戦略はもはや過去のものになったと言えるが、戦後逸早く日本映画の輸出がビジネスになる見込みがあると考え、日本映画の国際化と取り組んだ、永田の映画プロデューサーとしての先見性は高く評価されなければならない。なぜなら、今後の日本の映画産業は掛尾良夫が指摘しているように[45]、少子高齢化による人口減少により、国内で飛躍的な成長を望むことは困難となり、そのため海外に出ていくことが重要な課題となるからである。掛尾は日本映画の国際化として、日本映画の輸出、日本映画のリメイク権の販売、外国との共同製作を挙げているが、かつて『羅生門』のリメイク権を『暴行』の製作者が大映から買っているので[46]、永田はその全てを手がけていたことになる。特に、アジア市場の中心が日本から中国に移ろうとしている現在、永田の設立した東南アジア映画祭（現・アジア太平洋映画祭）の存在意義にも改めて注目する必要があるだろう。

なお、永田は外国映画の輸入対策として、スクリーン・クオーター制の導入を提案しているが[47]、それは実現しなかったので、その点については指摘に留めたい。また、永田は最初のアメリカ訪問の際に、ウォルト・ディズニーと契約して『白雪姫』などの漫画映画を戦後初めて輸入、公開しているが[48]、配給権の契約だけで、東映社長の大川博のように、『白蛇伝』（一九五八年）や『少年猿飛佐助』（一九五九年）のような国産の漫画映画を製作しなかったのは、アニメーションが日本の人気コンテンツとなっているだけに惜しまれる[49]。

いずれにせよ、永田は経営者としては大映を倒産させて失敗したが、その半面、日本映画の国際化に大きく貢献した映画プロデューサーであったことも、忘れてはならないだろう。

（1）永田雅一『映画自我経』平凡出版、一九五七年、一四一頁。
（2）永田雅一「私はアメリカをどうみたか」、『キネマ旬報』一九四九年一一月号、二六頁。
（3）永田雅一「ゴールドウィンは偉い男」、『キネマ旬報』一九五一年八月下旬号、二五頁。
（4）永田雅一、前掲（注2）、二六頁。

（5）「映画輸出に力こぶ　『羅生門』表彰に張切る」、『朝日新聞』一九五一年九月一四日付の記事を参照。
（6）永田雅一『映画道まっしぐら』駿河台書房、一九五三年、七五頁。
（7）永田雅一、同右、七九頁。
（8）日本経済新聞社編『私の履歴書　第四集』一九五七年、二三三頁。
（9）曾我正史・川喜多長政・池田義信「座談会・四つの島から飛び出せ――日本映画発展の急務は海外市場の獲得にこそある！」、『キネマ旬報』一九五一年三月上旬号、三六、四〇頁。
（10）「大映・源義経の色彩映画化を決定」、『映画技術』一九五三年一月号、九頁参照。
（11）永田雅一、前掲書（注8）、二三三頁。
（12）同右、二三四頁。
（13）永田雅一、前掲書（注1）、一三七―一三八頁。なお、永田はイーストマン・カラーに大映独自の改良を加え、これを「大映カラー」と呼んで、『千姫』（一九五四年）から実用化しているが、冨田美香によれば、「大映カラー」とは「敗戦後の日本が、戦後復興の新しい日本像として掲げた、技術日本、文化日本の到達点を示す称号でもあった」（冨田美香「総天然色映画の超克――イーストマン・カラーから「大映カラー」への力学」、ミツヨ・ワダ・マルシアーノ編著『「戦後」日本映画論――一九五〇年代を読む』青弓社、二〇一二年、三〇八頁）。
（14）同右、一四二頁。
（15）永田雅一、前掲書（注6）、二四七頁。
（16）同右、二三三頁。
（17）田中純一郎『永田雅一』時事通信社、一九六二年、一五一頁。
（18）永田雅一、前掲書（注1）、一四五―一四七頁。
（19）『映画年鑑　一九五五年版』時事通信社、一九五四年、五四頁。
（20）邱淑婷『香港・日本映画交流史――アジア映画ネットワークのルーツを探る』東京大学出版会、二〇〇七年、一五五頁。
（21）永田雅一「大東亜映画人大会を提唱す」、『映画評論』一九四四年一月号、一四頁。
（22）吉田裕『アジア・太平洋戦争シリーズ　日本近現代史⑥』岩波新書、二〇〇七年、一二〇頁。
（23）永田雅一「東南アジア映画製作者連盟の結成」、『キネマ旬報』一九五四年一月上旬号、七七―七八頁。

（24）テヅカヨシハル『映像のコスモポリティクス――グローバル化と日本、そして映画産業』せりか書房、二〇一一年、八六頁。なお、テヅカは大東亜共栄圏映画製作者連盟と比較しているが、これは大東亜映画人大会の誤りと思われる。
（25）永田雅一、前掲（注23）、七八頁。
（26）『映画年鑑 一九五五年版』前掲（注19）、五五頁。
（27）孫崎享『戦後史の正体 1945-2012』創元社、二〇一二年、三六九頁。
（28）永田雅一、前掲書（注1）、一一二―一一五頁。
（29）田中純一郎、前掲書（注17）、一三三頁。
（30）山田和夫『日本映画の現代史』新日本出版社、一九七〇年、一五八頁。
（31）永田雅一、前掲（注21）、一四頁。
（32）川喜多長政「映画輸出の諸問題」、『日本映画』一九三八年一二月号、二一頁。
（33）川喜多長政、同右、二五頁。
（34）永田雅一、前掲書（注6）、一八二頁。
（35）田中純一郎、前掲書（注17）、一六二頁。
（36）田中純一郎、同右、一六三―一六六頁。
（37）田中純一郎『日本映画発達史Ⅳ』中公文庫、一九七六年、一五頁。
（38）邱淑婷、前掲書（注20）、一八三頁。
（39）田中純一郎、前掲書（注17）、一六七頁。
（40）田中純一郎、同右、一六六―一六七頁。
（41）伊藤修『日本の経済――歴史・現状・論点』中公新書、二〇〇七年、一一四頁。
（42）テヅカヨシハル、前掲書（注24）、二一二頁。
（43）石坂健治「東南アジア映画祭――その始まりの頃」、早稲田大学演劇映像学連携研究拠点、テーマ研究「日本映画、その史的社会的諸相の研究」口頭発表概要集、早稲田キャンパス二六号館三〇二会議室、二〇一三年一月一九日。
（44）テヅカヨシハル、前掲書（注24）、一一四頁。
（45）掛尾良夫「日本映画は国際化できるのか」、『日本映画の国際ビジネス――世界で勝つために知っておきたいコト』キネマ旬報社、二〇〇九年、八頁。なお、掛尾によれば、マンガ、小説等の映画化権の販売や、外国映画への投資はコンテンツや資本の国際化であっても、映画産業の国際化とは異なるし、外国映画に日本人の監督やスタッフ、俳優が参加する場合も人材の国際化であって、映画産業の国際化ではない。したがって、永田はアメリカ映画『八月十五夜の茶屋』（日本公開一九五七年）に大映の女優・京マチ子を出演させているが、これは日本映画の国際化とは異なる。

(46) 小倉真美「暴行」評、『キネマ旬報』一九六五年一月新年号、一一〇頁。なお、『暴行』（The Outrage）は一九六四年製作のアメリカ映画で、西部を舞台に黒澤明監督の『羅生門』をマーティン・リット監督が忠実に翻案した作品。三船敏郎の盗賊役にポール・ニューマンが扮した。

(47) 永田雅一、前掲書（注6）、一五九頁。

(48) 日本公開は一九五〇年九月二六日。

(49) 岸松雄によれば、大川が長篇漫画映画を製作したのは、「言語や風習の相違から在来不信だった日本映画の輸出をさかんにするには漫画映画がいちばん効果的だ、という信念を持っていたから」（岸松雄『偉大なる星雲――闘魂と努力の経営人大川博伝』鏡浦書房、一九六五年、二三〇頁）で、永田の場合にはディズニーとフレンドシップを高めることが目的だった（田中純一郎、前掲（注17）、一二〇頁）。

（付記）本稿は『芸術学部紀要』第五九号（日本大学芸術学部、二〇一四年）に掲載された拙稿「永田雅一の日本映画国際化戦略」を今回の所収にあたり一部改稿したものである。

9 『羅生門』から『ゴジラ』へ

輸出産業のホープをめざして

志村三代子

1 『羅生門』の衝撃——戦後日本映画界における輸出映画の事始め

一九五三年七月下旬号の『キネマ旬報』は、「日本映画・輸出産業のホープとなる」というタイトルで、松竹、東宝、大映、東映、新東宝の輸出業務の各責任者、日本映画連合会（映連）の担当者を囲んで座談会を催した。この記事では、「日本映画の海外人気が急に向上し、今年（一九五三年）は百万ドル以上の外貨獲得が確定視され、日本映画は輸出産業のホープとして登場して来た」という冒頭の言葉に続き、座談会で発言の口火を切った『キネマ旬報』の田中純一郎は、カンヌ、ベルリン、ベネチアの各国際映画祭で、映画会社のトップたちが、自社の作品を出品するために陣頭指揮を執り、監督を率いて現地に赴いたと報告している。イタリフィルムのストラミジョーリが中心となり『羅生門』を出品した二年前のベネチア国際映画祭とはなんという違いであろうか。もっとも『キネマ旬報』も、『羅生門』に関していえば、日本人ではなく、外国人の手によって、戦後はじめて日本映画が国際映画祭に出品され、それが快挙を成し遂げたことに対する敬意を表している。それを証拠に、この特集記事においても、まずストラミジョーリが『羅生門』をベネチア国際映画祭に出品勧奨した経緯を紹介するとともに、ストラミジョーリへのインタビュー記事（「ストラミジョリさんは語る」）を掲載しているからである。(1)

周知の通り、『羅生門』の受賞は、「日本映画界に大きな矜持と刺激を与え(2)」ると同時に、日本映画に対する名声を一挙に高め、インド、ウルグアイ、カンヌなどの各国映画祭への日本映画参加招請が相次いだ。(3)『羅生門』

の受賞に勢いづいた大映は、五四年のカンヌ映画祭に、衣笠貞之助の『地獄門』を出品し、同作品はグランプリを受賞、溝口健二の『西鶴一代女』がベネチア映画祭で国際賞、『雨月物語』『山椒大夫』は二年連続で同映画祭で銀獅子賞を受賞するなど、古典文学の映画化作品を相次いで製作し、国際映画祭での日本映画の存在をアピールしたのである。

しかし、『羅生門』の受賞がより重要なのは、国際映画祭をビジネスの場として日本映画界に認識させた点であった。つまり、国際映画祭は単なる映画祭ではなく、「映画芸術コンクールというよりは映画商品の見本市ともいうべき性質のもの」(4)（傍点筆者）、「映画輸出にとっては絶好のチャンス」(5)と受け止められ、日本映画界に映画の輸出を活性化させる契機を与えたのである。もちろん、日本映画の輸出は、『羅生門』以前から既に始まっており、一九四七年八月、占領軍の経済科学局より連合国の対日援助物資に対する見返りとして、当時の鉱工品貿易公団の手でアメリカへ劇映画一七本とニュース映画一四本（計三万二〇〇〇ドル）が輸出されたのが最初である。やがて日本の映画会社も配給会社の設立に乗り出した。たとえば、『羅生門』の受賞を機に、海外市場の開拓に早くから注目していた大映は、五三年二月、社長の永田雅一《まさいち》自ら欧米各国市場を視察し販路拡張に努めた。東宝は、同年六月、ロサンゼルスに現地法人の国際東宝を設置、松竹も同年八月にアメリカ出張所をロサンゼルスに開設し、ハワイを含めた合衆国とカナダ地域に自社映画を配給した。このようにして、一九四七年には一七本に過ぎなかった劇映画の輸出が翌年の四八年には八〇本、四九年には一二〇本、五〇年には一四七本と漸増することになるのだが、一九五一年には五三九本と急伸した。

日本映画の輸出が急激に伸びた理由の一端は、政府に対する映画界の積極的な働きかけが功を奏したからである。具体的には一九五〇年一二月二一日に日本映画連合会加盟各社が開催した映連臨時総会において設置が決議された「映画産業振興審議会」(6)の活動があげられる。同審議会は発足以来、通産省はじめ関係各方面に働きかけた結果、五一年六月一九日、通商産業大臣の諮問機関「産業合理化審議会」に〝映画産業部会〟設置が認められ、映画産業も鉄鋼、石炭、電気、船舶その他と肩を並べる重要産業としての待遇を受けることになった。同部会には製作、資金、市場の三分科会が設けられ、製作分科会の会長に大映社長の永田雅一、資金は松竹副社長の城戸《きど》四郎、市場は東宝東和の川喜多長政がそれぞれ会長に就任したが、城戸と川喜多は、一九五〇年一〇月一三日に公職追放から解除されたばかりであった。このように、映画界では、戦前に辣腕をふるった映画界の重鎮たちが現場に復帰し、日本映画の輸出に向けて連携することによって、政府に働きかけていたのだが、翌年八月の『羅生門』の受賞とその国際的な反響は、当の映画界にとっては想定外の出来事であったとはいえ、対外的には大きなアピールになったことは想像にかたくない。たとえば、以下の経団連事務局による「映画輸出振興上の問題点」は、いかに経団連が映画の輸出に高い関心を寄せていたかがうかがえる記事である。

しかして映画の輸出は、諸外国との文化の交流、友好関係の緊密化等を促進するため、独立後まもないわが国としては国際的地位の向上等の観点から映画の輸出振興を重要視する必要があるが、他面映画の輸出が国際収支の改善、輸出商品の市場開拓等に大きな役割を併せもっている点を看過することができない。すなわち、輸出映画は殆ど輸入原材料を必要とせず、かつ、国内で償却済みのものが多いため、フラットによる輸出の場合でも、その外貨取得率の高さは他の一般輸出商品の比でなく、ことにロイヤルティの場合には「羅生門」の如く、すでに何十倍かの外貨取得率に達しているものがあり、いずれの場合によっても映画輸出は、わが国の外貨獲得に大きな効果をもたらすことになる。また、輸出映画が商品市場の開拓に寄与する点については従来、一国の商品輸出は国旗とともに進出するといわれていたが、最近においては映画とともに進出するという言葉すら生れていることからみてもあきらかであり、さらにまた、輸出映画が観光客の誘致にも

大きな影響力をもっていることが広く認められている。(7)

「フラット」とは売切制、「ロイヤルティ」は歩合制を意味しており、この記事のなかでもテストケースとして歩合制で輸出された『羅生門』の利益率の高さが言及されている。『羅生門』の成功は、映画の輸出振興の追い風となり、映画産業に対する扱いが、これまでの「文教偏重的映画政策」から「積極的な産業政策施策の確立」(8)への転換が図られたのだ。言いかえれば、映画産業は、従来の教育・取り締まり対象から経済復興のための有望な輸出品とみなされるようになったのである。

2 日米貿易不均衡に抗して

既に指摘したように、『羅生門』の国際映画祭受賞を機に、戦後の日本映画界は、自国の作品に対する自信を回復させただけでなく、国際映画祭を媒介とする映画輸出の端緒を見いだすことになるのだが、それ以外にも様々な可能性を模索した。たとえば、映画評論家の飯田心美は、「一流選手を海外へ　道は羅生門から開く」という見出しで、次のように述べている。

〔『羅生門』の金獅子賞受賞は〕日本映画の価値を世界に知らせたという点で大きな意義があった。それと同時に、これまで優秀な欧米映画には到底太刀打ち出来ないと半ばあきらめていたわれわれ日本人の一種の気おくれを奮い立たせるうえに大いに役立った。『羅生門』によって切り開かれたこの一筋の細道を海外進出の大きなルートにまで発展させる事も不可能でないことを思わせる。〔略〕自国産の作品の遠征は、当分のあいだ商業ルートにのせるよりも国際映画展参加のかたちで各国の催しに一流選手を派遣するのが賢明だと思う。入賞した場合はもちろん、落選の場合でも芸術的な批判と検討があるのだから反省の材料が少なからず得られるにちがいない。また、商業ルートの方では、日米、日仏そのほかの合作映画のかたちが得策のようだ。その先鋒としてポール・スローンの来日などもあるが、これは相手側の意見も十分に尊重して流行のキワモノ趣味に堕さないようにしたいものだ。キワモノや猟奇だけではどうにもならぬことは「東京ファイル」で実験ずみのはずである。(9)

飯田心美は、早急に商業ルートを開拓するよりも、まずは国際映画祭で各国の反応を仰ぐことが得策であると考えているようである。飯田の記事が興味深いのは、「国際映画展参加」という従来の主張に加えて、合作映画の製作を提起していることである。このアイディアが提示された背景には、輸入割当制限が実施されていたにもかかわらず、映画貿易の輸出入をめぐる日米間の不均衡が存在していた。(10)たしかに日本映画の輸出は、一九五一年から急伸したが、しかし、海外市場のうち輸出の増加がとくに顕著な地域は香港および欧州各地とされていた。五二年に『羅生門』がはじめて歩合制でアメリカのアートシアターで上映されたのを機に、日本の映画界は、アメリカ市場を「歩合制輸出にとって世界最大の市場」と捉え、ハリウッド・メジャー以外の映画作品を配給するアートシアターに対する関心を向け始めた。しかし、アメリカ市場は、日本語を理解する日系人一世のための市場は戦前から確立されていたものの、期待されていた程度には伸びなかった上、六〇パーセントという日本映画の歩合率の極端な高さも問題になっていたのである。(11)輸入映画の八〇パーセント以上がアメリカ映画という日本の現状に関し、アメリカ以外の他国からは「文化的鎖国」と批判され、当時の日本の批評家もまた「西部劇と、ギャングと、スリラーに〝占領〟された現状から〝独立〟して機会均等といきたい(12)」と皮肉ったのである。

日米間の極端な貿易不均衡は、別の問題を生み出した。それが日本政府の外貨準備高不足により、米国が日本での売上金を全額ドルに換金し本国へ送金することが不可能となる、いわゆる蓄積円の累積問題である。飯田が提起するような合作映画の製作は、蓄積円の累積問題を解消させたい日米双方にとっても有効な対策であった。なぜなら、日本人俳優を起用し、日本現地でロケーションを行うことから、映画製作に要する諸費用を日本円で賄えるからである。ところが、一九五一年に公開された最初の日米合作映画である『東京ファイル212』（ダリル・マックグワン、スチュワート・マックグワン監督）は、子役俳優出身のスチュワート・マックグワンが興したブレイクストン・プロと東日興行[13]の合作であることからも分かるように、いわゆるハリウッド・メジャーが、自社の蓄積円を回収する目的で日本の大手映画会社と連携した映画作品ではなかったのである。東京でのオール・ロケーション、斎藤達雄、灰田勝彦、大川平八郎といった英語を話せる日本人俳優が出演した『東京ファイル212』は、米国の秘密諜報員が、日本で暗躍する共産主義シンジケートの仔細を探ろうと、雑誌記者に身分を偽り来日し、国籍不明の美女とともに様々な事件に遭遇する物語である。しかし本作は、興行成績では健闘したものの、飯田が「流行のキワモノ趣味に堕さないように」と警鐘を鳴らしたように、灰田勝彦が演じた元特攻隊員が、共産主義シンジケートの首謀者が仕掛けた時限爆弾から父親を救出するために、ビルから飛び降り自殺をするなどの奇抜な描写が日本の批評家の不評を買った[14]。

飯田の記事にある「ポール・スローンの来日」とは、『追いつめられた女』『ジェロニモ』などの演出で知られるポール・スローンのことであり、『いついつまでも[15]』は、ハリウッド・メジャーとの共同製作に積極的であった大映の永田雅一が直接製作に乗り出した作品であった。にもかかわらず、この作品も、「日本の娘とアメリカ兵士の熱烈な恋が、東は東、西は西という、周囲のかたくなな反対にあって実を結ばず、娘は地震で死んでゆくという悲恋物語」と紹介されているように、日本人女性とアメリカ人兵士の悲恋を取り上げた『蝶々夫人』の物語が反復されており、「構成は幼稚全極、筋の運びは堂々めぐりで遅々として話のはかどらぬ拙劣さ」と酷評されてしまったのである。

ハリウッド・メジャーが本格的に日本の映画会社と提携するのは、一九五五年に公開された『東京暗黒街　竹の家』（サミュエル・フラー監督、MGM製作）以降のことである。一九五六年度は、合作映画の製作が『忘れえぬ慕情』一本にとどまったことを受け、「合作という見栄的なものから、本質と意義が尊ばれるようになったことから、慎重に構えるようになった結果と見られた[16]」という日本側の見解が述べられることになるのだが、欧米との合作に対する日本の映画界と欧米の思惑は、はじめからかなりの距離があった。というのも、日本の映画界にとっての欧米との合作は、外貨獲得という経済的な問題だけではなく、『羅生門』受賞以前から抱いていた欧米コンプレックスを超克するための一種の手段であったのに対し、欧米（主にアメリカ、フランス）にとっては、当時流行のシネスコ画面を使って、日本という異国の風俗をオリエンタリズム的な視線で捉えた観光案内のような映画の製作を望んでいるにすぎなかったからである。その後、『二人の可愛い逃亡者』『サヨナラ』『東京での対決』『黒船』などのハリウッドのロケ隊が来日したが、合作映画をめぐる双方の思惑の相違は戦前からさほど変化することはなかったのである。

3　「PR大使」としての日本映画

合作映画を、経済的側面、あるいは単に日本の映画界のプライドを満足させる手段のような側面から一歩進んで、ナショナリズムの観点から説いた映画人がいた。川喜多長政である。戦前からヨーロッパに日本映画を紹介し、また戦中には中国大陸で映画製作を行った国際派映画人でもあった川喜多は、経団連と同じく、輸出商品としての映画の利益率の高さに言及し[17]、その利益率の高さゆえに、「他国が夢中になって映画の海外輸出に努力する」と主張している。川喜多の発言が興味深いのは、このような「独立国という独立国が映画産業を持つ」に至った理由として、「ナショナリズムと映画が強い関連を持ち出した」と指摘している点である。川喜多は、各国間の競争が激化するにつれて、これまで寡占状態にあったハリウッドが危機感を持つようになり、その打開策として〝ハーリウッド〟の世界的延長――一流監督、一流俳優を海外へつれていって、そこで製作する――という最近の傾向[18]、すなわち、ハリウッドが合作映画に注目し、「二大陣営の対立という今日の世界情勢に、経済的利益もさることながら、アメリカ思想の輸出という面からも、映画が巧妙な方法の一つであることを彼らが知っているからに他ならない」と論じることで、西側陣営のリーダーとして「アメリカ思想の輸出」に映画を利用するアメリカによる明確な戦略を読み取っている。さらに川喜多は、これまでの世界の国からみた日本のネガティブなイメージを認めた上で[19]、「映画輸出入業者として」というタイトルを掲げ、戦後、外国人が日本映画の鑑賞を通して日本文化の理解を深めた点に言及し、次のように述べている。

外から見れば、まだまだ日本は遠く離れた東洋の一島にすぎず、他国の日常生活にあまりにも縁もゆかりもない国なのである。だからその評価も日本映画をみた一部の人だけに限定されているのもやむをえない。その意味で、今後の日本の努力如何がモノをいうことは言をまたないが、私はその努力の一つとして、民族のP・R運動ということが、今後各国がしなければならない大事業であると考えている[20]。

ジャーナリストの大宅壮一も、一九五五年にイラク、イスラエル、エジプト、ギリシャといった国々を歴訪し、そこで『羅生門』の反響の大きさと各国のナショナリズムの高まりに驚愕し、さらにアメリカ映画の圧倒的な強さに注目することによって、ナショナリズムの鼓吹に最も貢献するのは映画であると断じている。大宅は、川喜多がいう「民族のＰ・Ｒ運動」に対し、「日本的なもののＰＲ」「日本そのものの国際的ＰＲ」という言葉を使い、「日本人に親しみを持たせ得る最も有力な武器は映画であり、また映画の海外進出はそのまま日本全体の貿易の伸張にもつながる」と論じた。さらに、『羅生門』以後の日本映画の海外進出を一過性のものに終わらせないために、日本の映画界は、茶の湯や活け花、柔道といった他のものに先駆けて日本文化の普及に努めるべきであると主張している。このようにして、『羅生門』以後の日本映画は、日本の「Ｐ・Ｒ運動」の旗振り役として他の伝統文化よりも上位に位置づけられたのである。

加えて、大宅壮一は、海外輸出に適した日本映画の特徴を具体的に提示する。大宅は、これまで国際映画祭で受賞した日本映画は、『羅生門』を皮切りに「殆ど時代劇乃至王朝もの」であった事実を踏まえ、今後の日本映画が「もっと現代物その他にまで拡げ得るかどうかが今後の課題にかかっている」と留保をつけつつ、現代劇の製作に固執しない理由を次のように語っている。

一概にもう現代物でもいいと考えるのは疑問であって、やはり無難なのは、歴史的な物語の中に、少しずつ現代の生活と心理を反映させて行く方法を執ることであろう。現代生活を正直に見せるということは、はっきり言って、現代の世界文明国の生活水準から見ると、やはり低過ぎるのである。物語を過去の時代に選んでその中で現代の日本を表現するのはいろいろな面で日本が遅れている点はあっても、それは歴史というハンディの中にかくされるだろう。このような方法で先ず日本というものの実態、日本人のものの考え方、日本の日常生活を徐々に理解させて行き、その理解が浸透しきったところで、はじめて現代映画が進出して行くのが最も妥当な順序ではないかと私は思う、現代の日本は、世界の高水準からみればやはり貧しくみじめ

である。といって、野蛮人の生活を見るようなバーバリズムの魅力もまたない。変に半端に近代化されているのである。(21)

大宅が現代劇の製作に躊躇するのは、発展途上国としての「貧しくみじめ」な日本の現状をそのまま現代劇として描くことに懸念を示しているからである。だが、「バーバリズムの魅力もまたない」という言葉からも明らかなように、貧しいながらも日本を〈非文明国〉と峻別する一方で、「いろいろな面で日本が遅れているという点はあっても、それは歴史というハンディの中にかくされるだろう」と主張することによって、輸出に相応しい日本映画の特徴を次のように結論づける。

小津安二郎の描くような芸術は、たしかに日本的にすぐれたものであるが、よほど完全に日本を理解している外人でない限り、あのようなものをいきなり見せたら、一般観客は当然退屈してしまう。だから、一方ではスリルやアクションに富んだ過去の時代を描くことによって一般観客にスピーディな快味を満喫させせつつ、その中へ要領よく日本的な静かな世界をはさみ込んで行く――こういう手法が考えられなければならないと思う。彼ら外人の生活は、特にアメリカにあっては、殆どスピードばかりで満たされているから、そのような生活の中に思いもかけず静かな生活――それは茶の利休でも庭作りの遠州でもいいが――が展開すれば、そのコントラストに、彼らは必ず東洋の静寂な美を味わうにちがいないと考えられるのである。(22)

この記事からも明らかなように、大宅壮一にとっての海外市場とは、アメリカに他ならなかった。驚くべきことに、大宅は戦後のアメリカをはじめとした各国の日本熱の高まりについて、占領期に来日したＧＩが日本文化を普及させたと主張し、ＧＩを媒介とした日本文化の浸透を肯定的に受け止めているのである。さらに、大宅は、海外向けの作品の特徴を慎重に吟味し、「東洋の静寂な美」「日本的な静かな世界」といった側面に拘泥しており、そうした意図は、外国に対して「日本の良さ」をテーマとした思想の普及を促進する日本政府の政策と符合していた。(23)したがって、そのような場合の日本映画は、日本の貧しさを図らずも露呈してしまう現代劇ではなく、その貧しさが不問に付される時代劇でなければならなかったのだ。大宅は、時代劇が、スリルやアクションを展開させつつ「東洋の静寂な美」を適宜挿入することによって緩急のコントラストを鮮やかに示すことができるならば、「スピードばかりで満たされ」たアメリカ人をも満足させると考えたのである。

4　『ゴジラ』と『怪獣王ゴジラ』

大宅壮一は、ニューヨークのギルド劇場で上映された『地獄門』の「大変な人気」に触れ、『地獄門』は、大宅が示したような海外輸出に適した日本映画の特徴に符合していたからこそ、「大きな衝撃を与えた」と論じている。たしかに『地獄門』は、アメリカではアカデミー名誉賞と衣装デザイン賞を受賞し、数々の映画雑誌でも取り上げられたが、『羅生門』がアートシアターで上映されたにすぎなかったと同じく、全米規模の広がりをみせたとはとてもいえなかった。ここで重要な点は、一般的なアメリカ人が、戦後最初に出会った日本映画は、『地獄門』でも、ましてや『羅生門』でもなく、『ゴジラ』の編集版 Godzilla King of The Monsters! であったという事実である。

Godzilla King of The Monsters! は、一九五四年の一一月に日本で公開された『ゴジラ』の反響の大きさを知ったジョセフ・レヴィンが率いるエンバシーピクチャーズが、東宝から二万五〇〇〇ドルで上映権を購入し、アメリカ市場向けに「編集」を手がけた作品である〔図①〕。この「編集」が施された改修版では、ハリウッド俳優のレイモンド・バーが扮したアメリカの新聞記者が日本を訪れた際に、偶然ゴジラに遭遇するという物語が追加され、台詞が英語に吹き替えられた[24]。本作は、オリジナルの『ゴジラ』に遅れることおよそ一年半の一九五六年四月二七日、ニューヨークのブロードウェイにあるステート劇場で公開された。同劇場は、『羅生門』が公開されたアートシアターとは違い、およそ三四五〇人もの人数を収容する大劇場であった。Godzilla King of The Monsters! は、一週間に二万二〇〇〇ドルの興行成績をあげ、続いて五月二日からボストンを中心とするマサチューセッツ州の一三六館で上映され[25]、最終的には二五〇万ドルの興行成績を記録した。『羅生門』の興行成績が、アメリカで五万ドル、イギリス、イタリアなどの国を合わせて三〇万ドルであったことを考えると、その差は明らかである。

図①　Godzilla King of The Monsters! ポスター

では、『ゴジラ』は、大宅が提言した理想的な輸出映画の条件を満たしていたのだろうか。よく知られているように、Godzilla King of The Monsters! は、反核・反戦を想起させ、ひいては米国批判につながるようなシーンは「編集」によって周到に消去され、ゴジラが現れた直接的な原因である水爆実験は「単なる仕掛け[26]」として処理されている。したがって、Godzilla King of The Monsters! は、当時のアメリカで量産された、『原子怪獣現わる』『放射能X』といった核実験によって生み出された巨大生物が跋扈する映画の後続作品、すなわち搾取《エクスプロイテーション》映画として受け止められており[27]、東宝で大がかりな予算が与えられたG作品（大作）として、綿密に準備された『ゴジラ』の扱いとは全く異

図②　『怪獣王ゴジラ』　ポスター

なっていたのである。

Godzilla King of The Monsters! は、アメリカでの好評を受け、日本に凱旋帰国を果たす。それが一九五六年四月二六日に公開された『怪獣王ゴジラ』である。Godzilla King of The Monsters! 公開時のポスターには、監督の本多猪四郎以外、日本人キャストはクレジットされていなかったにもかかわらず、『怪獣王ゴジラ』のポスター〔図②〕では、「米国で再編集！　興味百倍！　全世界で大当りのゴジラ海外版」という宣伝文句で、特派員を演じたレイモンド・バーの顔写真が他の日本人俳優よりも大きく掲載され、あたかもアメリカのお墨付きを得たかのような体裁が採られていた。だが、「大型画面でこの面白さ！　この迫力！」という宣伝文句で公開されたシネスコ版『怪獣王ゴジラ』は、『ミッキーの汽車旅行』『プルートの牛乳屋』といったディズニー短編アニメーションと併映されていることから、[28]主に子供を対象とした番組編成にシフトしていることがうかがえる。市川彩《さい》は『怪獣王ゴジラ』について次のような感想をもらしている。

> 先日丸の内で東宝が誇る特殊技術陣を駆使しての空想科学映画「ゴジラ」の海外版「怪獣王・ゴジラ」を見た。名前は忘れたが、ある週刊誌だったかに「散々な出戻り娘」と云う題でこの映画のことを書いていたが、まことによく云い当てたものである。〔略〕日本映画の海外進出が真剣に考えられている折から、その改訂

のテンポには学ぶべきものがあろう。(29)

『怪獣王ゴジラ』の出来栄えに不満を漏らす市川彩が、「改訂のテンポ」に注目しているように、『怪獣王ゴジラ』は、アメリカ批判に受け止められかねないシーンが削除され、「ストーリーの細部を縮め、ゴジラのかつやくをより驚異的にした」(30)結果、観客にはテンポが速く感じられたようである。海外にアピールする日本映画の特徴を、アメリカ人の嗜好に合わせて「スピーディな快味」の要素を加味することを提案していた大宅の意見は的を射ていたことになる。(31)

ところが、『怪獣王ゴジラ』は、一九五七年五月二九日から一〇日間、丸の内東宝で上映されたものの、「振わなかった」という。(32)さらにいえば、日本で公開された大半のアメリカ映画の紹介・批評を掲載していた『キネマ旬報』ですら『怪獣王ゴジラ』を黙殺し、一九五七年度の映画界を総括した『映画年鑑』の統計資料においても、『怪獣王ゴジラ』は、単に『ゴジラ』と記載されてしまったのである。

5 PR大使としての「ゴジラ」

一九五九年の『ニューヨーク・タイムズ』による日本映画界の分析が興味深い。この記事の関心の中心は、もっぱら東宝の怪獣映画を中心とした娯楽映画であり、日本製の怪獣映画の人気が定着したアメリカでは、東宝の認知度が一番高いことがうかがえる。(33)もちろん、それは日本映画輸出の最初の成功例であった『ゴジラ』のおかげに他ならない。Godzilla King of The Monsters! としてアメリカの映画市場に上陸した『ゴジラ』は、主に子供向け作品として、テレビの台頭によって大作主義に転じたハリウッド・メジャーの作品不足を補填する作品として、あるいはドライブ・イン・シアター向けの気楽な娯楽映画として消費され、さらにテレビで繰り返し放送されることで、確実に「ゴジラ」ファンを増やしていった。その後も、日本国内でのリメイクや類似作品がたびたび輸出され、二〇〇四年には、生誕五〇周年を記念してハリウッド・ウォーク・オブ・フェームにその名を刻まれ、キャラクターとしては三番目、日本のキャラクターとしては史上初めてという快挙を成し遂げたのである。一九九八、二〇一四年に二度もハリウッドで製作されたという実績を鑑みても、「ゴジラ」は、他に類を見ない映画作品群であるだろう。

だが、そもそも『ゴジラ』がアメリカへ渡った経緯は、一九五四年三月に起こった第五福竜丸事件で反核・反米の空気が醸成されていた渦中に公開され、興行的に大成功を収めた実績によるものである。もっとも、アメリカに渡るにあたって、「編集」が施され、稚拙な吹き替えによって多少なりともコミカルな姿でスクリーンに現れたとしても、その出自を冷静に考えると、皮肉な事態ではないか。だからこそ、『ゴジラ』のアメリカ上陸には、東宝による興味深いステップが踏まれているのだ。折しも東宝は、『ゴジラ』が公開される前年に、米軍基地と日本人娼婦を描いた東宝の『赤線基地』をめぐって、アメリカから抗議を受け、日本国内での公開ですら満足な宣伝ができなかった[34]。インドネシアとの合作映画がアメリカの干渉により頓挫し、さらに『太平洋の鷲』『さらばラバウル』といった戦時のノスタルジアとも受け取れかねない戦争映画を、本多猪四郎、円谷英二のコンビで『ゴジラ』以前に製作していた東宝プロデューサー・田中友幸が、アメリカの干渉を意識しなかったはずはない。『ゴジラ』は、当時の日米関係を直接描いた『赤線基地』と違い、現代世界に大型怪獣が闊歩するという荒唐無稽さを属性として持つ「空想科学映画」という体裁を採っていたからこそ、アメリカの政治的介入をすり抜けたのだ。このようにして、〈現実〉ではない〈架空〉の「空想科学映画」として輸出された『ゴジラ』は、Godzilla King of The Monsters! となり、遠くは『キング・コング』[36]、あるいは『ゴジラ』の前年に公開され、当時から影響関係が指摘されていた『原子怪獣現わる』[37]のような核実験によって出現した巨大生物映画と同系列の映画として難なく受け入れられ、良きにつけ悪しきにつけ特撮技術が注目されることになったのである。[38]

戦中最大のヒット作品として知られる『ハワイ・マレー沖海戦』（一九四二年）を端緒とする東宝の特撮技術は、日本の最新技術を海外に誇示できる数少ない要素であった。だからこそ「ゴジラ」は、アメリカでは特撮に特化し、核実験が「単なる仕掛け」として政治的な含意を持たず、ニュートラルな立ち位置にとどまり続けている限り、お誂え向きの日本の「P・R大使」としての役割を果たし得たのである。興味深いことに、オリジナルの『ゴジラ』の公開当時、日本の映画批評家たちの評判は芳しいものではなかった。彼らは、東宝の技術力を駆使することに主軸を据えた「空想科学映画」を製作することには賛成したが、物語に付随する政治的主張やメロドラマ的展開は不要なものとみなしていた。「もっと技術の方を充実させることを考える方がいい」「それ〔ゴジラ〕を表看板にするようになっちゃ、大東宝が泣きますよ。お客も変ったのじゃありませんかね。東宝のお客は山の手のインテリ層だったが、逃げちゃうよ」という批評家たちの物言いからは、特撮技術の発展にのみ期待を寄せる態度がうかがえる。それは、「日本の良さ」をテーマとした思想を海外に普及させようとした日本政府や、当時の貧困を隠蔽する時代劇にこだわり、現代劇の製作に躊躇した大宅壮一の態度とも共通している。

『ゴジラ』が、「荒唐無稽」を装い、『キング・コング』『原子怪獣現わる』を生み出した国、ひいては第五福竜丸事件を引き起こした張本人の国へと射程を定めていたのだとしたら、「編集」によって「反米」「反核」を匂わす個所がほぼ根こそぎ削除されたGodzilla King of The Monsters!は、アメリカによる「編集」を事前に認め、[39]さらに『怪獣王ゴジラ』を逆輸入した東宝にとっては不本意ですらなかっただろう。[40]いやむしろ、アメリカ批判が封じ込められた「完璧な他者」[41]としてのGodzilla King of The Monsters!こそが、東宝には好都合であったのである。なぜなら、アメリカに対する最初で最後の勝利を高らかに描いた『ハワイ・マレー沖海戦』につながる東宝の特撮が注目されることで、結果的に日米の貿易不均衡の解消に貢献し、その後も一時のブームに終わることなく、主に年少者向け市場で人気を維持し続けたからである。それだけでなく、「ゴジラ」は、ハリウッドが擁する世界的な配給網を経由し、全米以外にも普及してゆく。(42) このように考えると、『ゴジラ』から Godzilla King of The Monsters!、『怪獣王ゴジラ』へと至る一連の顚末は、当時の日米関係を背景とした、対米コンプレックスの克服と同時に、海外進出を夢見る日本映画界の欲望が、怪獣のように肥大化してゆく物語として理解すべきである。「ゴジラ」はアメリカに渡るべくして渡ったのだ。

（1）『羅生門』輸出の経緯については、古賀太「『羅生門』と〝ストラミジョーリ神話〟をめぐって」（『芸術学部紀要』第五七号、日本大学芸術学部、二〇一三年九月）を参照されたい。
（2）『映画年鑑　一九五五年版』時事通信社、一九五四年、六〇頁。
（3）同右、六一頁。
（4）同右、六六頁。
（5）同右。
（6）同会は、「映画産業は久しく丙種産業に置かれ、数次に亘る序列格上げ運動も空しく、ために銀行筋から顧られず、つねに金融面で苦労を重ねてきたが、五〇年末の通常国会に「産業近代法案」が上程されるのを機会に、映画産業をこれに割り込ませるべく」意図された。
（7）経団連事務局「映画輸出振興上の問題点」、『経団連月報』一九五四年二月号、五三頁。
（8）同右。
（9）『読売新聞』一九五一年一二月二二日。
（10）当時の映画界は、アメリカ以外では、東南アジア市場に注目していた。一九五三年に、大映の永田雅一の主導ではじまった東南アジア映画祭も、有望な東南アジア市場を見据えたものであるだろう。

（11）この歩合率の高さについて『読売新聞』記者は次のように苦言を呈している。「全世界を相手に戦った度胸の良サ、ということがはなはだ怪しい証拠は、この悪条件をはねかえす気力のないことから見ても明らかだ」、『読売新聞』一九五四年四月二日。

（12）『読売新聞』一九五六年二月二六日。

（13）東日興行は、前東京日日新聞社の鈴木郁三を社長に一九四九年一二月に創立され。東宝の自主製作再開の一翼を担って発足した。第一回作は、マキノ雅弘演出、長谷川一夫、古川ロッパ主演の『傷だらけの男』であり、『東京ファイル212』は第二作にあたる。製作条件は収支とも日米折半で、東日側はアメリカ人スタッフの滞在費を含めて四〇〇〇万円を負担したが、配収分配は日本を含めるアメリカ全州総上りの五〇パーセントを受けることになったという（『映画年鑑　一九五〇年版』時事通信社、一九五一年、三五頁）。

（14）ブレイクストン・プロは、『東京ファイル212』に続き、『オリエンタル・エビル』（ジョージ・P・ブレイクストン、チャールズ・レイ・スタール監督、ブレイクストン-スタール・プロダクション、一九五一年）、『ゲイシャガール』（同、一九五二年）を製作したが、いずれも不評であった。

（15）一九五二年五月初旬に撮影が開始され、撮影日数半年、全編がイーストマン・フィルムを使用という好条件で、一〇万フィートを撮影した「日本映画の製作常識からみれば驚異的な消費をあえて断行した」大作として製作された。なお、通常の日本映画では、一万五〇〇〇フィートが撮影実数とされている（『読売新聞』一九五二年一一月二日）。

（16）『映画年鑑　一九五七年版』時事通信社、一九五七年、一一九頁。

（17）「輸出商品という経済的な面からみても、こんな有利なものはない。というのは、映画は他の商品には必要である原料などというものは不必要であるし、したがってその利益率は九割ほどにもなるからである。その上、映画の場合は、国内で完全に商売したうえで、さらに海外で商売できるのである」（川喜多長政「映画輸出業者として」、『中央公論』一九五七年四月号、一七七頁）。

（18）同右。

（19）「多くは日本という国は非常に乱暴で、戦争に強く、そのくせ勤勉で、安い商品を輸出して市場を荒す奴だ、という程度の認識であったことは事実であったようである」（川喜多長政、同右）。

（20）『中央公論』一九五七年四月号、一七六頁。

(21) 大宅壮一「世界は処女地に満ちている　映画こそ日本文化の先頭に立って海外へ」、『キネマ旬報』一九五五年二月号、三七頁。
(22) 同右。
(23) Barak Kushner, "GOJIRA as Japan's First Post Media Event" *In GODAILLA's Footsteps*, ed William M.Tsutsui and Michiko Ito, (NY: Palgrave Macmillan, 2006), pp43.
(24) 『読売新聞』一九五七年五月二一日。
(25) 『読売新聞』一九五六年五月一七日。
(26) 草薙聡志「元祖「ゴジラ」の米国上陸半世紀かかったアメリカナイズの克服」、*AIR21 : media & journalism reports*, 朝日新聞社、二〇〇四年、七六頁。
(27) Sayuri Guthrie-Shimizu, "Lost In Translation and Morphed in Transit: GODZILLA In Cold War America," *In GODAILLA's Footsteps*, ed William M.Tsutsui and Michiko Ito, (NY: Palgrave Macmillan, 2006), pp53-56.
(28) 一九五七年七月二日から新宿東宝等で公開された『怪獣王ゴジラ』は、ディズニー短編アニメーションに代わり、西部劇の『ドラゴン砦の決戦』と二本立てで公開された。
(29) 「編集室」、『キネマ旬報』一九五七年七月下旬号。
(30) 『怪獣王ゴジラ』プレスシート。
(31) 山本喜久男もGodzilla King of The Monsters! のテンポについて次のように述べている。「アメリカでの『ゴジラ』のヒットは編集の成功によること。『ゴジラ』のアメリカ公開に先立って、アメリカ側はこの作品を徹底的に編集しなおし、テンポを早めて、作品を成功させたという。日本映画の課題の一つは編集技術の向上である」（山本喜久男『映画の風景』早稲田大学出版部、一九八五年、二三六頁）。
(32) 『怪獣王ゴジラ』は、丸の内東宝で五月二九日から六月七日まで公開され、動員数は一万一九一六人、興収額は一三七万六九二円にとどまった（「都内・興行景況」、『キネマ旬報』一九五七年六月下旬号、一五七頁）。
(33) *New York Times*, April 19, 1959.
(34) 『赤線基地』をめぐる日米間の軋轢については、中村秀之『敗者の身ぶり』（岩波書店、二〇一四年）を参照されたい。
(35) さらに田中友幸は、一九五二年にも山口淑子を主演に戦時中の上海を舞台にした『上海の女』（稲垣浩）を製作した。

（36）Godzilla King of The Monsters! は、公開当時、「キング・コングを小型にした」怪物として宣伝された。

（37）『原子怪獣現わる』（原題：The Beast from 20,000 Fathoms,「海底二万尋から来た怪獣」）との類似については、『ゴジラ』の公開当時から指摘されていた。たとえば、映画評論家の双葉十三郎は次のように述べている。「怪獣出現の趣向は、偶然の一致かどうかしらんがアメリカ映画の「原子怪獣現わる」にとてもよく似ている。怪物そのものも似ている」（『キネマ旬報』一九五四年一一月下旬号、四七頁）。なお、『ゴジラ』の公開前タイトルは『海底二万哩から来た大怪獣』であった。『ゴジラ』を『原子怪獣現わる』の「密造」と指摘するアメリカの研究者もいる。

（38）Godzilla King of The Monsters! 公開当時の特撮技術に関するアメリカの批評は賛否両論であった。Sayuri Guthrie-Shimizu,pp55.

（39）Godzilla King of The Monsters! が製作された経緯を伝えた『読売新聞』によると、元コロンビア映画の東京支社に勤めていたエドモンド・ゴールドマンが『ゴジラ』のアメリカでの上映権を買い取ったが、純然たる日本映画ではアメリカの一般映画館では売れないため、ゴールドマンがアメリカ向きの改修版を計画し、東宝に連絡、東宝側の意見も取り入れたという（『読売新聞』一九五六年五月二一日）。

（40）とはいえ、本多猪四郎は、後年のインタビューのなかで「僕の『ゴジラ』というより、アメリカの作品になっている」と『怪獣王ゴジラ』に関する感想を述べている（「本多猪四郎監督を囲んで『怪獣映画と原子爆弾』」、『黒澤明研究會会誌』第一〇号、一九九二年、二四頁）。

（41）たとえば、アーロン・ジェローは、Godzilla King of The Monsters! 公開以降の長きにわたるアメリカでの「ゴジラ」人気に触れ、アメリカ人がアイデンティティーを相対化するキャラクターへと変貌していった点を論じている。（アーロン・ジェロー「ゴジラはいかにアメリカ人のアイコンになったのか?」、Godzilla〔二〇一四年版〕パンフレット）。

（42）留意しなければならないのは、オリジナルにあたる『ゴジラ』（一九五四年）の米国公開は、ゴジラ誕生五〇周年を迎えた二〇〇四年にはじめて実現されており、世界で流通している「ゴジラ」の大半は、アメリカをいったん経由した『怪獣王ゴジラ』であったという事実である（草薙、六七頁）。

10 東映動画の輸出と合作

大川博時代の構想と実態

木村智哉

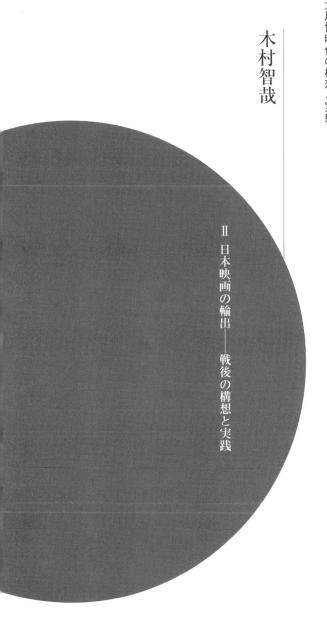

はじめに

東映動画（現・東映アニメーション）株式会社（以下「東映動画」）は、東映株式会社が一九五六年に、人員数三〇名のアニメーション製作会社「日動映画株式会社」を買収して設立した子会社である。

筆者は先年、東映動画の発足経緯を、日動映画側の系譜からではなく、東映側の動向から映画史上に位置付ける試みを行った。東映教育映画部が持っていたアニメーションに対する美学的関心と、東映が企業的躍進のため必要としていた海外市場進出という、二つの要因が合流した結果が、東映動画の設立に繋がったというのが、その概要であった[1]。

本章ではこの二つの潮流のうち、特に大川博が東映社長を務めた時期の[2]、輸出および海外企業との「合作」に関する構想とその実態を、より詳細に論述することで、東映動画の長編アニメーション映画とテレビアニメの製作事業が、この側面からはどのように捉えられるのかを検討する。なお、ただ「東映」と表記した場合は東映本社を指すこととし、東映動画とは区別している。

近年では、日本製アニメーションの輸出と言えば、違和感なく受け止められるかもしれないが、実際の史的経緯からは、そうした印象とは異なる、矛盾をはらんで入り組んだ紆余曲折の過程が浮かび上がる。しかしその経緯は、逆に現在のアニメーション産業の「国際性」を再検討するにも、かえって示唆に富むものになるだろう。

1 東映の輸出・合作構想

一九四七年頃、邦画にとってアメリカ市場は、「ハワイ、カリフォルニア、その他二、三の地区に在住する一世および二世の観客」を対象としていた(3)。ハワイでの興行にあたっては、映画の内容は「時代劇よりは現代劇の方が良」いとされた。ただし「剣戟映画」については青少年層の期待が大きく、全体に映画のストーリーは「単純で理解の容易」な、「長い対話で筋を運ぶ場面の少ないもの」が希望されていた。そのため興行には「悲劇、人情劇所謂「母もの」の如き」映画、歌謡映画、「明朗無邪気な」喜劇が好まれた(4)。

したがってベネチア国際映画祭において、『羅生門』がグランプリを受賞し、欧米圏で注目を集めたことは、筋の複雑な時代劇映画が、既存の海外市場とは別の地域で評価されうることを示したものであった。ただし、欧米の一般観客は、怪獣映画などの一部の作品を除いて、日本映画に継続的な関心を抱いてはおらず、むしろこの日本映画への注目を配給・興行に結びつけたのは、東南アジア圏の配給業者であった。こうして台湾、香港、東南アジアの華僑などが、日本映画の主要な輸出市場として意識化された(5)。

さらに輸出振興のため、海外企業との合作も検討されるようになり、五〇年代から六〇年代初頭にかけて、その数は増加していった。一九六〇年前後に、合作ないし海外ロケへの現地企業の協力を得た作品が増加した理由を、通産省は三点に分けて解説している。第一点は、企画の幅を広げて国際性を盛り込むことができ、観客もテレビ等の影響からそうした作品を歓迎するようになっていること。第二点は、相手方企業の配給網や俳優の利用により、関連諸地域への浸透が容易になり、今後の営業のきっかけにもなりうること。第三点は、相手国ないしロケ地の協力を仰げれば、ロケ費や渡航費などを安価に済ませられ、場合によっては国内で撮影するより費用を節約できることであった[6]。このような動機から、実現に至らなかったものも含め、多くの企画が、大手映画会社を中心に検討された。

一九五〇年代前半、未だ新興企業であり、東横映画・太泉《おおいずみ》映画・東京映画配給の三社合併前からの赤字経営より脱しつつあった東映には、このような新たな市場を獲得し、事業を確立すべき動機があった。新東宝や日活の独自配給開始に伴い、国内市場の競争性が高まっていたからである。東映は五〇年代半ば以降、二本立て配給の徹底と専門館の獲得によって他社を圧倒する勢力となったが、市場そのものの拡大を考えるならば、輸出も念頭におく必要があった。

東映が従来持っていた海外市場は、ハワイと米軍占領下の沖縄であった。しかし、一九五七年に東映は、『鳳城の花嫁』をタイへと輸出し、以降東南アジア諸国への輸出を重視し始めた[7]。一九六〇年には、東南アジアの配給網を押さえるショウ・ブラザーズと、年間一五本以上の輸出契約を締結し[8]、その翌年には年間三本程度の合作協定も結ばれた[9]。ただし邱淑婷によれば、ショウ・ブラザーズが東映作品の香港ロケに協力した可能性はあるものの、正式な「合作」としては、完成した作品の記録は見当たらないという[10]。

また、一九六一年当時、東映京都撮影所で助監督を務めていた田宮武によれば、立ち回りの撮影などに力を貸して欲しいという要請がショウ・ブラザーズからあり、来日したスタッフとのロケに参加したが、これも「合作」ではなく、あくまで協力という形で、完成作品の日本公開もなかったという[11]。したがってこの時には、二社間の一定の交流はあったものの、「合作」という形式、すなわち共同出資と国際的な配給網の分配などの措置には至らなかったと思われる。

他の合作構想も、すぐには実を結んでいなかった。一九五四年に立案された、インドの企業パテル社との合作

企画は、翌年には製作費負担率と各地域の配収按分の問題で中止されていた。(12)

一九六〇年の大手六社地域別輸出映画本数を見ると、(13)総本数こそ東宝についで業界二位の地位を得た東映ではあったが、その七〇パーセント以上を沖縄と、ハワイを含むアメリカが占めていることには変わりがない。アジア圏への輸出本数も十数パーセントにとどまり、未だ日系文化圏主体の輸出市場構成だったと思われる。

この背景には、東映の既存の映画企画と営業力の限界性があったのではないか。

東映が外国企業との合作を本格化させるのは、後述するように一九六〇年代後半だが、これは東宝や大映など、海外進出に積極的であった他社に比べてかなり遅い。海外拠点の整備面でも、現地法人や劇場経営、総代理店の設置などを行っていた他社に比して、六三年一月時点でもロサンゼルスとローマに、市場調査と取引仲介を行う駐在員事務所を設置するに留まっていた。(14)他国企業との契約をとりまとめる東映の営業手腕は、当時の邦画界においても立ち遅れが目立つものである。

また、一九五〇年代を通じて東映に莫大な利益をもたらしていたのは、多彩な専属スターによる娯楽時代劇映画だったが、この路線は『羅生門』等が注目を集めた欧米圏で、必ずしも高い評価を得られなかった。一九五七年のニューヨーク日本映画見本市で、東映が出品した時代劇映画『旗本退屈男　謎の幽霊船』は、「アメリカ市場に不向」で「一般成人の鑑賞にたえず」「芸術的映画に非ず」といった評価を集める結果となった。(15)欧米圏での台頭が、東南アジアの配給業者に対するアピールにもなっていたことを考えれば、(16)これは実利的に問題であったし、また大川博自身が日本映画界を代表して洋行することもある以上、名誉的にも不本意だったであろう。

一九六〇年当時の東映外国課長であった新島博は、「わが社の時代劇作品の場合チョンマゲものであるため、チョンマゲ自体が奇怪な姿に映り、とくに武家制度の時代的背景が難解であるから、ヨーロッパ市場への輸出は、困難であると言わねばならない」と指摘していた。(17)比較的、従来の娯楽時代劇が受け入れられる素地のあった日系人社会や東南アジアとは別に、欧米圏向けには、それまでと異なる映画企画が必要とされたのである。

既に一九五七年七月には「現代劇強化委員会」が東映社内に設立され[18]、大作現代劇が次々と封切られた[19]。これは国内市場でも興行力が弱い現代劇の製作を、企画面で強化しようとしたものであった。この年公開の現代劇のうち、『米』は、従来の東映作品を大きく上回る輸出成績をあげた[20]。新企画の模索は、海外市場進出のための手がかりにもなったのである。

だが同時に、この現代劇群は、国内の興行において問題を残した。大川博は専門館へのアンケートから、既存の路線に通じるアクション路線や母ものが要求されていること、『純愛物語』などは観客に洋画ファンが多く、従来の東映作品の客層とは異なっていたこと、また内田吐夢の『どたんば』などは興行成績があまり伸びなかったことを、問題点としてあげている[21]。これは当時の映画興行が、映画会社ごとの作品傾向や専属俳優の存在を意識し、ブロック・ブッキング制によって各社に系列化された映画館へと足を運ぶ観客によって存立していたため、新たに現れた東映の大作現代劇が、必ずしも従来の観客層に受け入れられなかったことを意味していよう。

東映動画の設立は、このような企画の多様化が検討・模索される東映の中で、同時期に進められていた。

2 長編アニメーション映画の製作開始と輸出実績

アニメーション映画の製作を始めた動機を、大川博〔図①〕は教育映画をはじめとした国内市場に加え、海外輸出とテレビ放送という、二つの新たな市場への進出のためと説明している[22]。

アニメーション製作が海外輸出と結びつけられたのは、それが従来の「日本映画の非常な弱点」を解決しうると考えられたからであった。大川は、従来の邦画には「言葉のハンディキャップ」や「生活様式」の違いから、

「南米とか、ハワイ、沖縄、香港、シンガポール」などの既存市場とは異なる「アメリカの本国とか、いわゆる白人相手のところへはなかなか入れない」という問題があると考えていた。[23] より具体的には、以下のような点がその「ハンディキャップ」であった。

時代劇では殿さまが家来に向つて「ユウ」というのは変でしょう。それに「近う近う」と呼ぶ場合に「カムヒヤ」と言つても、さつぱりわからないです。[24]（笑）

こうした問題も、アニメーションならば言葉を「適当に直せる」というのが、大川の認識であった。だが、その妥当性には留意する必要がある。大川によれば、時代劇の問題は、企画の性格ではなく「風習」や「言葉のハンディキャップ」によるものとされている。ところが、まさにこの時期、欧米圏の映画祭で常連になっていた他社の作品には、時代劇が少なくなかったのである。

図①　大川博

日本映画見本市で『旗本退屈男　謎の幽霊船』が不評だったのは、映画に表れる文化的差異が欧米人に理解し難いからではなく、芸術性が見出されなかったからであった。したがって、欧米圏での評価を高めようとするならば、「風習」や「言語」の問題ではなく、企画内容こそが検討されるべきだったはずである。実際、現代劇では企画内容の再検討が、輸出の成果につながっていた。

ところが実際には、東映動画の初期の長編は、日本や中国の古典を翻案する路線になった。最初の長編は、香港企業との合作案から始まったため、『白蛇伝』という中国の古典が取り上げられた。[25] しかし合作自体は実現せず、この企画は東映の単独製作へと変わった。さらに以降数作の長編でも、東洋の古典を翻案する路線が続く。しかしこれらは合作構想によった企画ではなく、高橋勇や渾大防五郎《こんだいぼう》といった、東映本社の時代劇映画の企画者たちによるところが大きかった。

時代劇映画の企画者の影響下にアニメーション映画が置かれることは、それとは異なる企画を必要とした輸出用の構想とは、本来ずれた結果であった。これは営業拡大のための構想が、既存の企画者の構想によって、制約を受けたものと考えられよう。

しかし、それでも東映動画初期の長編アニメーション映画は、海外でも高い評価と実績をあげた。これについては、それぞれの映画祭開催国や輸出先市場での需要を検討する必要があるが、少なくともこの時期において、長編アニメーション映画を継続的に製作しうるスタジオが、世界的に見ても未だ稀有であり、その中で一定以上の水準に、東映動画の作品が達していたことを示す成果ではあろう。とりわけ一九五〇年代後半から六〇年代前半は、ディズニーのアニメーション映画の芸術的評価が低迷していく時期でもあり、東映動画の長編がその間隙に入りこんだ可能性も考えられる。

東映動画が製作した初期の長編アニメーション映画は、現代劇映画よりも、さらに高い輸出実績を残した。長編第一作『白蛇伝』は輸出収入九万五〇〇〇ドルを稼ぎ、南北アメリカ、西ヨーロッパ、台湾、東南アジア各地に輸出された[26]。また第二作『少年猿飛佐助』はMGM、第三作『西遊記』はAIPとの契約により、それぞれ一〇万ドルで輸出された[27]。これはこの時期までの東映作品で最高の輸出実績であり、アニメーション映画の製作は、東映の輸出促進策に適合していると考えられた。

収支の上でも、これらの輸出実績は大きな利益をもたらした。これら三作の製作費は四~六〇〇〇万円程度なのに対し[28]、『白蛇伝』の国内配収は八五〇〇万円[29]、『少年猿飛佐助』のそれは一億円以上とされているため[30]、東映は国内興行のみで資金回収を済ませた後、さらに輸出収入を得たことになる。

さらにベネチア国際児童映画祭では、『白蛇伝』が特別賞を、『少年猿飛佐助』がグランプリを受賞し、以降第六作『わんぱく王子の大蛇《おろち》退治』まで、東映動画の長編は西ヨーロッパの映画祭で受賞の常連となった(31)。

このような初期長編の国外における高評価は、完成したアニメーション映画の輸出だけでなく、海外企業との合作をも有望視させた。

『白蛇伝』の初期構想以外では、アメリカのアニメーション製作者であるH・ハーマンのヒッツ・インコーポレイテッドを提携相手とした合作協定が結ばれていた(32)。これは劇場用の長編・短編に加え、CM、PR映画、テレビシリーズ等のアニメーション製作に関する包括的なもので、いずれも作画以前のシナリオ、音楽、ストーリーボード等はハーマン側で用意し、それ以降の工程を東映動画が行うという内容であった。劇場用作品の配給権は、日本と沖縄地域について東映が、それ以外の地域はハーマンが保有するという形式だった。長編作品では「キングアーサー」「アラビアンナイト」などが予定されていた(33)。これらの合作構想は、いずれも実現に至っていないが、東映動画の事業に、海外企業との合作という期待も寄せられていたことを示していよう。

この合作協定にあたり東映は、その狙いを、「ことばや風習の違いによる制約を受けることが少ない」アニメーションの特性を生かし、「輸出性向＝国際性」を実現するためには、ストーリーやキャラクターなど作品内容が、世界中の誰にでも分かるものであるべきだと指摘していた。合作は、国際的な配給に乗り出すと同時に、「国際感覚」を得るための手法でもあった。

また、ハーマンとの合作協定との関係は不明だが、一九六二年七月に国内で封切られた長編第五作『アラビアンナイト　シンドバッドの冒険』は、同年六月の社長渡米に間に合わせるべく製作が急がれ、完成したフィルムが携行されて、試写とセールスが行われた。渡米目的には、輸出対策としてアニメーションの合作を検討することが含まれており[34]、実際に大川は、ＵＰＡとのテレビアニメ合作の話を持ち帰ったが[35]、この合作企画も実現に至らなかった。

長編四作目以降の輸出収入は、現在のところ記録の存在を確認できていないが、『わんぱく王子の大蛇退治』は、コロムビア映画により世界配給が行われた。また長編第八作『ガリバーの宇宙旅行』は、コンチネンタル・ディストリビューティングにより米国公開が行われた[36]。後者は「ニューヨーク市及びその近郊のみで、外国映画ではまれに見る実に二〇〇館もの劇場で拡大封切され、五日間の連休も幸いし、大ヒットした」と伝えられた[37]。

この頃までに東映動画は、長編アニメーション映画の海外における実績を蓄積しつつあったが、合作の実現には至っていなかった。むしろ合作が実現する前に、東映動画は製作体制の大きな転換を経験することになった。一九六三年元日より開始された、三〇分枠で毎週放映される国産テレビアニメシリーズ『鉄腕アトム』の好調により、テレビ番組製作に追随せざるを得なくなったのである[38]。

3　テレビシリーズの製作開始と輸出

東映動画のテレビアニメシリーズ第一作『狼少年ケン』は、六三年七月から製作が開始された。テレビシリーズ製作に難色を示すベテランのスタッフに代わって、その依頼を受けた若手のアニメーター月岡貞夫は、独自の企画『狼少年ケン』を発案した。これは「ターザン」や山川惣治の絵物語などを参考に、他社のＳＦ路線とは異なる企画を立ちあげようとしたものであった[39]。

初期の国産テレビアニメシリーズの製作においては、番組の海外輸出による収入が、コスト解消のための重要な一要素を担うと考えられた。

国内のテレビ局や広告代理店から支払われる放映権料は、スポンサー企業が広告費として支えきれる額面に収まらざるを得ないため、実写作品よりもコストのかさむアニメーション製作に、十分な予算配分がなされるとは限らなかった。低廉な製作費にもかかわらず、各製作会社やテレビ局が虫プロダクションに追随したのは、海外販売による収益が注目を集めたからであった。結果として、虫プロダクションの『鉄腕アトム』、ＴＣＪの『鉄人28号』、東映動画の『狼少年ケン』などが、アメリカへと輸出された。ジャングルの野生児やロボットといった題材は、放映規模の大小はともかく、一定の価値を見出されたのである。

しかし東映動画のテレビアニメシリーズ第二作は、『少年忍者　風のフジ丸』という時代劇路線になった。これはスポンサーの藤沢薬品工業が、忍者ものをリクエストしたことによっていたという[40]。国内では未だ東映が、時代劇のイメージを強く持っていたことや、当時の映画・テレビメディアにおける忍者ブームの影響をうかがわせるエピソードであろう。

対して三本目のシリーズ『宇宙パトロールホッパ』は、東映動画において最初のＳＦ作品になった。この企画は当初、「竜の子プロダクション」の原案やキャラクター・デザインを利用し、制作実務の一部も委託する予定で進められていたが、権利配分をめぐって破談になり、プロデューサーの原徹が独自に持っていた企画「カッパ宇宙船」が結合することで成立したものであった[41]。本作もアメリカ輸出が行われた[42]。

『狼少年ケン』や『宇宙パトロールホッパ』のように、東映動画側から発生したシリーズが輸出実績を残したことは、このスタジオのスタッフが、有益な企画を構想しうると示した実例であった。これは、東映本社の企画構想から、東映動画の企画力が独立しつつあることを意味していただろう[43]。

テレビシリーズの輸出に関わるアメリカ視察も行われた。一九六四年末、企画部員である飯島敬と原徹は、『狼少年ケン』の輸出に際して渡米した後、様々な報告をもたらした[44]。

輸出対策としては、企画の方向性として「テレビでは無国籍で家庭に受入れられる性格のもの、長編ではオリエンタルなもの」がよいだろうと報告された。また、アメリカ側企業との合作については、製作コストの低廉さから相手側の利用価値は高いが、日本側の立場はその分不利になるため、確実に輸出できる作品を作る必要があり、そのためにはチーフ・アニメーターやライターを先方から招く手もあるとされた。ただし実際には、以降の東映動画の長編企画には、「オリエンタルなもの」より、むしろ国内のマンガ原作と外国文学の翻案路線が定着しており、海外スタッフの招聘も長らく実現しないため、こうした報告が即座に実を結んだわけではなかった。

当時の東映動画社長である山梨稔は、[45]一九六五年の年頭あいさつで、テレビ・劇場・輸出が東映動画の三本の柱として基調になること、そして長編の企画は「欧米のマーケットに基礎を置く」ことを宣言した。[46]六五年以降、山梨時代の東映動画が、明白に東洋的なモチーフや原案を用いた長編を製作することはなかった。

劇場用作品の国際的合作も、一九六〇年代には実現しなかった。それはむしろ、テレビシリーズで実現した。

4　六〇年代後半における合作の実現

一九六〇年代前半、東映動画のみならず東映本社でも、国際的な合作は、幾度も検討されながら、実現した事例に乏しかった。日本では六一年に封切られた『モーガン警部と謎の男』が、アメリカ側との合作と報じられたが、これは実質的には米国のテレビ俳優二人の出演料を、配給権の分配で代替したものであり、[47]企業間の合同出資例ではなかった。東映動画では同時期に、「アメリカ・インターナショナル社」との間に長編アニメーション映画二作の合作交渉が進んでいるとの報もあったが、これも実現しなかった。[48]

しかし六〇年代後半には、ようやく東映で本格的に合作が動き始める。六六年には『海底大戦争』、六八年には『ガンマー第3号　宇宙大作戦』と、ラム・フィルムとの合作による実写特撮映画が国内公開された[49]。六六年の年頭あいさつにおいて大川博は、関連事業の方針として「映画の輸出増大と合作映画の積極化」を掲げた。大川によれば、日本映画の輸出は五〇〇万ドルの年間予算を組んでいながら三五〇から四〇〇万ドルに留まっており、特にその中で東映が占める額は六〇から六五万ドル程度だった。この問題を解決するため、大川はアニメーション製作を再度重視した。「日本の映画で今後もっと外貨を獲得できるものがあるとすれば、それは動画だ」というのが、その認識であった[50]。

ただし、ここでの大川の発言は、以前よりやや深まりを見せている。アニメーションが言語や生活様式のハンディキャップを持たない「インターナショナルなもの」だという認識は変わっていないものの、それが「なかなかうまくいっていない」原因は「企画にある」のであり、「インターナショナルな企画を取り上げていけば、動画はもっと発展する余地がある」と指摘したのである。そして大川は、日本映画輸出振興に関する国会審議をにらみ[51]、もしそれが実現するならば「思いきった動画を作って」みたいと表明した。

東映動画が海外企業との合作を実現させたのも、一九六六年のことであった。この年三月に、アメリカのビデオ・クラフト・インターナショナルとの間に合作契約を締結し、テレビアニメシリーズ『キングコング』および『001/7　親指トム』の製作が開始された。製作順では東映動画初のカラーテレビアニメとなった。

ビデオ・クラフト・インターナショナルは、ABCのディレクターであったアーサー・ランキン・ジュニアが、ジュールス・バスとともに立ち上げたプロダクションであった[52]。ランキンは六〇年代初頭には、人形アニメーションを製作するMOMプロダクションへの発注を行っており[53]、また東映動画に続いて虫プロダクションとも契約を交わすなど、日本のアニメーション業界に少なからぬ影響力を持っていた。

前記二作を組み合わせた番組は、六六年九月からABCで放映された。日本での新聞報道によれば、この初回放映は、四四パーセントの視聴率をあげた[54]。日本国内では同年の大晦日に、NET系列で特番『世界の王者キングコング大会』が放映され、さらに翌六七年四月から半年間、同系列で、やはり二作を組み合わせたシリーズ放映が行われた。

次にビデオ・クラフト・インターナショナルは、六八年四月、単発番組『メイフラワー号の鼠』の製作契約を、東映動画と交わした。これもABCで、同年一〇月に放映された。

六九年一月には、さらに同社との合作『スモーキー・ザ・ベア』の製作が開始された。東映動画が受注したのは全一七回で、九月からアメリカのCBSで放映され、初回に四二パーセントの視聴率をあげた[55]。

東映アニメーションの社史は、後続の二作について、日本放映はなかったとしている[56]。しかし一九七九年に同社が発行した会社案内の作品リストには、『メイフラワー号の鼠』がNTVで、『スモーキー・ザ・ベア』がNHKで放映されたとある[57]。このうち前者は六九年三月二九日にNTVで放映されている[58]。

また、『スモーキー・ザ・ベア』については、一九七〇年の東映動画の「累計製作原価」表に「国内版」の内訳が記されており、国内放映用の素材が製作・販売されたことは確かである。これに該当すると思しき作品は、NHKが日曜夕方に、児童向け海外番組を組み合わせて放映したプログラム「少年映画劇場」の中に確認できる。この番組内で、一九七〇年一〇月一八日から七一年二月二一日まで『進めや進め！　スモーキー』という番組が放映されている。新聞報道によれば、「アメリカのABCネットワークで昨年の九月から放送され、全米の少年少女の人気をさらったアニメーション」であった[59]。アメリカでのネットワーク局に関する記述こそ異なるが、放映開始時期と回数は社史の記述と一致すること、主人公が森林警備隊の熊スモーキーであること、日本での放映局がNHKであることなど、これが該当する可能性は高い。

ただしこの記事は、アメリカ製番組の日本放映として書かれている。NHKはあくまで海外番組として放映権

を購入し、その放映素材が国内業者である東映動画によって製作・納品された可能性も推測できる。(60)

先述の「累計製作原価」表によれば、『スモーキー・ザ・ベア』国内版の製作によって、東映動画が得た収入は、一話あたり七〇万円である。本作は一話一〇分であるが、当時、カラーで三〇分枠のテレビアニメ製作によって東映動画が得ていた収入は、おおむね、三五〇から四〇〇万円程度であり、時間の長さから単純に国内版の収入額を三倍して比較すると、きわめて少額である。したがって、この収入は放映権料ではなく、あくまで日本版放映素材の製作費であった可能性があろう。

5 六〇年代の東映動画における合作の実態

六九年の「累計製作原価」表によれば、『スモーキー・ザ・ベア』の受注額の合計は八八五六万円弱、一回あたり平均で五二〇万円強である。一方でその製作に費やされた原価は一億一六七五万円強であり、一回あたり平均では六八七万円弱となった。先の基準と比べれば、国内向け番組より高額の費用が投じられていたと分かる。原価内訳を国内向けカラーテレビシリーズと比較しても、ほとんどが高額になっている。例外はきわめて少額な「原作脚本費」と、まったく出費のない「音楽費」、ほぼ変わりのない「技術費」の三項目のみである。このうち前二者は、それらがビデオ・クラフト・インターナショナル側で用意されるものだったからであろう。したがって、本作海外版製作の単年度収支は赤字になった。すでに東映動画の製作コストは、アメリカ側企業との合作であっても、下請受注のみでは利益をあげえない水準に達していたのである。

翌七〇年の国内版製作では、「企画費」「原作脚本費」「フィルム費」「製作諸掛費」のみが出費され、総売上高の一一九〇万円に対して、製作原価は三一二万円強に留まったため、単年度では黒字が出た。しかし繰越赤字二八一九万円強を補塡するには及ばず、二千万円弱の赤字が残った。

山梨稔は『キングコング』と『001/7 親指トム』の製作時から、「多少の損はあっても東映動画の名を売ろう」という意図のもとに「金銭的な不足分は日本での放映の収入でカバーする」と述べていた[61]。これは国内収支の赤字を輸出収入で補塡しようとするのとは逆の構想であった。

『キングコング』と『001/7 親指トム』の時点で、どの程度の利益があがったのかを示す一次資料は、今のところ発見できていない。ただし、一連の合作で東映動画側の製作担当を務めた原徹によれば、この二作は国内放映を含めて約六〇〇〇万円の利益を上げたという[62]。元請け側から得られる製作収入のほかに、東映が日本でのテレビ放映権を取得し、番組が実際に放映されれば、利益があげられる構造だったことになる。つまり、作品の権利保有の度合が、収支に大きな影響を与えていたのである。

であれば、国内放映である程度の人気を見込まれる企画であることが、合作においても重要になる。放映しにくい作品の権利を購入することは、事業としてリスクが高いからである。

しかしランキンとの合作は、いずれも発注者側に企画・製作の主体があり、そのキャラクターや題材も、必ずしも日本を前提に用意されたものではなかった。キングコングであれば、東宝の合作怪獣映画による知名度があったが、後続作品は、日本でなじみ深い企画ではなかった。

当初、大川博は、合作に際しては人件費の安さと技術力をアピールし、企画は相手側企業のものを使う構想を抱いていた[63]。ハーマンなどとの合作協定も、これに一致している。したがってテレビシリーズの合作は、その構想の実現ではあった。しかし、企画上で受動的になることは、海外企業からの受注額と国内の放映権料の合計で利益をあげる構造下では、不利益をもたらしかねなかったのである。

また、当時の東映と東映動画において、合作の企画・製作をめぐる交渉には、組織上、二重構造が生じていた。

海外販売契約や合作協定の締結自体は東映本社が行い、動画製作は東映動画が行っていたからである。

原徹によれば、合作の契約自体は「本社の外国部がやる」のだが、「現場からの意見を言わないと、彼らはわからない」ので、具体的な調整は自分でしていたという(64)。本社の海外契約担当者と東映動画の製作担当との間には、アニメーションに関する知識の乖離があり、作品製作を取り仕切るのが後者である以上、前者が製作現場の状況を踏まえて合作交渉をとりまとめることは困難だったろう。また逆に、動画側のスタッフに海外視察の経験があっても、本社側の権限である契約交渉に介入することにも限界があったろう。これは東映本社と東映動画の、アニメーション製作をめぐる二重構造ゆえの非合理性と言える。

合作の実務を取り仕切る原に対し、やがてランキンは独立をもちかけるようになった(65)。そして原は、一九七二年二月に海外からの下請け制作を主要な事業とするスタジオ「トップクラフト」を設立し、ランキン側の仕事を皮切りに、八〇年代初頭まで合作を続けた。

この独立と入れ替わるように、東映動画における海外企業からの受注は、一度途絶える。合作製作の具体的な枠組みと人脈が社外へと流出したこと、さらに『スモーキー・ザ・ベア』が、国内版の製作を含めても累計赤字に終わったこと、そして七二年の人員整理に象徴される、東映動画の製作規模縮小方針などが、合作が途絶えた東映動画側の要因として考えられる。また、七一年のドル価格三〇八円への引き下げ、そして七二年の変動相場制への移行も、要因たりえよう。

七〇年代半ば以降、東映動画は逆に韓国等への発注を行うようになる一方で、海外からの受注は、アメリカでアジア圏への発注が常態化する八〇年代に入るまで再開しないのである。

おわりに

東映動画株式会社の発足は、東映本社の企画内容と、海外市場を含めた営業の拡大が模索された中での、ひとつの施策として行われたと考えられる。初期の主要な役割である長編アニメーション映画の製作は、その期待に応え、国内のみならず海外における収益と受賞を東映にもたらした。

しかしその発足理念には、構想上の曖昧さが見てとれる。自社の主要な製品である時代劇映画の輸出上のハンディキャップを、企画内容ではなく言語や風習の文化的差異によるものと捉えた観点は、どのような作品を製作すべきなのかを分析するより、アニメーション映画という目先の変わった手段によって、それまでと同じ発想の企画を具現化する方向へと、東映動画の長編を導いた。企画者グループの構成も、それを強く規定した。

にもかかわらず、その長編が、しばしば海外において成果をあげたことを見ると、東映動画で合作が長らく実現しなかった背景に、国際的な知名度や技術力の問題があったとは考えにくい。むしろこれは、海外との契約をまとめる東映本社の力量が未成熟な段階にあり、それが本来、国際的な市場を視野に入れて始められたはずの動画事業にも、影を落としていたものと思われる(66)。

東映動画の作品が、劇場・テレビともに、六〇年代後半にどの程度の輸出成績をあげていたのかを示す体系的な資料は公開されていない。しかし、大川博が死去する七一年までに、輸出によって安定した利益がもたらされていたとは考え難い。

もとよりこの時期、輸出・合作等の契約は東映本社が行うものであり、子会社である東映動画に、直接的な利益配分があるわけではなかった。しかし東映本社の利益も、決して大きいものではなかったようだ。

六七年の大川博の年頭あいさつでは、「動画事業の体質改善と合作・輸出の促進」が掲げられ、「東映動画のスタジオはディズニーに次いで世界で二番の設備を誇っているのだから、売上げの方も世界で二番日になっていい筈だ。動画は企業として大変むつかしいものであるが、それだけに軌道にのれば東映のドル箱になる可能性を充分に持っている。漫画は海外市場開発の花形であるから、これからは海外でも評価されるような立派な企画を立ててもらいたい。また外国との合作も積極化してゆきたい」と述べられている。[67] 継続的な利益が輸出・合作によってあげられていれば、こうした発言にはならないであろう。

また、七二年に人員整理を行った東映動画は、指名解雇をめぐる労使間裁判において、数年間の経営状況を説明した。その準備書面によれば、輸出に関しては本社が行ってきたものの、七二年上半期の長編輸出収入中に占める配給諸経費は、九二パーセントに達しており、輸出一件当たりの平均純利益は六万五〇〇〇円弱で、作品別に見れば経費が収入を上回っているものも半数近くあった。またテレビアニメの輸出も、その利益はごく薄いもので、収入中に占める原価率が八八パーセントに達しており、一話あたりの純利益は三〇〇〇円に満たなかった。このような内訳を見ると、そもそも初期長編の輸出収入も、その内の何割が必要経費によって構成されていたのかという疑問が浮かぶ。

東映の持つ、海外販売・合作交渉の手腕の未成熟さや企画構想上の問題と、本社と東映動画に分割されて進まざるをえない業務という組織上の問題が重なることで、大川博時代の東映における動画事業は、国際的な意義を期待され、また一定の成果を挙げながらも、それを生かしきれなかったと言える。

経営合理化後の七〇年代後半、東映動画はテレビシリーズの独自海外販売に着手し、欧米圏の見本市への出品による販路拡張を行うようになった。[68] ただしこれは、国内向けに製作された番組のフィルムと海外版権の販売を行う二次利用であった。

むしろ当初から輸出を見込んだ場合には、企画内容と市場の不一致の問題が、やはり浮上した。テレビシリーズ『UFOロボ　グレンダイザー』の、フランスでの高い人気を受け、当初から輸出を考え企画された『円卓の騎士物語　燃えろアーサー』は、日本での放映枠がSFロボット路線のものだったこともあり、視聴率が伸び悩み、新シリーズへの仕切り直しを余儀なくされたという[69]。欧米向けを想定した企画が、国内放映におけるヒットを保証するわけではないから、どちらに軸足を置くにせよ、その方向は二重性に悩まされたのである。

あるいはこれは、現代日本のアニメーション産業にも通底する問題であるのかもしれない。二〇〇〇年代、多くのメディアが「クールジャパン」を喧伝し、「日本製コンテンツ」の世界的優位を自明のように繰り返し語ったが、実際には大きな利益をあげることはできなかった。現在でも、流通経路の整備やマーケティング、現地企業との合作といった事業枠組みの模索が続けられているが、この経路はかつて、東映動画がたどったものであるようにも思える。

商業アニメーション製作は分業によって成立するため、しばしばその実務は国際的な枠組みで構成される[70]。また、様々な形で完成した作品が他国へと波及し、多彩な受容を生み出すことがある。このようなことから、アニメーションという文化は、国家の枠組みを、容易に越えうるものだと考えられるかもしれないが、実際には多国籍化による企画の多重性を、いかに構想するかという問題が、常に立ちはだかるのである。これは国ごとの政策や慣行の枠組みが、本質的なものではなく構築されたものであるがゆえに、それだけ根深いものとして作用するということであろう。

（1）木村智哉「東映動画株式会社の発足と同社アニメーション映画の輸出に関する一考察」、『演劇博物館グローバルCOE紀

要　演劇映像学』二〇一二年。

（2）大川は一九五一年に東映株式会社の社長に就任し、七一年に死去するまで務めた。また、五六年から六四年までは東映動画の社長を、六四年以降は会長を務めた。ただし東映動画の長編の「製作」クレジットは七一年まで一貫して大川博であった。

（3）通商産業省編『映画産業白書』一九六三年、三八頁。

（4）「調査と資料――日本映画輸出市場としてのハワイ」、『経済と外交』一九五一年一〇月二一日号、一一五頁。

（5）邱淑婷『香港・日本映画交流史――アジア映画ネットワークのルーツを探る』東京大学出版会、二〇〇七年、一五二―一五四頁。

（6）前掲『映画産業白書』一八―一九頁。

（7）新島博「東映映画の輸出の現況」、『とうえい　東映株式会社社内報』一九六〇年九月号、四―七頁。

（8）東映株式会社編『東映十年史』一九六二年、二六八頁。

（9）「東映とショウ・ブラザーズの合作協定成立」、『連合タイムス』一九六一年八月二八日号、一面。

（10）邱、前掲書、一八九頁。

（11）田宮武氏へのインタビュー（二〇一五年三月六日実施）による。

（12）『映画年鑑　一九五六年版』時事通信社、一九五六年、一四六―一四七頁。

（13）前掲『東映十年史』二六三頁。

（14）前掲『映画産業白書』一一八―一一九頁。

（15）小出孝「ニューヨーク日本映画見本市より」、『キネマ旬報』一九五七年二月下旬号、五五頁。小出孝「ニューヨーク「日本映画週間」の反響」、『キネマ旬報』一九五七年三月上旬号、七三―七五頁。

（16）邱、前掲書、一五三頁。

（17）新島、前掲稿。

（18）『映画年鑑　一九五八年版』時事通信社、一九五八年、二四五頁。

（19）前掲『東映十年史』一三八頁。

（20）前掲『映画産業白書』一〇〇頁。

(21)大川博「東映娯楽映画論」、『キネマ旬報』一九五七年一一月下旬号、五九―六二頁。
(22)大川博「東映動画株式会社の発足に当つて」、『東映教育映画ニュース』第一四号、一九五六年一〇月二〇日、一頁。
(23)大路真哉『東映王国を築いた――大川博半生記』政経日報社、一九五八年、一二七頁。
(24)大路、前掲書、一三二―一三三頁。
(25)「東映と香港が合作映画　長編漫画『白蛇伝』」、『読売新聞』一九五六年六月二七日（夕刊）、四面。
(26)前掲『東映十年史』二七〇頁。
(27)前掲『東映十年史』二五〇―二五二頁。
(28)前掲『東映十年史』二四六―二五三頁。
(29)前掲『東映十年史』一五二頁。
(30)前掲『東映十年史』一六八頁。
(31)『東映アニメーション50年史――1956―2006　走り出す夢の先に』東映アニメーション株式会社、二〇〇六年、一三四頁。
(32)このH・ハーマンは、ワーナー等でのアニメーション製作の経歴を持つ旨が記されていることから、ヒュー・ハーマンではないかと思われる。
(33)『とうえい　東映株式会社社内報』一九五八年六月号、一―二頁。
(34)『合同通信』一九六二年五月一七日（第八六五四）号、一頁。
(35)『合同通信』一九六二年六月二二日（第八六八五）号、三頁。
(36)前掲『東映アニメーション50年史』三一―三三頁。
(37)『合同通信』一九六六年一一月二五日（第一〇〇〇九）号、三頁。
(38)国産テレビアニメシリーズの開始時の経緯については、木村智哉「テレビアニメーションの国産化と初期事業の形成――一九六〇年代日本のアニメーション制作会社とテレビ局を例に」（『東アジアのクリエイティヴ産業――文化のポリティクス』森話社、二〇一五年）を参照。
(39)「月岡貞夫インタビュー」、『まんだらけZENBU』第五八号、二〇一三年三月、三二六―三二七頁。
(40)「白川大作インタビュー（六）『風のフジ丸』と「東映まんがまつり」の始まり（東映長編研究　第一四回）」。http://

www.style.fm/log/02_topics/top041213.html（二〇一五年三月八日最終閲覧）。

（41）『東映アニメ　モノクロ傑作選Vｏｌ．２　パトロール・ホッパ　宇宙っ子ジュン』ブエナビスタホームエンタテイメント、二〇〇五年、映像特典所収の原徹インタビュー。

（42）「テレビ・マンガ不況もＫＯ　商標権でごっそり」、『読売新聞』一九六五年一〇月一七日（朝刊）、二〇面。

（43）一九六一年には、それまでの一時期、本社動画部内に置かれていた企画課が、東映動画の機構内へ異動している。

（44）『どうが　東映動画社内報』一九六五年一月号、三―一〇頁。

（45）山梨稔は、満映・東宝を経て新東宝の専務となり、新東宝倒産後に東映へ移籍。六四年から七一年まで東映動画の社長を務めた。新東宝倒産前には、第二東映との合併交渉も担当していた。

（46）前掲『どうが』二頁。

（47）『映画年鑑　一九六二年版』時事通信社、一九六二年、一一六頁。

（48）前掲『映画年鑑　一九六二年版』一一六―一一七頁

（49）ただし『ガンマー第3号　宇宙大作戦』の監督を務めた深作欣二によれば、本作は当初、東映が日本で封切る予定はなく、ラム・フィルムがＳＦ映画の企画を低コストで実現させるために、アクション映画の経験がある東映の撮影所施設とスタッフを利用した「完全な下請け」の企画だったという。深作欣二・山根貞夫『映画監督　深作欣二』ワイズ出版、二〇〇三年、一七六―一七七頁。

（50）『とうえい　東映株式会社社内報』一九六六年一月号、一二―一三頁。

（51）これは翌六七年の「社団法人日本映画輸出振興協会」設立につながる。

（52）ランキンが死去した際の訃報記事によれば、六〇年代には会社名を「ランキン・バス・プロダクション」に改称していたとある。http://www.nytimes.com/2014/02/05/business/arthur-rankin-jr-who-brought-rudolph-and-sarta-to-tv-dies-at-89.html?_r=1（二〇一五年三月八日最終閲覧）。

（53）森卓也「人形アニメーション合作史」、『定本アニメーションのギャグ世界』アスペクト、二〇〇九年。

（54）「アメリカで四四%の視聴率　「キングコングと親指トム」　東映動画、米との合作マンガ」、『読売新聞』一九六六年九月九日（朝刊）七面。

（55）「春休みに公開　東映動画大作　ちびっこレミと名犬カピ　ディズニーと競う」、『読売新聞』一九七〇年二月三日（夕刊）九面。
（56）前掲『東映アニメーション50年史』三九頁。
（57）『ＴＯＥＩ　ＡＮＩＭＡＴＩＯＮ'79』東映動画株式会社、一九七九年、三二頁。
（58）この放映日については原口正宏氏より情報提供を受けた。この場を借りて御礼申し上げたい。
（59）「米のアイドルがＮＨＫに」、『読売新聞』一九七〇年一〇月一四日（朝刊）二三面。
（60）このような事例は、いわゆる「日本アニメ」という、国籍による作品区分の境界線上にあるものであり、またそうした区分方法の自明性自体を問い直すものでもあろう。
（61）「ここに悩みがある　テレビ動画のアメリカ進出　全米ネットで暗礁に」、『読売新聞』一九六六年九月一七日（夕刊）一二面。
（62）原徹氏へのインタビュー（二〇一二年一月一三日実施、平成二三年度文化庁メディア芸術情報拠点・コンソーシアム構築事業、オーラルヒストリー・テストケース）による。
（63）「興行界の〝家康公〟　大川博東映社長にきく」、『週刊朝日』一九六〇年一二月一一日号、二八―三二頁。
（64）前掲、原徹氏へのインタビューによる。
（65）前注に同じ。
（66）東映に関しては、満映の関係者が多く在籍したことから、人脈的な連続性が指摘されるが、それが営業上の構想・手腕とどのような関係を持ったのかを検証することは、今後の課題であろう。
（67）『合同通信』一九六七年一月一〇日（第一〇〇四〇）号、六頁。
（68）「海外展開の歴史」、『ＮＥＴＷＯＲＫ　ＰＥＲＯ　東映アニメーション社内報』第五一号、二〇〇六年。
（69）赤星政尚・高橋和光・早川優『懐かしのＴＶアニメ九九の謎――東映動画編』二見書房、一九九五年、一〇五―一〇六頁。
（70）これは文化創造が国家の枠組みを超えて実現しているというより、むしろ各国ごとの企業が提携する形で構成されているものである。であればこそ各企業は、国家に政策枠組みの整備を求めるのである。
（付記）本稿は平成二五～二七年度科学研究費補助金（特別研究員奨励費課題番号二五・九〇二一〇）の成果の一部である。

11 台湾における日本映画の断絶と交流

一九五〇―一九七二

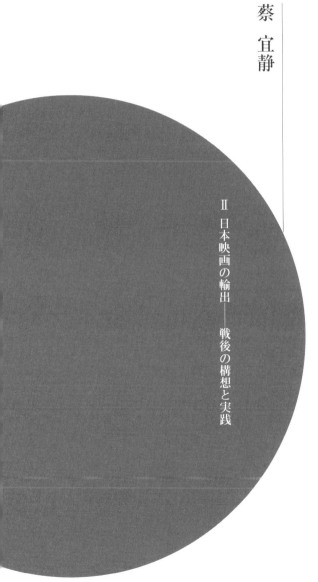

蔡　宜静

はじめに

第二次世界大戦終戦後の台湾における日本映画の人気については、すでにいくつかの先行文献に触れられている。たとえば、戦後最初の台湾映画史を書き上げた呂訴上はその著作において、日本映画がその当時数量面では圧倒的多数を占めていたアメリカ映画に比してなお一回ごとの観客数が実に二倍であり、一本ごとの純益もまたアメリカ映画よりも多かったことを認めている(1)。なぜ植民地支配を経験した台湾民衆が旧宗主国である日本の映画を好んで観覧していたのかについては、台湾の先行研究の諸見解をまとめてみると、日本映画は台湾語映画や北京語映画よりも製作水準が高かったという見方、日本映画を見ること自体を文化人的だと感じさせたという心理などが日本映画流行の主たる理由として浮上してくる。筆者は基本的にこれらの見解に同意する。

台湾における日本映画の輸入事情を究明するため、本章では一九五〇年から日台断交の一九七二年までの二十数年間に着目したい。そもそも台湾への日本映画の輸出は、「四七年八月一五日の民間貿易再開と同時に復活」(『映画年鑑　一九五〇年版』四九頁)、「五〇年度から新たに台湾、沖縄に向けての輸出が許可された」(『映画年鑑　一九五一年版』四二頁)という背景にもかかわらず、この時代にあって、台湾側代理商は日本映画配給のおかげで大金を儲けたという見方がほぼ定説になっている。こうした時勢の中で、筆者が特に関心を持ったのは、日本映画の台湾輸出の実態である。

日台双方の資料を参考にすると、日本映画の台湾への輸出時期は三段階に分けることができる。第一段階は、日本映画の輸入が再開された一九五〇年から「外国映画配給制度」の実施された一九五四年までの期間。第二段階は、日本映画代理制度（封切実績のある代理商に映画配給本数を確保する制度）が成立した一九五五年から台湾電影史上最大の贈収賄事件が起こった一九六二年までの期間。第三段階は、日本映画代理制度を解除し、一括購入による入札売却方式を採用した一九六三年から日台断交の一九七二年までの期間。そこで、まず台湾において輸入制限のかけられた日本映画の具体的な輸出本数に着目し、業者の利益を明らかにしたい。

一方、台湾の映画製作会社は、日本映画の人気を目の当たりにしたため、その映画製作の仕組みを学ぼうとしたのは当然想定できることであろう。台湾と日本の映画製作の交流活動について、視察のために五二年六月三日に渡台したラジオ映画社社長の赤星徳樹は、「中日合作映画については、中国政府（当時の中華民国＝台湾）も非常に乗気で、積極的な便宜供与の申出もあり有望だと思う。製作資金は中国側が持ち、機材、資材、技術を日本側が提供するという形で、中日合併プロを設立したい」（『映画年鑑　一九五三年版』六四頁）と語った。こうした背景を考えると、台湾の映画製作会社がどのようにして日本映画界へ合作を求めたのか、双方の交流活動はどのようなものだったのかを明らかにすることもできるだろう。そこで、次に台湾における日台合作映画の提携内容を整理し、日本から台湾の映画製作にもたらされた影響が何であったか、という点を明らかにしたい。以上、二つのプロセスを通して、台湾における日本映画との断絶または交流の様態を掘り起こすことを試みたい。

1　日本映画の台湾輸出の経緯

ここではまず、台湾側の資料としては『跨世紀台湾電影実録一八九八―二〇〇〇』（上・下、行政院文化建設委員会、二〇〇五年）を、また、日本側の資料としては『キネマ旬報』『ユニジャパン・フィルム・レポート』や『映画年鑑』などを中心に、台湾における日本映画の輸入本数、およびその取引金額に関する双方の記述を整理し、双方の記録の異同を明らかにしてみたい。

日本映画の輸入本数の推移

台湾で日本映画の輸入が再開されたのは、一九五〇年当時、連合国軍最高司令官総司令部の占領下にあった日本と正式に貿易を再開した後のことである。一九五〇年、日本映画は七本だけの輸入であったにもかかわらず、興行の成績と収益がともに外国映画の一位を占めた(2)。一九五一年からは「反共・反ロシア」的内容を含むと判断された映画にかぎって、一年間に二四本まで輸入を認められることとなり、一九五四年の「外国映画配給制度」が施行されるまで、二四本の輸入本数を保持した。ただし、三四本の輸入本数を保持している第二段階について、台湾側の資料には、一九五五年から輸入映画の許可本数は一〇本まで増えたと書かれているのに対し、日本側の資料には、「五八年度（五八年七月―五九年六月）から日本映画の輸入本数は年間三四本に増加」（『映画年鑑　一九五九年版』）という食い違いが読み取れる。ともかく、第二段階にあっては、日本映画製作会社の台湾における六大映画会社の代理会社もほぼ決定したが、この代理制度と配給制限が実施されて以来、映画産業界での紛糾が始まり、日本映画の密輸入を助長したと、先行研究が指摘している。そもそも日本映画の輸入配給額を入手したいという台湾の会社が一〇〇以上も存在したが、日本の映画会社は低価格で輸出したので、台湾代理商は大儲けしたと伝えられる。結局、毎年の認可輸入本数も需要を満たせなくて、一九五八から一九六〇年までの三年間に密輸入問題が深刻になり、政府関係者への賄賂事件にまで発展していった。一九六二年に五つの台湾日本映画代理商はそれぞれ五〇万元を出し、政府の関係官吏へ賄賂二五〇万元を贈ったため、利益を共有できなかった同業者の告発により、このことが明るみに出され、政府の「新聞局電検処」の官吏が汚職にからんで監察院から弾劾された。これは台湾電影史上最大の贈収賄事件へと発展していった。[3] この事件をきっかけに、新仕の電検処長・屠義方は、日本映画代理制度を廃止し、一括購入による入札売却方式を採用して、一時的に日本映画の配給収益金で国産映画への補導金奨励を図る、という案が出された。ところが、日本側は代理店からの通報を受け、台湾政府へ抗議し、関係が悪化した。こうして、実に三年間にわたる日本映画輸入のブランクが生じた。ともかく、第三段階の一九六五年から政府が逐年一〇パーセントまで外国映画の配給額を削減し、国産映画の製作振興を助けようとする方針を取り、日本映画の配給本数は、一九六六―六七年はそれぞれ二八本ずつ、一九六八年二七本、一九六九年二六本、一九七〇年二五本（以後二五本維持）と減っていった。

一方、日本側が公表している台湾の許可輸入本数の数字は、台湾の資料とほぼ一致している。ただし、日本側の資料は、邦画各社が年度ごとに所定本数を大幅に超過した作品（未発送の契約済作品を含む）を台湾に輸出した事実を示唆したものである。たとえば、第二段階における日本映画の輸出は年間二四本までに限定されたが、『映画年鑑　一九五七年版』には、「五五年度には一一〇本も輸出され、五六年度も上半期だけで七六本輸出されている」と記され、「ストックされている旧作品との交換に過ぎず、代金後払いのケースが多いため輸出本数がふえても輸出金額は微々たるものである」と所定本数以上の作品を台湾が輸入した理由が述べられている。実際に、『映画年鑑』の一九五一年版から一九六四年版までに記録された日本映画の輸出本数を見てみると、日本映画の配給業者が毎年、台湾の業者に規定の本数以上の日本映画を輸出し、一九五六年版以後の資料はほぼ一〇〇本規模の記録がうかがえる。こうした背景には、「未上映の日本映画が現地業者の手許にかなりストックされている」ためであり、この部分こそ台湾側の資料に言及された密輸入行為と関連していると考えても差し支えないだろう。要するに、台湾の映画商が新聞紙上で、配給に際しての不公正に黒幕が存在する、と訴えたりした動きも、政府側は上映に際しての規制をこまごまと設けたりするという対応も、こうした「ストックされている旧作品との交換」の裏事情と連動し、台湾側業者が日本映画の輸入で巨利を手に入れた事実と大きくかかわっていたのではないだろうか。

日本映画の上映純益に関する双方の資料の記述

ところで、一本の日本映画の上映収益について、台湾側の文献を参照すると、「一本のコスト三〇〇〇ドルの日本映画は台湾で上映すると、四、五〇万元の収益が得られるそうである」「すぐれた日本映画は、その権利を売ってから二年以内に一〇〇万元上下の収益が得られる」「一本の日本映画の配給権を売ると、数百万元の収益金を手にすることができた」「日本本土以外にも、香港、沖縄、韓国など、日本映画の密輸入先には事欠かなかった。一本につき一六─二〇万元の儲けがあった」などの叙述[4]がある。こうした上映純益に関する記述は、バラバラかつ不明瞭であったが、ともかく一本の日本映画は相場的に倍以上の収益が得られていたと言えよう。

しかし、日本の文献における上映純益の記述を見てみると、その増え方がいかにも異常な点がわかる。たとえば、『映画年鑑　一九五三年版』には、「日本映画は一本三千ドルだが、八千ドル程度の配収をあげている」と書かれていることから推して、一本の上映純益は相場的に倍以上だと推算できよう。ただし、同一九五八年版には、この年の二四本の配給本数の収益について「邦画の台湾市場における売上高は年間一〇万ドル内外」とあり、「公開制限本数がある限り、これ以上の増収は望めない」とも書かれている。この箇所から推算すると、一本の輸出映画の収益は元来は、一五〇万円しかないので、台湾の相場よりはるかに低いことがわかる。ところが、同一九六二年版には、台湾市場の六〇年度の輸出総額は三〇万一二四五ドルとの記述[5]があり、許可本数は一〇本増えただけで、収益がいきなり三倍も増えたという事実がうかがえる。こうした不自然で理屈が合わない儲け方の記録から、日本の映画配給業者は台湾市場から格別な輸出収益が得られていたものと考えられる。彼らと台湾の業者との間には、何らかの不文律的な協定、または共謀関係があったと考えても差し支えないだろう。

「入札制度」の導入にかかわる日台双方の多様な立場

もともと、日本映画の輸入割当をめぐって、現地業者間に紛争が起こったので、政府は事態収拾のため、「保有実績主義」へと輸入割当方針を改め、日本映画の年間輸入割当本数を二四本までに限定し、邦画六社の台湾市場への輸入本数は一社当たり四作品に限定された。しかしながら、前にも触れたように、一九六二年以前の代理制度がまだ有効であった時期に、台湾の代理店が日本映画の配給枠を適宜運用し、政府の所定輸入枠を超えてもなお自由に日本の配給会社からほかの日本映画を輸入し、さまざまな策を弄した。のみならず、許可済みの他の映画とすり替えて上映していたことが推し量れよう。また、台湾の代理店が行っているこうした行為に関して、日本の配給会社は、そうした事実を知っていながら、敢えて知らない振りをしていたのではないだろうかと考えられる。こうした共益の関係を問題視する台湾政府側が、一九六二年に台湾の映画代理店とそれが取り仕切る代理制度を廃止しようとし、毎年三四本の輸入割当本数を一括購入の上、公開入札するという割当入札の原則を決定するべく動き出しているのも、「入札制によって年間二一〇〇万元の権利金収入を見込」み、「一作品二〇〇万円から三〇〇万円の利益がある日本映画を国府が取り上げ」たいとの意図しか読み取れない（『映画年鑑　一九六三年版』）。つまり、台湾政府側の「入札によっても日本の映画製作者の配給総収益金には何らの影響もなく、入札弁法施行後は当国の映画業者に利益を均しく潤わしめるという機会を与えるとともに、過去において少数の業者が利潤を独占していた弊害をも併せて除くこととなろうとみている」という公的見解にしたところで、結局のところ、利益本位の行動と見なせよう。もちろん、こうした「入札制度」の導入に対して、台湾代理業者と日本邦画業者ともに反対の声をあげ、前者が実績主義に立ちつつ、旧代理店に優先的に割り当てる代償として「一本あたり五万元から二〇万元の権利金を政府に納入させる」という提案を出したのに対し、後者も反対の意向を決め、日本映画製作者連盟の池田義信事務局長と日本映画海外普及協会の黒田豊知支配人がわざわざ日本から訪台し、「井口日本大使の協力を得て台湾政府と折衝した」（『映画年鑑　一九六三年版』）のである。台湾代理商業者は許可済みの他の映画とすり替えて放映するという、いままでのパターンから来る収益を手放したくなかったものと考えられる。そして、日本側の配給関係者は、台湾の新制度施行により、自己の側の利益も危うくなるため、台湾配給業者との間になんらかの同調、さらには助言をせざるを得なかったものと推察できる。こうした三者三様の立場から各自の利益を死守すべく、さまざまな打算がうごめいていた状況が垣間見られる。

ところが、日本側の提出した要望書と妥協案の内容に、「六三年度分は一部は台湾の輸入業者の手を通じてもよいが、一部は日本映画業者が直接映画館と契約できるようにしたい」「台北に日本映画会社が支店を設置し、輸入割り当て本数三四本の四分の三は支店が取り扱う、残り四分の一は台湾側の輸入業者にまかせる」（『映画年鑑　一九六四年版』）などの箇所に対して、今度は台湾政府側や、さらには旧日本映画代理店以外の有力業者が支店の設置は絶対に認めない、と強硬に反対する意見を示した。こうして、この提案は立ち消えになったわけである。ここで興味深いのは、台湾において政府と旧日本映画代理店以外の有力業者以外にも、台湾の国産映画製作業者や、あるいは旧日本映画代理店以外の少数派業者も、実際には新入札制度と深いかかわりを持っていたように読み取れることである。こうした日本映画配給にかかわる日台双方の多様な立場から、日本映画輸入の取引の利益が半世紀に近い過去においていかに膨大であったかという事実が、改めて思い知らされよう。さきに触れた台湾側の資料における不揃いの収益金の純益と日本側の公表する輸出映画による収益金額に関して両方の記述を参照すると、台湾業者が日本映画の配給を奪い合い、台湾政府がそれに介入した理由もおのずと理解されよう。

ともかく、「入札制度」の提出された同年度の『ユニジャパン・フィルム・レポート』第六巻第七号（財団法人日本映画海外普及協会、発行者川喜多長政・堀久作、一九六二年七月三一日発行）にもいささか急ごしらえ的に「日本映画輸入問題に関する台湾新聞の評論」という特集が組まれている。これが単なる偶然であったとは考えがたい。『ユニジャパン・フィルム・レポート』がこうした入札問題が最も盛んに議論された一九六二年六月二七日から七月一三日迄の代表的な記事一五編をことさら収録していることの背景として、台湾の入札問題の動向をなるべくタイムリーに日本の映画配給業者に報告したい、という意味合いが込められていたものと解釈できる。同報告書の序言では「何故日本映画のみが輸入本数で格差のはげしい制限をうけ、上映日数、上映館で制限をうけ、広告、宣伝でも制約をうけ、その上さらに入札制と云う方法でその輸入を統制されるのか、その理由は種々あげることは出来るが、その解答の一つを現地の新聞評論の中に求めてみることも、台湾側の主張と、日本映画に対して根底に流れる意見と見解、そしてその態度を知る上で参考となる」と書かれている。日本映画の輸出実績自体は毎年一億円前後の収益と全く関係がない。にもかかわらず、こうした自明の事実をことさら追究しようとする日本側の態度は、日本の映画配給業者がこれまでの台湾における日本映画の密輸入の事情をすでに知っていた、という筆者の仮説を傍証していよう。

2　台湾における日台合作映画の提携内容

次に、この時期の日台合作映画について、踏み込んで考察したい。『映画年鑑　一九五三年版』によると、台湾の「製作会社は農業教育映画（劇映画）と台湾省電影製片（ニュース映画）の国策会社二社があるが、創立以来の製作本数は前者が六本、後者が一九本という程度で問題にならない」とあるように、この時代における台湾の映画製作が不毛であることがわかる。台湾政府教育部文化局の統計によると、一九六三年の民間製作会社は四一社であったのが、六年後の一九六九年には一二九社にまで増加している。これに対し、国営映画製作会社の数は終始、中央電影公司、中国電影製片廠、そして台湾省電影製片廠の三つの代表的な会社が維持されたのみである。また、それぞれの製作本数について、一九六三年に民間製作会社は一本、六年後の一九六九年に至って七六本ものカラー劇映画を製作したのに対して、国営映画会社は、同じくカラー劇映画を二本から五本へとごく僅かに増やしているに過ぎない(6)。この点から見て、国営映画製作会社はそもそも映画製作に対する熱意を――とりわけ娯楽映画における主眼ともいうべき創作性のある作品を製作するうえでの熱意を――著しく欠いていた、と言ってもいいだろう。

日台の合作映画に関して、筆者は主に黄仁氏の『悲情台語片』(台北・万象図書、一九九四年)および『日本電影在台湾』(台北・秀威資訊科技、二〇〇八年)の二冊の著作を参照し、その中に取り上げられた戦後製作の台湾の映画製作会社と関連する日台合作映画に着目し、また列挙された台湾の映画製作会社が日本から招聘した監督の作った台湾語映画の諸作品(台湾で撮影されたもの)も調査に加えるべき対象とする。そこで、日本人監督名、製作会社社名(共同投資、台湾側のみの投資)、映画作品名を製作年代順(もしくは台湾の封切日)に即しつつ整理し、「日台合作映画一覧表」(7)[表①]を作った。

この表にまとめた製作会社の関連情報から、日本人監督の製作した映画が本当の意味で日本の映画製作会社との合作によって製作されたものであるかどうか、つまり、日台双方の製作会社の間に実質的な交流があったかどうか、ということがおのずと知られよう。まず、製作会社名をゴチックにしたものは、日本の製作会社と台湾の製作会社の双方が投資する映画であったのに対し、それ以外は、台湾側製作会社が基本的に独力で製作した映画であったものと見なせよう。前者については、日本と台湾の製作会社の双方が投資する映画が台湾側の国営と民

図① 『紅塵三女郎』岩澤庸徳監督（左）と俳優たち

図② 1962年2月、『秦・始皇帝』の合作映画のために、大映社長永田雅一訪台（花を持つ中央の人物）

図③ 1962年9月『秦・始皇帝』の撮影のために訪日した台湾俳優帰国

営の両方ともあり、備考欄からも知られるように、国営映画会社と日本の映画会社との合作作品は、『秦・始皇帝』（中影）、『金門島にかける橋』（中影）、『香港の白い薔薇』（台影）、『バンコックの夜』（台影）の四本を数えるのみである。後者については、大部分の作品はすべて民間企業における日本との合作作品であり、台湾側の民間映画製作会社が日本人監督や技術スタッフを招聘し、台湾において映画を作ったため、広義の合作映画に含まれよう。ただし、この種の映画にあっては、日本人監督もしくはスタッフはあくまでも個人の立場から台湾語映画に参画・貢献したものと見なすべきであろう。黄仁は、「中日合作台湾語映画は、一九五〇年代の末期から、日本の映画監督らがはじめて台湾へ赴き、台製にて台湾語作品の制作を指揮するのをきっかけに、一九六〇年代、台湾語映画にあっては、中〔台湾〕日双方の合作が盛況となる」（前掲『悲情台語片』）と指摘するように、この表にあげた台湾語映画を作った日本人監督は、この頃アジアへ進出したという時代的背景がうかがえる。この部分について、筆者は後日新たな考究を加えたい。

一方、本格的合作映画には含まれないものの、台湾スターの日本映画出演の提携形式はこの時期の合作の一つの特色と見なせよう。たとえば、黄仁は「第一〇回アジア映画祭のときに、東宝・岩森雄、台製・劉芳、国泰・陸運濤による口頭での約束が、後日、蔡東華の斡旋で、台湾の張美瑤（一九四一―二〇一二）を日本へ呼び、一九六五年、台製と東宝の『香港の白い薔薇』

監督名	製作会社名	映画作品名	封切日	備　考
岩澤庸徳 （1912－1970）	長河公司	『紅塵三女郎』	1957.8.28	台湾語映画
	長河公司	『阿蘭』	1958	台湾語映画
倉田文人 (1905－1988)	台湾第一	『東京尋妻記』	1958.2.17	日本語タイトル： 『東京滞在七日間』
田口哲 （1903－1984）	長河公司	『太太我錯了』	1958.5.13	台湾語映画
小林悟 （1930－2001）		『東京之夜』	1962	
	東方	『試妻奇冤』	1963.1.18	邵羅輝監督も参加 日本語タイトル： 『沖縄怪談　逆吊り幽霊』『支那怪談死棺破り』
	大蔵			
	東方	『東京警匪戦』	1964.12.4	日本語タイトル： 『海女の怪真珠』
	大蔵			
		『神龍飛俠』	1968	台湾語映画
		『月光大俠』	1968	台湾語映画
田中重雄 （1907－1992）	中影	『秦始皇』	1962	国営 日本語タイトル： 『秦・始皇帝』
	大映		1965.4.10	
	東南	『我恨月常円』	1969	
	大映			
松尾昭典 （1928－2010）	中影	『金門湾風雲』	1962 （または 1963.8.20）	国営 日本語タイトル： 『金門島にかける橋』
	日活			
志村敏夫 （1914－1980）	天鷲公司	『女真珠王』	1963	
	天鷲公司	『愁風愁雨刈心腸』	1963.9.6	
森永健次郎 （1909－1994）	大東	『天倫涙』	1964	
	日活			
石井輝男 （1924－2005）	国際	『神火 101』	1965	日本語タイトル： 『神火 101　殺しの用心棒』
	松竹			
福田純 （1923－2000）	東宝	『香港白薔薇』	1965	国営 出演：張美瑤 日本語タイトル： 『香港の白い薔薇』
	台影(国泰)			

千葉泰樹 (1910－1985)	東宝 台影(国泰)	『曼谷之夜』	1965 (または 1966.7.14)	国営 出演：張美瑤 日本語タイトル： 『バンコックの夜』
鷲角泰史 (生年経歴不詳)	影都	『宝島桜花恋』	1965	台湾語映画
深作欣二 (1930－2003)	国光影業 にんじんプロ	『陸海軍大決闘』 (別名：『海陸空空闘』『白日之銀翼』)	1966.2.9 (または 1971.12.1)	日本語タイトル： 『カミカゼ野郎　真昼の決斗』
西条文喜 (1921－1988)	瑞昌影業公司 東映 琉球熊谷映画	『我的太陽』 (別名：『太陽是我的』	1966	日本語タイトル： 『太陽は俺のものだ』
湯浅浪男 (1927－？)	永新公司	『夜霧的火車站』	1966	
	永新公司 (永裕？)	『青春悲喜曲』	1967 (または 1966.6.5)	台湾語映画
	永新公司	『懐念的人』	1967 (または 1966.7.22)	台湾語映画
	永新公司	『難忘的大路』	1967 (または 1966.8.6)	台湾語映画
		『千曲川の絶唱』	1966	台湾語映画
	現代電影実験中心	『狼與天使』	1967	
	現代電影実験中心	『小飛俠』	1967	
南部泰山 (1916－？)	玉山	『霧夜的香港』	1967	台湾語映画 何基明監督も参加
船床定男 (1932－1972)	永聯影業公司	『銀姑』	1969	
福田晴一 (1916－1996)	国民教育電影公司出品	『龍王子』	1969	
日高繁明 (1916－？)	永裕公司	『劊子手』	1969	
山内鉄也 (1934－2010)	東影影業公司	『封神榜』上下	1969	

表①　日台合作映画一覧表

図④　大映の『秦・始皇帝』クランクアップした田中組。田中重雄監督（前列右端）

図⑤　『秦・始皇帝』ポスター

図⑥　『秦・始皇帝』勝新太郎

という中〔台湾〕日合作映画を撮影した〔福田純監督〕。その後、張美瑤は人気が出て、のちに東宝の『バンコックの夜』『戦地之歌』の二本へも出演した」〔前掲『日本電影在台湾』二二九頁〕と指摘している。このことからも知られるように、[8] この時期の台湾人の役者も、日本映画への出演で演技を学習し、成長を遂げることができたものと考えられる。

今回は日台の合作映画の差異を浮き上がらせるために、主に台湾の国営映画会社・中央電影公司と日本側との合作作品二本（『秦・始皇帝』〔図②―⑥〕、『金門島にかける橋』〔図⑦―⑩〕）、および民営映画会社・国光影業との合作作品一本（『カミカゼ野郎　真昼の決斗』〔図⑪〕）に着目し、双方の提携内容を考察し、合作映画における台湾の役割を考えてみたい。なぜこの三本の映画に着目するかというと、まず日本で映像を鑑賞することができるし、また日本側も投資したため、日本側の業者の宣伝にかかわる記録の資料も残されたので、日台双方の資料の比較で合作映画への実質的な貢献を公平に判断することができるためである。

まず、製作費の割合から双方の提携内容をみると、日本側からは製作資金やエキストラを中心とする人力支援などの面で台湾の製作会社に依頼しようとする意図があったことは否定できない。たとえば、日本側の資料から『秦・始皇帝』の製作費総予算は一五〇万ドルで、台湾側はそのうちの二〇パーセントにあたる三〇万ドル（台湾側の資料は四万五〇〇〇ドルを投

図⑦　1962年2月、『金門島にかける橋』のために訪台する日活経理江守清樹郎（左）と中影董事長蔡孟堅

図⑧　1962年9月、『金門島にかける橋』の台湾のクランクイン・セレモニー

資すると書かれている）を負担すると書かれている。双方の出した製作費に食い違いがあるのは、契約時の齟齬ともかかわっていると思う。ともかく、台湾側の支援は、日本の資料によると、「蔣介石総統の全面的支持をうけるという永田社長の政治的手腕によって国府軍十個師団、三万人、のべ二十万人の軍隊の協力、またのべ一万台にのぼる戦車の出演という、外国映画に優るとも劣らない大モッブ・シーンの撮影を行った」（『キネマ旬報』一九六二年一〇月上旬号、第三二四号）という部分を見ると、やはり、台湾は三万の陸軍を動員、逃亡する群衆が大軍に出くわす場面を撮影したため、その実際の製作費を補うニュアンスがあろう。また、『金門島にかける橋』の製作費負担は、台湾ロケに関する一切の費用は中華民国（台湾）側が、一方、日本国内の撮影に関する一切の費用は日活側が、それぞれ分割して負担する、ということが取り決められた。そして、『カミカゼ野郎　真昼の決斗』に至っては、製作費総額三〇〇〇万円を日台の両社が折半する旨取り決められた。それに対して、製作費負担の区分の合作条件は、完成後の配給権区分にも反映されている。『映画年鑑』によれば、『秦・始皇帝』については、「配給権の区分＝大映は日本、沖縄、韓国、中央電影は中華民国台湾省、フィリピン、香港、マラヤ、シンガポール、タイ、インドネシア、ビルマ、南ベトナム、その他の世界地域は純収入の八〇％相当額を大映、二〇％相当額を中央電影が取得する」とある。一方、『金門島にかける橋』について、「完成後の配給権区分

図⑨　日活の『金門島にかける橋』クランクアップした松尾組。松尾昭典監督（中）

図⑩　『金門島にかける橋』の石原裕次郎（右）と華欣

＝中華民国、香港は中国、日本、沖縄は日活が取得、その他の地域の配収は折半する」とあり、そして、『カミカゼ野郎　真昼の決斗』については、「配給は台湾側が沖縄、韓国を除く東南アジア地域、日本側がその他の世界全域（日本側の配給は東映）と決められた」との記述がある。ただし、実際に映画を見てみると、やはり三つの映画ともにスペクタクルのシーンがセールスポイントのため、台湾ロケにおける爆撃シーンのセット費や軍隊からの人力提供を考慮すれば、実際の製作費の大半も台湾側が負っていたものと考えられよう。

　ところが、できあがったこの三本の合作映画は、いずれも日本では順調に上映できたのに対し、台湾での上映に際して、まず検閲面で難航し、不許可となり、上映を禁じられた。あれこれ改善策を尽くしたうえ、『金門島にかける橋』は八ヶ月後、『秦・始皇帝』は二年六ヵ月後、『カミカゼ野郎　真昼の決斗』は五年六ヶ月後、日本での公開から大分遅れてやっと上映が許可されたのである。のみならず、政府機関までも糾弾の対象とされたため、中影の担当者が辞任させられることとなった。国営の二本の映画の場合は、「中影と大映の合作映画『秦・始皇帝』にもきわめて問題があるとし、わが国俳優の自尊心を損なうばかりか、中外合作撮影弁法に現定する条件にも合致しない」（『徵信新聞報』一九六二年六月二八日）、「日台合作の『秦・始皇帝』は日本語版で中国俳優は端役を演じているに過ぎず侮辱ものである」（『公論報』一九六二年六月二八日）とする世論の強い批判を受けた。

　また、『金門島にかける橋』に関して、「裕次郎扮する日本人船員と華欣扮する台湾娘が相思相愛となり、台湾娘が国府軍人を嫌つて船員のもとに走る」という物語に怒った台湾の国府軍部の意見に、「中央電影は、ストーリーの一部を変更、船員は中共軍の砲撃で死亡、台湾娘と国府軍人が結ばれるということにし、裕次郎扮する船員にはスタンド・インを使つて撮り直す」という騒ぎがあった（『日本と外国との合作映画』、『映画年鑑　一九六四年版』一二三頁）。一方、民営映画会社投資の『カミカゼ野郎　真昼の決斗』の上映が禁じられた理由は、「台湾を犯罪者の巣窟のように描き上げ、犯罪と強盗ばかりが横行するとしたため。または飛行機から降りた主人公が暗殺されそうになる場面も、台湾を中傷する内容と見られかねず、これでは到底上映させるわけにはゆかなかった」（『聯合報』一九六七年一月三〇日）である。台湾でのロケが大半だったから、撮り直しも思うにまかせない。台湾での上映が禁じられ、資金提供者であった民営会社の国光影業は東南アジア地域に配給しても元が取れず、かくて倒産の憂き目を見るに至った。

こうした不調な合作過程および大きな犠牲にもかかわらず、なぜ台湾側の映画会社は、日本映画会社との合作を次から次へと試みたのだろうか。その答えはやはり、日本側の技術者らの的確な指導により、これまでややもすればルーズだった時間的コントロールに関して、画期的な効率向上をもたらすことを台湾側が願ったためであり、事実、目に見える形で成果が得られたからである。『カミカゼ野郎　真昼の決斗』のロケ撮影で台湾へ来た深作欣二の以下の感想(9)は、筆者の説の傍証にもなるだろう。

カタ破りの製作を続けてカタ破りの赤字を背負い込み、ナンだカンだと取り沙汰されていた「にんじんプロ」が、どんな手品を使ったか、台湾の国

図⑪　『カミカゼ野郎　真昼の決斗』の高倉健（右）と千葉真一

光影業公司なる会社と合作企画をマトメ上げ、東映へ売り込んだ。〔略〕だからこそ、シナリオ・ハンティングもヌキで脚本をデッチ上げ、細部については万事アチラへ行ってから——という無責任流C調の構えで台湾に飛んだのだが、因果応報とはよくいったもので、映画には全然トーシローのくせに欲の皮だけは人一倍突ッぱったアチラの出資者と、劇用車のガソリン代についてまで「出せ」「出さぬ」と渡り合わねばならぬ羽目に追い込まれ、四苦八苦の体でヤットコサ台湾での撮影を終わった時には、当初二週間だった撮影予定日数を四十日以上もオーバーしてしまっていた。ところが、この仕事の中味は「身体あくまでも強健、行動性に富むが、その反面思考性に欠け、オッチョコチョイな」若者を主人公とするコミカル・アクションだが、どうやら私自身、多分にそのケがあることを今度の仕事で実感した。が、こうした属性は、だんだん閉鎖的になって行く日本の映画企業の中で、何ンとか映画を作り続けるためには、ある程度必要な条件だとも考えられる。そういうわけで、計画性を著しく欠いた仕事だったが、お蔭でいろいろ勉強になった事もタシカで今後も機会さえあればドンドン無鉄砲な仕事をして行こうと思っている。

深作のこうした回顧ぶりから推して、彼とともに仕事している台湾人のスタッフにとって、難航したこの作品の製作がある意味ではいい勉強になったということが見て取れよう。ともかく、台湾の民営映画会社にとって、撮影、美術、機材、資材、道具、録音といった幅広い分野での無形の技術を日本側が提供するという形で、台湾側にとって大きな学習の機会となり、台湾映画の製作水準がおのずと高められ、台湾における映画撮影上の人材が育成されていくことをも期待していたものと考えられよう。台日の合作を望んでいる台湾の民営会社だけでなく、国営の場合もそうであろう。この説は、中央電影公司が日本との合作映画で批判的な「輿論」を蒙ったのにもかかわらず、同社の幹部らが一九六五年七月一四日に至り、「毎年日本の日活と六本の合作契約を結ぶ案を通させた。近々日本へ正式契約を結ぶべく専務を派遣する」[10]旨、決定していた、ということからも傍証されよう。つまり、先進的手法に富む日本映画を導入したいとする考えが、彼ら幹部の間に根強く存在していたからこそ、経営側は「自社の国産映画を日本映画製作会社と何らかの形でかかわりを持たせさえすれば、その作品の台湾国内での売れ行きはおのずと向上され、配給面の成績も保障される」と確信し、合作映画づくりを引き続き敢行したのであろう。何より重要なことは、実際の合作プロセスを通じ、台湾の映画製作へ日本の進んだ映画製作上のノウハウが無形の資産としてもたらされた、ということではないだろうか。

まとめ

日本映画の台湾輸出の実態を、日本映画の輸入本数、およびその取引金額に関する双方の記述に着目し、その食い違いを考察してみると、台湾業者が日本映画の配給を奪い合い、台湾政府がそこに介入したという背景が存在したことが理解できた。そして、台湾の国営と民営会社の日台合作映画における提携内容を整理してみると、日本側の求めるものは台湾でのロケの人力支援や製作資金の支援などの面であり、一方、台湾側の求めるものは日本の製作会社からの製作提携や技術伝授などの面であった。前にも触れたように、日本側の技術者らの的確な指導により、映画製作の画期的な効率向上がもたらされている。それだけでなく、撮影に関する技術を日本側が提供した結果、台湾側は比較的労せずして大きな学習の機会を得たのであり、台湾映画の製作水準もまたおのずと高められ、映画撮影にかかわる人材が多数育成されたのである。

こうした日本映画の輸入が台湾の映画にもたらす影響について、台湾においては今も賛否両論がある。やや消極的な見方としては、陳儒修の「六〇年代に、台湾の映画産業にとって最も脅威となったものは、日本映画の配給枠であった[11]」、黄仁の「台湾語映画が一九六〇年代に再起した際には、五〇年代の制作量を超えていたが、これが一旦萎縮した理由は、日本からの密輸入映画を当局が一掃した結果であった[12]」などの言説が挙げられる。つまり、台湾の観客が日本映画を好んで見たため、日本映画の輸入が台湾の映画の製作にダメージをもたらしたと考えたのである。これとは対照的に、たとえば、葉龍彦の「台湾語映画は一九六五年に一〇〇本以上も製造され、競争し合っている」という見方があり、「国産映画が実際に日本映画の輸入で影響を受けていないことを証明した」という日本映画のもたらす影響に対する肯定的な意見がある。また、同氏の以下のような指摘も、日本映画が台湾で果たした積極的な役割をよく描いている――「六〇年代の台湾語映画は殆んど日本映画の内容からリメークしたもの」「台湾語映画の製作に、日本人監督、たとえば、岩澤庸徳、小林梧、湯浅波男、黒木城監督などを招来する」「台湾の役者も日本の俳優の演技の真似をする[13]」と。つまり、葉によれば、台湾の映画製作はむしろ日本の輸入映画から養分を得たからこそ、成長できたのだ、というのである。以上の二通りの見方は、どちらもそれぞれ当時における台湾の映画製作現状を如実に反映していると言えようが、今日の目からみればやはり、後者の見方のほうがより的を射ていよう。

ともかく、第二次世界大戦終了後の一九五〇年から日台断交の一九七二年までの二十数年間において、台湾における日本映画の輸入事情に着目すると、「戦後」台湾での日本映画人気は、殖民地経験をもつ台湾住民にとっての言語的・経験的な近接性に主として依拠していたことがわかる。そして、日本映画が台湾語映画や北京語映画よりも水準が高かったため、日本にあこがれる心理が日本映画を見ることを文化人だと感じさせた、また上の世代の影響で日本映画は洋画より理解しやすかった、日中貿易が盛んになるなかで若い世代が日本語習得に関心をもった、などの時代背景もうかがえよう。今回、遺憾ながら「日台合作映画一覧表」で取り上げた台湾の映画監督、邵羅輝（一九一九―一九九三）と何基明（一九一七―一九九四）の両氏について触れることができなかった。

彼らは台湾語映画に大きく貢献した林摶秋（一九二〇―一九九八）や辛奇（一九二四―二〇一二）とともに、日本に渡り、映画や演劇などの専門知識を勉強してきた[14]。こうした映画製作者は、日本で実地に学んだ方法を自己の作品製作のうえに生かしたものとおぼしい。具体的にはたとえば、日本映画に由来する題材の利用や映画技術の運用などであるが、詳細な点に関しては、引き続き今後の課題として考究していきたいと思う。また、本表に挙げたほかの日台合作映画の資料を入手することができないが、今後その提携内容を追究し、日本人監督は合作映画においていずれもどのような本領を発揮していたか、これらの合作映画にかかわった台湾側のスタッフの回顧談のほか、監督した台湾映画と彼らの製作した特定の日本映画に関連する文献をも探っていきたい。

（1）呂訴上『台湾電影戲劇史』台湾銀華出版、一九六一年、一〇七頁。

（2）日本映画の入場券の平均収益が一八四五元、アメリカ映画が一七三一元、中国映画が一五二五元と記録されている。

（3）『跨世紀台湾電影実録一八九八―二〇〇〇』（上、台湾行政院文化建設委員会、二〇〇五年、三二四頁）の記述によると、映画同業者らに非難されるところは、「日本映画発行の振込金が日本の私人代表処宛であって、日本の映画製作会社ではないということ」や「代理の名のもとに実際には売買を行っていること」などに向けられた（「一九五八年六月一三日日本映画代理制度で紛糾、映画商業公会内部分裂」）。

（4）黄仁・王唯編著『台湾電影百年史話』（中華影評人協会、二〇〇四年）、黄仁『日本電影在台湾』（秀威資訊科技、二〇〇八年）、葉龍彦『日本電影対台湾的影響一九四五―一九七二』（中州技術学院、二〇〇六年）、陳飛宝『台湾電影史話（修訂版）』（中国電影出版社、二〇〇八年）などの先行文献によると、そもそも日本映画の興行成績は台湾のどこの地域にあっても概して上々であった。

（5）日本映画の市場として最大だったのは、本来は日本の領土であった沖縄で、総額の実に三〇パーセントを占め、ついでアメリカが二〇パーセントを占め、台湾が邦画輸出先の一三パーセントを占めている。また、「劇映画／その他／合計（その他はニュース、短編、外画の合計、単位ドル）」の実績輸出金額は、「二九一九三〇／九三一五／三〇一二四五」と書かれている。

（6）黄仁「台湾主要的製片公司概況　一九四九—一九八〇」、『跨世紀台湾電影実録一八九八—二〇〇〇』上、二〇〇五年、一五—二〇頁による。

（7）この表を整理するに際し、主として映画監督ごとにまとめた。また、人名の下の生没年については、『キネマ旬報増刊日本映画監督全集』（キネマ旬報社、一九七六年）もしくはネット上の各種データベースによって補った。また、取り上げた映画の中国語題名は、黄仁のまとめた『悲情台語片』（万象図書、一九九四年）、前掲『台湾電影百年史話』『日本電影在台湾』を参照した。ただ、参照図書に食い違いがある場合は両方書き記した。日本語の題名がわかる場合は、「備考」に補足するようにした。

（8）ほかには、前掲『跨世紀台湾電影実録一八九八—二〇〇〇』においても、「一九六四年八月二六日　東宝・角田健一郎、監督・福田純、編集（プロデューサー）・池田一郎が訪台。台製と討論」「一九六五年二月二八日　台湾省電影製作と日本東宝合作映画、福田純監督の『香港の白い薔薇』クランクイン。張美瑤、山崎努、宝田明ら出演」「一九六五年六月二九日　台湾省電影製作場と日本東宝合作作品。千葉泰樹監督『バンコックの夜』クランクイン。張美瑤、加山雄三など」といった記述が散見される。

（9）『キネマ旬報』一九六六年五月上旬号、第四一四号（一九六六年五月一日）の『カミカゼ野郎　真昼の決斗』による。

（10）前掲『跨世紀台湾電影実録一八九八—二〇〇〇』上、四七四頁。

（11）「改変歴史的十年」、『跨世紀台湾電影実録一八九八—二〇〇〇』上、三一一頁。

（12）前掲『台湾電影百年史話』上、三三九—三四〇頁。

（13）前掲『日本電影対台湾的影響一九四五—一九七二』一三〇、一五八頁。

（14）張昌彦「台語片時代　一九五五—一九六一」、前掲『跨世紀台湾電影実録一八九八—二〇〇〇』上、二七—二八頁。

III 日本映画の広がり

戦後から二一世紀へ

〔前頁写真〕 Joseph L. Anderson and Donald Richie, *The Japanese Film: Art and Industry*,
Charles E. Tuttle Company, of Rutland, Vermont, and Tokyo, 1969

Ⅲ　日本映画の広がり――戦後から二一世紀へ

12『羅生門』の受賞とその後

ストラミジョーリとジュグラリスを中心に

古賀　太

はじめに

戦後、日本映画が海外に出てゆく過程で最初に大きな役割を果たしたのは、永田雅一《まさいち》（一九〇六―八五）、イタリア人のジュリアーナ・ストラミジョーリ（一九一四―八八）、フランス人のマルセル・ジュグラリス（一九二二―二〇一〇）、アメリカ人のドナルド・リチー（一九二四―二〇一三）の四人ではないかと私は考える。ストラミジョーリは、一九五一年のベネチア国際映画祭に黒澤明の『羅生門』が出品されて金獅子賞を取るお膳立てをした。大映の社長・永田雅一は、自社の『羅生門』の受賞を受けて、時代劇を輸出する計画を立て、『雨月物語』『山椒大夫』『源氏物語』『地獄門』といった作品をベネチアやカンヌに送り込んで受賞させた。マルセル・ジュグラリスは、一九五六年に外国語で初めての日本映画の本をフランス語で書き、その後も日本映画をカンヌを中心に欧州の映画祭に売り込んだ。ドナルド・リチーは、ジョセフ・L・アンダーソンと共に一九五九年に英語圏で初めての日本映画の本を書き、その後も日本映画の海外への紹介に大きな役割を果たした。

このうち、永田雅一とリチーについてはその存在はよく知られているし、本書でも最新の研究を読むことができる。しかし、ストラミジョーリとジュグラリスについての研究は少ない。ここでは、この二人を中心にその活動の意味を追いかけてみたい(1)。

1　ストラミジョーリの功績と〝神話〟

〝ストラミジョーリ神話〟をめぐって

このイタリア人女性は、ジュグラリスに比べると知られてはいるが、そこには〝ストラミジョーリ神話〟というようなものがある。一言で言うと、『羅生門』がベネチアに出たのも金獅子賞を取ったのも、すべて「ストラミジョーリさんのおかげ」というものだ。たとえば、田中純一郎は『日本映画発達史』でこう書く。「たまたま、日本に事務所を持つイタリ・フィルム社の社長ストラミジョリ（日伊交換女学生、京大で古美術、文学を研究）は、これを見てひどく心をひかれ、故国イタリアで毎年開かれるベニスの映画コンクールに、日本作品としてぜひ出品すべきだと、その旨大映に勧告した」[2]。その後には、本人の言葉を引用している。

彼女自身は受賞直後の『映画新報』五一年一〇月下旬号にこう書いている。「第一に、出品候補として二三の作品があげられたわけですが、私はいろいろの条件を考え合わして『羅生門』には自信がありました。これなら入賞の可能性が十分あると思ったのです。しかし、これは私だけのことで、しかも私は外国人だし、日本のその方面の人々には随分強い反対もありました。第一出品すること自体に疑問を持つ向さえありました」[3]。

黒澤明本人もその年の『婦人公論』一二月号で次のように述べている。「あの写真を一番愛して、あそこまでひっぱり出して一生懸命話してくれたのは、ストラミジョリーというイタリーの人なんだ。日本の映画界が愛するよりも、日本の一般の人が愛するよりも愛してくれたということ、日本全体に対しても、本当に日本人は愛しているかどうかかんがえちゃったよ」[4]。この内容は、その後自伝『蝦蟇の油』[5]を始めとして彼の文章に繰り返さ

図① ジュリアーナ・ストラミジョーリ

れる。

ストラミジョーリ〔図①〕は一九八八年に亡くなっているが、その際に書かれた追悼文でも『羅生門』受賞における彼女の功績を讃える文章が続いている。東京外国語大学の彼女の教え子であり、『羅生門』の受賞後、彼女の元で働いた吉村信次郎は、雑誌『イタリア圖書』で彼女のことを当時の通称の「ストラミさん」と呼び、こう述べている。

もしストラミさんがいなかったら映画祭への出品は一〇〇%なく、従ってグランプリの受賞もなかったことは間違いない。

事の次第は、ストラミさんが『羅生門』という面白い映画があるので、これをヴェネツィア映画祭に出品したいと言い出したことに始まる。そこで『羅生門』の制作会社大映に話を持ち掛けたが、全く非協力的であった。ようやく大映からポジプリント台本とプリント用缶スチールを提供してもらうことができたので、ストラミさんが出品に間に合わせようと大急ぎでイタリア語に翻訳を始めた。加藤亨もその翻訳を手伝ったそうである。手続きはすべてイタリフィルムで行い、送料も全額イタリフィルム持ちであった。ストラミさんに見る目があったということなのだろう。(6)

この文章にはストラミジョーリと大映の覚書の写しが四通掲載されており、彼女の経費的負担が証明されている。

教え子という点は、ローマ大学で彼女に日本文学を学んだテレザ・チャッポーニ・ラ・ルッカが書いた「ジュリアーナ・ストラミジョーリ（一九一四―一九八八）――女、経営者、教育者」がある。これは二〇一二年に出た彼女を巡る論集『江戸の西洋の女――ジュリアーナ・ストラミジョーリに捧げる文集』（未邦訳）に収録されているが、これも彼女が『羅生門』をベネチアに送った偉業について、黒澤明や先述の吉村の文章およびストラミジョーリの養女・大内みついから入手した電報を根拠に書かれている。

ベネチアの〝スクープ〟は、関係者のもとに保存された一月三一日から八月六日までの資料を見れば明らかであり、それはストラミジョーリが果たした本質的な役割を証明している。[7]

「関係者のもとに保存された」資料とはベネチア国際映画祭とストラミジョーリの間に交わされた電報を指していると思われるが、これは浜野保樹編『大系　黒澤明』第一巻に収録されている。[8] こちらも大内みついの提供によるものだが、もとは同映画祭を運営するビエンナーレ財団の現代芸術アーカイヴ所蔵の資料の一部である。ちなみに『大系　黒澤明』には吉村が載せた覚書のうち二通が掲載されている。

つまり、当時から「ストラミジョーリさんのおかげ」という言い方はされていて、それを彼女本人も黒澤明も肯定している。それが映画史にも記述されて、彼女の死後も引き継がれていることがよくわかる。これが〝ストラミジョーリ神話〟である。

カンヌへの出品

ところが当時の雑誌や新聞を見ると、この神話が多分に誇張されたものであることがわかる。後の映画史には記述されていないが、既に一九五一年初めからカンヌやベネチアへ日本映画を出す動きがあった。まず『キネマ旬報』（一九五一年一月一日号）では、「国際映画コンクールへの招請来る」と題して、「フランス映画輸出組合日本事務所を通じて「カンヌ映画祭」に、また外務省を通じてベニス映画祭に、同時にふたつの国際映画コンクールから日本映画の正式参加を招請して来た」というニュースを述べて、「ベニスとカンヌの両映画祭は最も有名で、最も権威を持ち、過去の受賞作品を見ても間違いなく世界第一流のレベルに達するものであるから、これに映画を送ることは日本映画界のために大きな意義を与えることになると信じて疑わない」と述べている。[9]

『キネマ旬報』の新年号にこうしたニュースが載るということは、おそらく一九五〇年一一月頃には、カンヌとベネチアから映画輸出組合や外務省経由で出品の依頼が来ていたことを示す。

また、同じ年の『キネマ旬報』三月一日号には「四つの島から飛び出せ」と題した座談会がある。[10]「日本映画発展の急務は海外市場の獲得にこそある！」という副題で、曾我正史（大映・常務）、川喜多長政（東和映画・代表）、池田義信（映連・事務局長）が意見を述べている。この座談会にはいくつかの興味深い内容がある。まず、映連としてはカンヌに『また逢う日まで』と『羅生門』を推薦することにしたが、『また逢う日まで』はロマン・ローランの原作に酷似しており、『羅生門』は耳に聞きなれた音楽である（ラベルの「ボレロ」を指す）点に問題があると指摘された。『また逢う日まで』はその問題をクリアーしたとして出品が決まり、「『羅生門』の権利は保留されている」と述べている。つまり次のベネチアに『羅生門』が出るのは、映連で話し合った結果の当然の「権利」であった。

この座談会でさらに興味深いのは、川喜多長政が「きょう『羅生門』を見たが、むしろ『羅生門』のほうがいいと思う」と述べて、大映の曾我も「『羅生門』のほうが私も公平な立場からいって興味があるのじゃないかと思う」と同意していることだ。川喜多は、夫が縛られて妻がその前で暴行される映画を優秀映画として海外に出していいのかという記者の質問に対しても、構わないと答えている。ただそのままでは難しいと思ったのか「向こうへ出すために監督が編集変えでもしてくれたら、あのほうがずっといいと思う」と述べている。

同じ頃、『映画芸術』四月号では、映画評論家の飯島正が「国際映画祭によせて」という文章を寄せている。これはカンヌに『また逢う日まで』と短編『稲の一生』を送ることが決まったことを受けて、そもそも国際映画祭とは何かについて解説している。そこで鋭いのは、「国際映画祭は、映画を通じての国威宣揚の一手段である」と述べている点や、国際映画祭が「時々刻々世界の政治情勢によってうごかされていることは極めてあきらかである」と述べて、一九四六年にベネチアが再開された時にはソ連映画が二本出品されていたが、五〇年のベネチアにはユーゴを除いてソ連や東欧の国が参加していない事実を挙げていることだ。[11]

『キネマ旬報』の座談会でも東宝が三〇万円の経費を惜しんでいることが書かれているが、二月一一日付の『朝日新聞』と『読売新聞』では、やはり東宝は出品することにしたことが報じられている。「『また逢う日まで』国際映画祭に参加か」と題した『朝日新聞』の記事は以下の通り。

四月二日から十六日までフランスのカンヌで行われる国際映画祭へ日映連の推薦で日本代表映画として東宝の『また逢う日まで』が参加することに決まった。しかしプリントを新しくしてフランス語字幕をつけるのに一カ月以上かかるので、締め切りの今月二十五日までに間に合わず、延期を申し出ている。

『読売』にはこの申し出が「SEF（フランス映画協会）を通じフランス政府へ申し込んだ」と書かれている。結果として、上映されたのは短編『稲の一生』のみであった。なぜ『また逢う日まで』が上映されなかったのかは、今のところどこの資料にも見つからない。仏語字幕を付けることに慣れておらず、当時四月初旬に開催されたカンヌに間に合わなかったのではないだろうか。カンヌの話は前年からあったが、映連の対応が遅れ、さらにロマン・ロランの原作問題で時間がたち、字幕を付ける時間が足りなくなったと考えるべきだろう。ちなみに『人生倶楽部』という雑誌の「国際映画コンクール大賞授賞記念　座談会　羅生門」には、『羅生門』プロデューサーの本木荘二郎の「『また逢う日まで』がロマン・ローランの原作でゴタゴタしたでしょう」という発言がある。(12)

ストラミジョーリの役割

それでは、ベネチアにおいてストラミジョーリはどういう役割を担っていたのであろうか。映連レベルで次は『羅生門』と決まっていたにもかかわらず、なぜ彼女はこれほど評価されたのだろうか。それについて考える前に、彼女について簡単に述べたい。

一九一四年、イタリアのアブルッツォ生まれのジュリアーナ・ストラミジョーリ Giuliana Stramigioli は、ローマ大学出身で一九三八年に「日伊文化協定第一回交換留学生」として京都大学に留学している。二年後いったん帰国したが、一年間ナポリ大学で教えた後に国際文化振興会の奨学金を得て再来日。駐日イタリア大使館やイタリア文化会館で勤務していた。戦後も日本に留まり、東京外国語大学でイタリア語を教えると共に四八年五月に総司令部によってアメリカ以外の外国の映画に各国一社ずつの輸入割当制度が設けられると、四九年二月イタリア映画社（イタリフィルム）を設立して、その代表となった。最初に公開したのは、同年九月のロベルト・ロッセリーニ監督『戦火のかなた』。その後、『平和に生きる』『無法者の掟』『靴みがき』『荒野の抱擁』『自転車泥棒』『無防備都市』が一九五〇年までに公開された。一九六五年にイタリアに帰国後は、ローマ大学で教えている。(13)

彼女は戦前の日本で、ファシスト政権下のイタリア大使館や文化会館で働いており、日本の帝国主義礼賛の文章をイタリアの新聞に発表している(14)。さすがに戦後は公的機関で働くのは難しかったのだろう。そこで東京外国語大学でイタリア語を教え、映画の輸入割当制度ではその国の人間が代表であるという条件を利用して、イタリア映画の輸入会社を作ったと思われる。

しかし日本の映画を海外の映画祭に送るのは、彼女の仕事ではなかったはずだ。彼女はどのようなきっかけでこの仕事を始めたのだろうか。『大系　黒澤明』に収録された電報およびベネチア・ビエンナーレ財団の現代芸術アーカイヴに保存されている電報を読むと、ストラミジョーリがこの出品の仲介をするのに、並々ならぬ情熱を持って取り組んだことがよくわかる。

まずストラミジョーリは五一年一月三一日付のイタリア映画産業協会宛の電報で、日本映画連合会と協議してベネチア国際映画祭へ日本が参加する準備をしていることを告げる。ベネチア国際映画祭の規約を読むと出品には同映画祭からの正式な招待状が必要なので、それを出すよう手配して欲しいと依頼している。彼女はそれを二月一〇日の電報で日伊協会との連名で駐日イタリア大使館にも依頼している。日本の外務省経由で映画祭側からの出品の要望を知った映連が、イタリア映画界とつながっていたストラミジョーリに相談したことを受けて、きちんと映画祭の規約を読んだストラミジョーリが迅速な行動を取ったということだろう。

これに対し、駐日イタリア大使館は二月一九日の電報で、本国の外務省と前向きに検討中との返事を出し、イタリア映画産業協会から招待状を依頼されたベネチア国際映画祭は、三月一日に本国の外務省の態度を確認中との返事を出す。

ここで一つ不思議な動きがある。ベネチア国際映画祭からの四月二日付のストラミジョーリ宛の電報で、日本とは外交関係が樹立していないので朝日新聞社へ取りまとめの依頼をする手紙を添付するので朝日に渡してほしいという。現代芸術アーカイヴには、映画祭から朝日新聞社宛の三月三日付英文の手紙（『大系　黒澤明』未収録

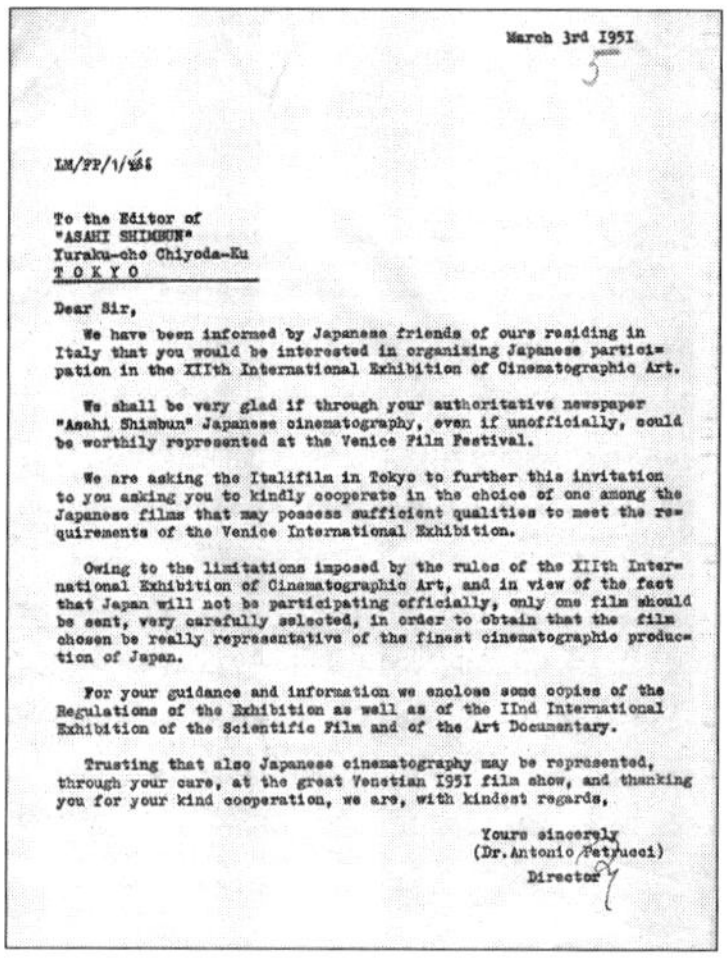

March 3rd 1951

LM/FP/1/

To the Editor of
"ASAHI SHIMBUN"
Yuraku-cho Chiyoda-Ku
T O K Y O

Dear Sir,

We have been informed by Japanese friends of ours residing in Italy that you would be interested in organizing Japanese participation in the XIIth International Exhibition of Cinematographic Art.

We shall be very glad if through your authoritative newspaper "Asahi Shimbun" Japanese cinematography, even if unofficially, could be worthily represented at the Venice Film Festival.

We are asking the Italifilm in Tokyo to further this invitation to you asking you to kindly cooperate in the choice of one among the Japanese films that may possess sufficient qualities to meet the requirements of the Venice International Exhibition.

Owing to the limitations imposed by the rules of the XIIth International Exhibition of Cinematographic Art, and in view of the fact that Japan will not be participating officially, only one film should be sent, very carefully selected, in order to obtain that the film chosen be really representative of the finest cinematographic production of Japan.

For your guidance and information we enclose some copies of the Regulations of the Exhibition as well as of the IInd International Exhibition of the Scientific Film and of the Art Documentary.

Trusting that also Japanese cinematography may be represented, through your care, at the great Venetian 1951 film show, and thanking you for your kind cooperation, we are, with kindest regards,

Yours sincerely
(Dr.Antonio Petrucci)
Director

図②　1951年3月3日付ベネチア映画祭から朝日新聞社宛の手紙（ビエンナーレ財団現代芸術アーカイヴ所蔵）

［図②］）がある。朝日新聞社が日本の窓口として作品を選んでほしい、という内容である。

この時点ではストラミジョーリは、まだイタリア映画の海外普及機関であるウニタリアの駐日代表ではなく、イタリア映画を輸入する会社イタリフィルムの社長とはいえ、日本の公的な立場の人物ではない。そこで戦後既にローマに支局も開き、海外の美術展などを開催していた朝日新聞社を頼ったということだろう。いずれにしても、ストラミジョーリはまだ信用する相手と見なされていないようだ。

ところが朝日新聞社はこの依頼を辞退する。五月二八日付のストラミジョーリから映画祭宛の電報は、朝日が辞退したため、数日後に迫った締め切りを考えると、「今年に関しましては日本が映画祭に参加する可能性は絶たれてしまいました」。

さらに事態は急変する。ストラミジョーリは、六月二日付の電報で、「朝日が招待を断ったため、日本映画連合会が映画祭参加の取りまとめを担当する意向あり」と伝える。すると映画祭側は六月九日付の電報で「日本参加の報に関し、映画は一本のみの選択を請う。できれば『酔いどれ天使』か『野良犬』」と具体的に黒澤の二本を挙げる。『羅生門』以外の作品を映画祭側が要望していた事実は、これまでの映画史にない。

ところが六月二〇日付書簡でストラミジョーリは「日本映画連合会による映画祭への『羅生門』の出品をお伝えできることを嬉しく思います」と返事をする。その理由として先方が選んだ二本は「上映時間も長すぎるため、慎重なカット作業や準備が必要になるからです。これに加え、様々な観点から見て非常に質が高いと思われる最新の映画作品〔『羅生門』〕は、これらの作品を凌駕しているように思われます」。映画祭側は六月二六日付の書簡で「できれば『酔いどれ天使』を出品することを要請しております」と書くが、これは二〇日の書簡が届いていないための行き違いと考えられる。

その後は順調に進む。これまで知られていない事実としては、映画祭側の要望で『羅生門』で京マチ子、森雅之、本間文子が着た衣装が送られたことと、七月一七日に東京でイタリア外交団のために試写会をしたことであろうか。七月二五日付の書簡で「映画を鑑賞したイタリア人からは盛大な拍手が送られ、私どもはヴェネツィアにおいてもこの映画が温かく迎えられるであろうことを確信しました」と述べている。

ちなみに朝日新聞社からは七月二三日付の書簡で、日本映画連合会が『羅生門』を選んだことや、この映画の概要を示す資料を添付することを書き、映画祭についてのくわしい資料があれば送ってほしいと依頼をしている。朝日が仲介をしなかったのは、おそらくこの映画祭がどんな意味を持つのか、よくわからなかったからではないか。

ストラミジョーリの活躍の意味

さて、ここでいくつかの疑問が生じる。映画祭側は『酔いどれ天使』と『野良犬』を挙げているが、これはどこから来たのだろうか。一方で駐日イタリア大使館からのイタリア外務省経由の電報では『羅生門』と『また逢う日まで』がカンヌに出る予定と挙げられていたがどちらも出なかった。この経緯について詳細を記した資料はないが、イタリアやフランスの邦人から情報を得た可能性はある。公職追放が解けた川喜多長政はその年の五月にカンヌ国際映画祭に出席しているし、それからロンドンやフランクフルトにも行っている。(16)

それでは、映画祭側から提案された二本を退けて、日本側の判断で『羅生門』に決定した理由は何だろうか。ストラミジョーリが選んだというのが定説だが、カンヌの時点で『羅生門』に「権利」があると映連が判断していたことが最も大きいだろう。それにしても出品に至るまで、どのようにして彼女は日本映画連合会や大映を説得することができたのだろうか。

『映画新報』の第一〇号で『羅生門』のプロデューサーで大映企画部長の松山英夫は以下のように述べる。

この前、川喜多長政氏が、欧州の旅行から帰られて、こんどのコンクールに、日本からも出品してはどうかと、各社にすすめがあったとき、松竹は候補作品がなく、東宝や新東宝も種々の事情で断念されたので、結局大映から『羅生門』だけが送られることになった。それにはもちろん、複雑なストーリーなどがなく、画面に動きの多い作品をというわけで、えらばれたのだが、幸い各国の一流作品をしのいで、見事グランプリをえたのは力強い限りである。[17]

これからわかるのは、大映だけが出品に関心を持ったという事実である。社長の永田雅一が海外市場を狙うことを宣言するのは、もちろん『羅生門』受賞後のことだが、他社に比して映画館網が弱かった大映に、海外への期待があったことは間違いない。四九年八月から九月にかけて永田雅一が映画人として戦後初めて渡米していたことも、海外市場に目を開かせるきっかけとなったことだろう。

さらに、出品にあたってストラミジョーリが資金的な面を分担したことも大きいと言えよう。前述の『大系黒澤明』には、大映とストラミジョーリの出品に関する費用負担の覚書があり、『イタリア圖書』の吉村信次郎の文章にはさらに受賞後のイタリフィルムの取り分を示す覚書もある。それによれば、大映が負担するのはポジプリント一本代、そのフィルム函代、スチール代のみで、字幕代、輸送費はイタリフィルムの負担だった。ただし、イタリアで将来配給する場合には、配給権はイタリフィルムにあることになっている。実際に映画祭受賞後イタリアで配給されたわけだから、ストラミジョーリは字幕代や送料などは十分に取り戻したはずだが、東宝が『また逢う日まで』で三〇万円の出費を惜しんだことを考えると、ストラミジョーリからの資金的な負担の申し出が大きかったのではないか。

『酔いどれ天使』は東宝、『野良犬』は新東宝の製作だが、東宝は『また逢う日まで』をカンヌに出品直前に取り消している。松竹も関心がない。『羅生門』決定に当たっては、ストラミジョーリは『羅生門』を推薦したうえ、資金的な負担もしてくれた。前述の通り、川喜多長政でさえ外国向けの再編集を主張していたが、おそらくストラミジョーリはそのままで行けると主張したに違いない。さらに決定的だったのはイタリア側との連絡を電報で迅速に進めてくれたことだ。『また逢う日まで』のカンヌ出品に当たってはそのような人物がおらず、時間切れになったと推定される。ストラミジョーリはイタリア映画の配給を通じて、イタリア映画産業協会とは既に信頼関係ができており、それが映画祭側にもしだいに伝わったのではないか。そのうえ、彼女はイタリア映画の日本語字幕作成の経験もあり、イタリア語字幕を付けるのは容易だったに違いない。以上のような事情が重なって、一人のイタリア人女性の情熱が大映や日本映画連合会を動かしたと考えるべきだろう。

ストラミジョーリは戦前から日本に留学し、日本の仏教を学ぶほか、戦時中は芥川龍之介の小説を翻訳していたという。(18) 彼女が芥川龍之介の『羅生門』や『藪の中』を翻案した映画『羅生門』に興味を持ったのは想像に難くない。この映画の哲学的な側面も、仏教を学んでいた彼女には親しみのある世界だったことだろう。

ストラミジョーリが字幕代を負担したのは、吉村信次郎が書くように、「教育者で商売っ気がなかった」とだけ考えるのはどうだろうか。まず、当時イタリフィルムがどれだけ儲かっていたかを示す数字が〝映画年鑑 一九五一年版』にある。それによれば『戦火のかなた』の配給収入（劇場側の取り分を除く配給側の収入）が一五〇〇万円、『靴みがき』が一〇〇〇万円、『荒野の抱擁』は一ヶ月で一〇〇〇万円である。その勢いか『自転車泥棒』に至っては松竹に配収一五〇〇万円の最低保証をさせている。ちなみに同じ資料によれば、その時点で戦後の欧州映画のナンバーワンが英国映画『赤い靴』の二七六二万円だから、相当の成績といえよう。もちろんこれから字幕・プリント代、プリント輸送費や宣伝費などの経費を除くが、最低でも残りの配収の一割程度はイタリフィルムの収入となったはずだ(19)。

当時のストラミジョーリにとっては、『羅生門』の字幕代や送料は何でもなかったに違いない。そのうえ覚書を見ると、将来イタリアで配給された場合にはイタリフィルム社が配給権を持つことが明示されている。配給権を持つことがどんなに大きな利益を生むか熟知していたストラミジョーリは、字幕代などを負担することで大映にこの条件を飲ませたのではないだろうか。

さらに映画祭で受賞後の覚書には、イタリア公開の際のイタリフィルムの取り分が大映の一〇パーセントと明示されている。そのうえ、英国以外の欧州の配給をイタリフィルム社が斡旋し、そのつど大映の取り分の五パーセントをもらうことも明示されている。これもまた配給手数料がいかに儲かるかを誰よりも知っていたストラミジョーリの勝利である。結局『羅生門』はイタリア以外にフランス、ドイツなどで公開されたから、彼女は莫大な収入を得たことになる。

戦後の日本映画の海外進出第一号となった『羅生門』は、長らくこのイタリア人女性一人の功績として語られてきた。ところが当時の資料を詳細に調べてみると、彼女の関与以前にベネチアやカンヌに日本映画を出す動きが起きていたことが分かる。『羅生門』という選択に関しても、彼女が選ぶ以前に映連では選んでいた。

彼女の功績は、『羅生門』という日本人の選択を積極的に支持し、イタリア本国に連絡を取ってイタリアの映連や映画祭事務局と協議し、一時期は彼女でさえも諦めたほど時間が限られていたにもかかわらず、わずかな時間で出品まで持って行ったことである。その数か月前のカンヌにも『また逢う日まで』の出品が予定されていたが、ストラミジョーリのような存在がいなかったために、出品に至らなかった。

彼女が大半の費用を負担したという事実は、単なる〝美談〟ではなく、その後のビジネスを考えに入れてのことであろう。彼女はイタリア映画の日本配給においてその実績があった。そして実際、彼女は『羅生門』の欧州配給によってかなりの収入を手にしたことだろう。

黒澤明本人も始めとして、すべてをストラミジョーリのおかげとしたのは、黒澤特有の映画会社に対する屈折した考えもあるが、当時の座談会を見ると大映本社自体がそうすることで自社だけが目立つのを避けたように思われる。

そのうえ、彼女はイタリア語字幕を付けたばかりでなく、きちんとスタッフやキャスト、あるいは作品の背景を説明するプレス資料も同時に送り込んだ。現地の新聞記事[20]を読むと、多くのイタリアの記者たちがその資料を基に記事を書いたのは明白である。

ストラミジョーリ一人の力で『羅生門』をベネチアに持って行ったという〝ストラミジョーリ神話〟はこれまで見てきた通り、虚構である。しかしストラミジョーリがいなかったら、短い時間で『羅生門』が五一年のベネチアへ出品されることはなかっただろう。飯島正が先述の『映画芸術』で指摘した通り、五〇年以降共産圏がボイコットしたベネチア国際映画祭には新しい国の参加が必要だった。さらに言えば、北野圭介も述べている通り[21]、朝鮮戦争が起こり米ソ対立が表面化した当時、日本を共産化から防ぎ、自由主義陣営につなぎとめるためにも、西側の映画祭に日本からの出品を求めるのは時代の要請であった。ストラミジョーリがいなくても、おそらく翌年のカンヌには日本映画が出されていたに違いない。

しかしながら、『羅生門』という時代劇が最初の映画でなかったら、その後の時代物を中心にした日本映画の輸出の流れとは少し異なったものになった可能性はある。もし現代物の『また逢う日まで』や『酔いどれ天使』が最初だったらと考えると興味は尽きない。その意味で五一年の『羅生門』出品と受賞の意味は限りなく大きいと言えよう。その立役者となったストラミジョーリの存在は、これまでのような〝神話〟からは距離を取りながらも、評価すべき点は多い。

2 ジュグラリスの多様な顔

ジャーナリストとして活動

マルセル・ジュグラリス Marcel Giuglaris〔図③〕は、日本映画史ではまず名前が出てこない。当時のしのぶ夫人との共著で、フランスで出版された *Le cinéma japonais (1896-1955)*（『日本映画』[22] 未邦訳。以下『日本映画』）は、外国語で最初に書かれた日本映画の本だが、現在ではほぼ忘れ去られている。

彼のことを調べているうちに、もう一冊のジュグラリスによる本の存在を知った。こちらは二〇〇八年に発行された *Mémoires*（『回想録』未邦訳。以下『回想録』）という題の私家版であり、関係者のみに配られた[23]。これは彼が日本を中心に自分のこれまでの生涯を語ったものだ。ジャーナリスト、日本映画研究者、ユニフランス初代駐日代表などさまざまの顔を持つジュグラリス本人の手になるもので、きわめて貴重な本と言えよう。

まず、私家版の『回想録』をもとに、日本の新聞なども参照しながら、彼の生涯を日本との関係を中心に述べたい。とりわけ彼が持っていたジャーナリストを始めとしたいくつもの〝顔〟についても明らかにしたい。『回想録』は、「青春」「能」「日本への出発」「朝鮮戦争」「ベトナム戦争」「中国」「日本」「映画」「資料」の九つの章から成る。この構成を見ると、まず日本や映画の割合が意外に少ないことに驚く。

生まれたのは、南仏のニースで一九二二年七月一九日。サン＝シール陸軍士官学校に進むも、ナチスドイツに支配されたヴィシー政権によって廃校になった。ジュグラリスはその頃レジスタンス活動に参加し、一時投獄されている。戦後、士官学校は復活するが、もめごとを起こし、HEC（経営大学校）に進んだ。

最初の妻となるエレーヌと知り合ったことが、日本へ行くきっかけとなる。彼女はダンスを研究しており、とりわけ日本の能に興味を持ったため、二人で研究を続け、パリで能公演を行った。そのエレーヌは病気で亡くなり、能の「羽衣」伝説の場所である静岡県の三保海岸に遺髪を持ってゆくという約束を果たすため、ジュグラリスは一九五一年一〇月二八日に二九歳で来日した。これは、黒澤明監督の『羅生門』がベネチア国際映画祭で金獅子賞を受賞してからわずか二か月後であることを考えると興味深い。これ以降一〇年近くにわたって、日本映画は海外の映画祭でいくつもの賞を取り、各国での劇場公開が始まるからだ。世界が日本映画の情報を欲しがり始めるまさに最初の時期に、彼は日本に到着したことになる。

もちろん占領下の日本には、容易には来られない。彼はフランスの株式情報紙『経済財政新聞』の特派員として、朝鮮戦争を取材するという名目でビザを取得したようだ。三保の松原に行ったエピソードは、『読売新聞』のみが報じている。五一年一一月一二日の『読売新聞』夕刊には、「三保松原に碧眼〝白龍〟」「果されたパリ紅毛羽衣の遺言」との見出しで、「青い目をした白龍は亡妻との約束を果たすためはるばる海を越え、三保松原の砂浜に立ったマルセル・ジュグラリス（29）君である」と書かれている。

「碧眼」「紅毛」「青い目」などの表現が時代を感じさせるが、この記事で驚

図③　マルセル・ジュグラリス

くのはむしろ「松尾本社副主筆の案内で三保海岸へ直行」のくだりだ。日本に来て二週間の二九歳のフランス人が、どのようにして『読売』の副主筆の案内でいわば「仕込み」取材をアレンジできたのだろうか。調べてみると、この「松尾副主筆」は、戦前のパリで藤田嗣治と同じくらい有名な日本人と言われた、松尾邦之助（一八九九―一九七五）である。[24] 一九三二年から『読売』のパリ特派員となり、戦後は帰国して同論説委員および論説副主幹を務めており、ジュグラリスの唯一の邦訳書『北爆――ベトナム戦争と第七艦隊』[25]の訳者でもある。『回想録』で驚くのは、ジュグラリスが中曾根康弘元首相や鈴木善幸元首相、読売新聞社の社長や会長となる水上健也が若い頃に一緒に撮った写真などが掲載されていることで、松尾との親交から生まれた『読売』およびそれに近い政治家との関係を末永く保ち続けたことがよくわかる。

ジュグラリスはその後、『読売』の六〇年一一月二一日付夕刊に「パリ・プレス紙特派員」としてベトナム戦争の大きなルポを載せ、七〇年三月二一日付朝刊では、「フランス・ソワール紙の東京特派員」として、「もつれるインドシナ三国」という見出しの「本社座談会」に参加している。ちなみに『回想録』には、『フランス・ソワール』紙と『読売新聞』が五〇年代に提携し、彼の最初のオフィスは有楽町の読売新聞社内にあったことが書かれている。[26]

『回想録』によれば、日本の大きな事件や出来事に際して、フランスの新聞や雑誌にも記事を書いている。大阪万博、昭和天皇のパリ訪問、ミッテラン大統領の来日などで、『フランス・ソワール』紙に長い記事を発表したほか、『ル・ポアン』誌のトップ記事も書いている。ほかでは戦後日本の経済成長、日中国交正常化、よど号事件、連合赤軍、三島由紀夫の自殺、小野田少尉の帰国などが思い出深かったことが『回想録』に書かれている。

それでは、映画ではどのような役割を果たしていたのだろうか。彼は一九四九年にできた、ユニフランスという海外にフランス映画を普及させるフランスの公的機関の初代極東代表だった。『回想録』によれば、五六年に

『日本映画』を書いたことが、このポストを得るきっかけだったという[27]。彼は駐日代表として五回の「フランス映画祭」を企画している。『回想録』には、五九年、六六年、七三年、八二年の映画祭のことが書かれている。当時の新聞記事を見ると、もう一度は六三年のようだ。フランス映画祭といえば、ジェラール・フィリップが来日した第一回の五三年が有名だ。これを日本側で企画したのは、『読売新聞』同年四月一六日の記事によれば、川喜多長政だった。ジュグラリスは当時来日はしていたが、まだユニフランスのポストは得ていなかったようだ。不思議なことに『回想録』にはいつから「駐日代表」となったのかはどこにも書かれていないが、別の資料には五九年と書かれている[28]。

フランス映画祭に関しては、『回想録』にはジャン＝リュック・ゴダール、ミシェル・ピコリ、ルイ・マル、アラン・ドロンらの思い出を楽しそうに書いている。日仏合作映画に関しては、イヴ・シャンピが監督し、ジャン・マレーと岸恵子が主演した『忘れえぬ慕情』Typhone sur Nagasaki（五六年）について、撮影中のシャンピの岸恵子への求婚を、彼が通訳したことが書かれている。この撮影時にはまだユニフランス駐日代表ではなかったはずだが。一方で、五九年のフランス映画祭でも上映され、アラン・レネ監督が大半を日本で撮影した『二十四時間の情事』Hiroshima mon amour（五九年、日本での撮影は前年）に関しては、一切触れていない。

日本映画に関しては、著書『日本映画』以降、どのような具体的な活動をしたのか『回想録』には記されていない。八二年に彼が離日する時のパーティで大島渚監督が泣いてくれたことが書かれているのみだ。たとえば五三年にカンヌ国際映画祭でグランプリを取った衣笠貞之助監督の『地獄門』の出品に、ジュグラリスが関わっていたのかどうか、あるいはフランスとの合作の『愛のコリーダ』（七六年）や『愛の亡霊』（七八年）に彼は関わっていたのかどうか。これらは今後ほかの関係者への取材を通じて明らかにしてゆくしかない。

六三年から六四年までの間に学生として親交があり、六九年から七一年までにそのアシスタントを務めたベルナール・ベローによれば、カンヌを始めとして欧州の映画祭に毎年日本映画を送り込む努力をしていたという。[29] 東和字幕翻訳家の山崎剛太郎によれば、豊田四郎監督の『雪国』（五七年）を気に入り、カンヌに出すために、東和映画勤務時代の山崎、しのぶ夫人と三人で、毎晩仏語字幕翻訳の作業をしたという。[30] また再々婚相手のソニア・ジュグラリス夫人は、『東京オリンピック』（六五年）が国内で非難されたのにもかかわらずカンヌに送り込み、国際批評家連盟賞を取ったことはジュグラリスの長年の自慢の一つだったと語った。[31] この映画を河野一郎オリンピック担当大臣が「記録性に欠ける」と非難して「記録か芸術か」という論争を巻き起こしたことは有名だが、当時ユニフランスでアシスタントとして働いた柴田駿によれば、カンヌ出品の噂を聞いた日本陸上競技連盟理事長の青木半二が、ジュグラリスを呼んで会議を招集し、満場の席で「外人が余計なことをするな」と面罵したらしい。[32] 山崎はこの映画の仏語字幕はベローと自分が協力して付けたと語っている。[33]

確かなことは、彼はフランスの日刊紙の記者およびルポ作家として、アジア各地も含めてあらゆる場所に出向き、要人と会いながら、ジャーナリズム活動を続けると同時に、ユニフランス駐日代表として日仏の映画界に人脈を広げたことだ。ソニア夫人も「ジュグラリスにとって最も重要なのはジャーナリズム活動だった」と筆者に語っている。[34]

八二年の第三五回カンヌ国際映画祭で、前年に亡くなった川喜多長政とその年の二月に逝った衣笠貞之助への追悼の式が行われた時、ジュグラリスは二人を讃える挨拶をした。その文章は誇らしげに『回想録』の「映画」の章の最後に掲載されている。彼の日本滞在はこうして栄光のうちに終わった。ソニア夫人によれば、その後はあえてカンヌに足を踏み入れなかったという。

著書『日本映画』

それでは、外国語で初めて書かれた日本映画論であるジュグラリスの『日本映画』とはどういう内容だったのだろうか。

まず、この本は以下の通り大きく二部に分かれ、さらに一一の章に分かれている。

第一部　日本映画の神秘

Ⅰ．二つの顔を持つ映画

Ⅱ．日本人の生活のなかの映画

Ⅲ．日本の撮影所ではどのように働いているか、一本の映画はいくらかかるか

第二部　日本映画の歴史

Ⅳ．日本映画の誕生とパイオニアの時代（一八九六―一九一二）

Ⅴ．言語の追求（一九一二―一九二〇）

Ⅵ．映画産業の創設（一九二〇―一九三一）

Ⅶ．トーキー出現から太平洋戦争まで（一九三一―一九四一）

Ⅷ．戦争映画（一九四一―一九四五）

Ⅸ．民主化された邦画（一九四五―一九四九）と外国映画（一九四五―一九五五）

Ⅹ．日本映画の黄金時代（一九五〇―一九五五）

Ⅺ．新しい事実

巻末には主要な監督、男優、女優のリストと映画題名の索引が付いており、本文だけで二〇九頁、巻末のリス

トを入れると二四五頁の単行本だ〔図④〕。

まずこの本はマルセル&しのぶ・ジュグラリスの共著となっているが、ジュグラリスの友人だった秦早穂子《はたさほこ》によれば、再婚相手の「しのぶ」夫人(旧姓・糸見偲)は来日してすぐに知り合った静岡県出身の女性という。(35)確かなことは、日本語もできないまま来日したジュグラリスにとって、彼女の助けなしにこの本を書くことは不可能だったことだ。特に第一部は「私たち」という表現で、観客や俳優、監督に話を聞いて書いた部分が多い。「私たち」と書きながらも「『羅生門』を一緒に見た日は、彼女が外国人の趣味に最初にがっかりした思い出となった(36)」という文章にある通り、明らかに書いている主体はジュグラリスだ。しのぶは何よりジュグラリスにとって、まず日本人観客の見本であり、同時に通訳をするアシスタントであったと思われる。

全体を見てみると、第一部が六〇頁、第二部は一五〇頁だが、第二部のうち戦後の一〇年が八七頁を占める。第一部は現代の日本映画についてのエッセーが主だから、実はこの本は二〇九頁のうちの一四七頁、つまり四分の三近くが現代日本映画論だ。それはたとえば三年後に出されたリチー=アンダーソンの『日本映画』と比べた時に、その歴史的記述の弱さは明らかである。(37)

その分、映画作品そのものに対する分析以上に、当時の制作や興行の様子を活写した部分は、抜群におもしろい。ジャーナリストであるジュグラリスの面目躍如といったところだ。その点においては、第一部の方がインタビューも多く、日本語の文献にも残っていないような資料的価値があるだろう。

第一部Iの「二つの顔を持つ映画」とは、国内向けの顔と海外向けの顔の意味である。Iの副題は「日本映画は映画の神童か」。五一年のベネチア国際映画祭で『羅生門』がグランプリを受賞して以降、各地の国際映画祭を毎年日本映画が席巻する。ここではそれらを表にして列挙したうえで、大映作品が多い理由として六社のメジャーのうち大映のみが映画館網を持たなかったため、海外に売れる映画として時代劇を積極的に作ったことを指摘している。そして大映の永田社長の言葉まで付け加えている。「海外の市場を研究した結果、欧州、特にラテン系の国に弱点があることがわかった。コスチュームを使う時代劇、エキゾチックで文化的な映画は欧州、ことにベネチアやカンヌに出すことに決定したのである[38]」。

このような大映を中心とした動きをジュグラリスはこうまとめる。

とにかく、作られる日本映画の中に国際映画祭用の映画と国内市場向けの映画の二重構造があることは、日本映画の研究を困難にする。とりわけ日本に住んでいない場合は、その国で見られるものだけ（フランスでは五〇年以降八本）を対象に語らざるを得ないからだ。日本では四六年から五四年までに一八〇〇本が作られており、五五年だけで四〇〇本が作られている。これらが日本人にとっての本物であり、最も人間的で戦後の日本映画の日本らしさを証明するものなのに[39]。

欧米が日本映画で盛り上がっていた時に、来日して五年ほどのジュグラリスがこのような冷静な分析をしていることは、特筆に値するだろう。したがって彼の本は、「欧米に知られていない普通の映画」を紹介することが中心になる。写真で見る通り、本の表紙は豊田四郎の『夫婦善哉』（五五年）を使っている。それに比べたらドナルド・リチーの本はずっと監督中心であり、作家主義的と言えよう。

図④　*Le cinéma japonais (1896-1955)*（『日本映画』）

確かにジュグラリスがユニフランスの駐日代表になっ

てからのカンヌ国際映画祭のコンペ出品作には、市川崑監督の『鍵』（五六年）や『おとうと』（六〇年）、浦山桐郎監督の『キューポラのある街』（六二年）など現代を扱った作品が目立つ。これは、エキゾチズムではなく普通の日本映画を出したいというジュグラリスの努力によるものだろう。

Ⅱ「日本人の生活のなかの映画」は、まさに戦後日本の日本人の日常を活写している。まず彼は、「映画は月に二、三度行く娯楽の一つではなく、大半の若者にとって、生活の一部である」と書く。メガネ屋でマリリン・モンローやハロルド・ロイドと言って、それらしいメガネが出てくる国はない。東京の喫茶店には「サンセット大通り」や「赤と黒」など映画に由来する店が無数にある等々、映画の浸透を示す具体的な例を豊富に挙げるのが彼の手法だ。

また数字を挙げるのも得意だ。「四五〇〇の映画館に二二五万席があり、一年間に八・五億人が見る、つまり一日に一つの席に一・五人が座る計算だ」「三年前は一週間に九〇〇万人だったのが、今は一七〇〇万人、つまり人口の五分の一となる」「興行収入は年間四五〇億円で一人当たりの平均は五六円だが、東京の最も高い映画館は四〇〇円で、半分は税金として徴収される」。そうした数字を並べた上での結論は、「日本には映画の危機はない」というものだ。確かに日本映画の観客数は五八年の一一億七千万人が頂点であり、この本が書かれた五五年は、まさにそこに登り詰める途中の勢いがあったのだろう。

それから彼は、映画界の内部をエピソード的に記述する。まず、女優たちがいかにまじめで勉強熱心かを述べる。山口淑子、京マチ子、久我美子、岸恵子、高峰秀子たちが地味な生活を送り、たえず読書を心掛けていることをインタビューの形で紹介する。自家用車を持っているのは、岸恵子がジャガー、京マチ子がフィアットくらいだという具合に具体的だ。

ジュグラリスの五五年当時の映画の分析は、いい意味でも悪い意味でも「興味本位」であり、ジャーナリスティックだ。突如世界に現れた映画大国がいかに特殊で西洋とは違ったシステムで成り立っているかを、おもしろおかしく描く。

第二部の「日本映画の歴史」に関しては、細部の間違いも多い。日本にリュミエールのシネマトグラフを伝えたフランス人のジレル Constant Girel は、Geler と表記されているし、現存する最古の日本映画『紅葉狩』（一八九九年）は、一九〇二年とされている。あるいは山中貞雄についての記述はないし、小津安二郎さえ、戦前の作品については触れられていない。しかし考えてみれば、当時は日本にもきちんとした日本映画史の本は少なかった。田中純一郎の『日本映画発達史』が出始めるのは、五七年だ。網羅的なものは、筈見恒夫著『映画五十年史』（創元社、一九五一年）、飯島正著『日本映画史』（上・下、白水社、一九五五年）くらいだ。あるいは辞典として、岩崎昶《あきら》ほか著『映画百科辞典』（白揚社、一九五四年）があるのみだ。

ジュグラリスの本は、それらの本を参考にしながら、「聞き書き」によって構成したところに別のおもしろさがあると言えるだろう。弁士については、徳川無声のような現役弁士から、かつて弁士だった人々まで話を聞き、日活については『地獄門』でカンヌを制して以来友人となった衣笠貞之助が話をしてくれたようだ。あるいは国際的俳優の早川雪洲のインタビューもある。永田雅一の聞き書きの部分もある。当時は戦前に活躍した映画人の大半が存命で、彼らと会ううちに戦前の部分は埋まっていったのではないか。

戦後に関して驚くのは、外国映画がどのように受け入れられているかの記述であろう。一三八頁から一四三頁まで続く。どのような映画が日本でヒットしたかが詳細に分析され、最後には五〇年以降の国別輸入数や各年の評論家の評価の高かったリスト（実は『キネマ旬報』ベストテン）が付く。これは日本映画史というよりは、まさに日本をマーケットとしてとらえる外国人のための部分である。

そして五〇年以降が「日本映画の黄金時代」として述べられる。それは「歴史もの」「現代もの」「左翼もの」

「戦争もの」「生活もの」「メロドラマ」に分けられて、日本で話題になったほとんどの映画が取り上げられている。

最後の謝辞には、川喜多長政を始めとして、東和商事の面々の名前がある。あるいは読売新聞社のナガツカ、オクヤマ、そして一緒に複数の撮影所を見学した監督のイヴ・シャンピの名も見える。

ジュグラリスの著書『日本映画』とは、日本映画史の本と言うよりは、当時の日本の映画界について外国人向けにわかりやすく書いた入門書であった。しかし手本となるような本も少なく、自分の足で歩き、多くの映画人に耳を傾けた誠実な本でもある。その本を書くことでジュグラリスは日本の映画界に深く入り込み、それはユニフランス駐日代表になる直接の契機ともなり、代表となってからもその人脈は日仏の映画界を行き来するうえでの基礎となったに違いない。

ジュグラリスの『日本映画』の評価とその後のフランスにおける日本映画研究

それでは、このジュグラリスの本はその後の海外での日本映画研究、とりわけフランスにおけるそれにどのような影響を与えたのであろうか。まず、三年後に英語で『日本映画――芸術と産業』をジョセフ・L・アンダーソンと書いたドナルド・リチーについて考えたい。彼は日本に四七年から四九年にかけて滞在し、その後五四年から現在に至るまで日本を中心に活躍した。その滞在はジュグラリスと重なっているはずだが、五九年の初版にはジュグラリスへの言及はない。八二年の増補版には書誌が付き、その外国語文献の項にジュグラリスの本が「西洋語における日本映画についての最初の本、戦後の一〇年間の映画については現在でも信用に足るガイドである」[40]というコメントとともに取りあげられているのみだ。

それではフランスではどうだろうか。ジュグラリスの『日本映画』の次に仏語で出た日本映画の本は、六三年にパリのシネマテーク・フランセーズが日本映画の大特集を企画した時のカタログだ。『日本映画への導き——日本映画の傑作とパノラマ　一八九八—一九六三』[41]と題したもので、上映作品（全一三七作品）の解説が中心だが、その前にシネマテーク館長のアンリ・ラングロアの序文と登川直樹の概論が載せられている。[42]ところが、どこにもジュグラリスの名前は見当たらない。運営委員として、フランス側からレオン・マト、アンリ・ラングロア、日本側から稲田清助（国立近代美術館長）、川喜多長政（東和）、清水晶（同）の計五名が挙げられているのみだ。企画自体は、シネマテーク・フランセーズと東京国立近代美術館の共同企画だが、日仏映画交流の中心にいたはずのジュグラリスの名前はない。

「われわれは、実は日本映画を知らない」で始まるラングロアの序文は、きわめて誠実で正確だ。『地獄門』でカンヌのグランプリを取った衣笠貞之助については、『十字路』が一九二八年に欧州に来たことを書き、三本の日本映画を一本に編集した「ニッポン」を「成功」と評している。あるいは三〇年代末の『風の中の子供』の関係者向け上映についても触れている。しかしながら、ジュグラリスについては一切の記述がない。

かろうじて同じ六三年にフランスで出たミシェル・メニルの *Kenji Mizoguchi*（『溝口健二』[43]邦訳は三一書房、一九七〇年）には、序文に最大の感謝が述べられている。「彼〔ジュグラリス〕は日本映画について外国人によって書かれた最初の書物の著者であり、われわれのすべてが、いちいちそれと断らなくても、この書物に負うところが大なのである。わたくしがこの本を書くについては、さまざまな人びとと接触しなければならなかったが、その半ばは彼の友情によって取り計らわれたものである」[44]。メニルはこの本を書くにあたって、二年間日本に滞在したことが記されているから、六〇年前後に東京でお世話になったということだろう。秦早穂子によれば、ミシェル・メニルは駐日フランス大使館に勤めていたという。[45]

単行本ではないが、当時フランスには *Cinéma* という月刊誌があり、年を後につける形で発行されていた。五五年の六―七月号の *Cinéma 55* は日本映画特集で、編集長のピエール・ビヤールの序文を始めとして、岩崎昶の文章などが掲載されている。これまで日本側の誰かが手伝ったに違いないと考えていたが、前述の山崎剛太郎によれば、それはジュグラリスと山崎だという。山崎の手元には「二人で頑張った証だ」というジュグラリスの手書きのメモが書かれたこの雑誌があった。五六年の『日本映画』を出す前年に、既にジュグラリスは日本映画を紹介する仕事をしていたことになる。

マルセル・ジュグラリスが五六年に書いた『日本映画』は、確かにジャーナリズムの延長線上でしかなかった。彼の最も大きな仕事はアジア専門のジャーナリストとしての記事であり、多様な書籍の執筆であった。『日本映画』は、その過程での小さな産物かもしれない。しかしドナルド・リチーが述べているように、この本は戦後の日本映画の一〇年間を活写した貴重な資料としてもっと評価されるべきである。それ以降のシネマテーク・フランセーズでの特別上映やマックス・テシエらの活躍も、ジュグラリスの存在なしには考えにくい。テシエは九七年に出した入門書的な *Le cinéma japonais*（『日本映画』未邦訳）の巻末の参考文献で「この分野のパイオニアで、まさに〝黄金時代〟に書かれた本」と紹介している。[46]

それ以上に彼がユニフランスの駐日代表として、映画の日仏交流の橋渡し役をしたことによって、現在にも連なる大きな流れを作ったのではないだろうか。日本人だけを考えても、映画評論家の山田宏一やフランス映画社の柴田駿をユニフランスの駐日事務所で育て、衣笠貞之助や大島渚を始めとして多くの映画人のフランスとの交流の道筋を作った功績は今後もっと評価されるべきだし、具体的な個々の事例に対する研究がなされるべきだろう。

ソニア夫人は筆者とのインタビューの最後にこう語った。

「夫が最も関心があったのは、人と人とを結び付けることだった。ジャーナリズムでも、映画でもそれは同じだった[47]」。

まとめにかえて

永田雅一、ジュリアーナ・ストラミジョーリ、マルセル・ジュグラリス、ドナルド・リチーの四人のうち、ストラミジョーリとジュグラリスについて詳細に述べたが、この四人を並べた時に、ある種の共通点が見出せるのではないか。外国人に関して言えば、それぞれの政府との近さである。ストラミジョーリは戦前、駐日イタリア大使館で勤務しており、戦後はある時期までイタリア映画配給の唯一の窓口となった。ジュグラリスは戦前にレジスタンス運動をしており、戦後はジャーナリストとして来日して、海外にフランス映画を紹介する公的機関「ユニフランス」の初代極東代表となった。リチーは最初は進駐軍関係者として来日し、アメリカ軍の「星条旗新聞」の記者となった。

また、本書の田島良一の論文にもある通り、永田雅一は映画人としては最初の一九四七年に公職追放を免除されて大映社長になり、四九年の夏に渡米している。それから日本映画を次々とベネチア、カンヌ、ベルリンなどの海外の映画祭に送りだし、さらに共産圏を除外した「東南アジア映画祭」（後の「アジア太平洋映画祭」）を組織する。本書のマイケル・バスケットの論文を読めば、日本映画を共産圏のソ連のモスクワやチェコのカルロヴィ・ヴァリの国際映画祭に出させないようにし、共産主義国の影響を排除しようとしたアメリカ政府の影を見るのは容易である。有馬哲夫が、正力松太郎に関してＣＩＡの公開文書を駆使して『日本テレビとＣＩＡ』[48]で明らかにしたような、アメリカ政府の力が働いていたのではないだろうか。

アメリカ政府は、自国のリチーや資本主義陣営のフランスやイタリアの政府に近かったジュグラリスやストラミジョーリにも何らかのコンタクトをしていたのではないだろうか。これらはあくまで推測だが、今後具体的な資料をもとに検証していく予定である。

（1）本章は以下の文章をもとにしている。拙論「マルセル・ジュグラリス――戦後フランスにおける日本映画研究のパイオニア」、『芸術学部紀要』第五六号所収、日本大学芸術学部、二〇一三年三月、および同「『羅生門』と〝ストラミジョーリ神話〟をめぐって」、同第五七号所収、二〇一三年九月。

（2）田中純一郎『日本映画発達史Ⅲ』中公文庫、一九七六年、三三一頁。

（3）ジュリアーナ・ストラミジョーリ「日本人よ、自信を持て」、『映画新報』一九五一年一〇月上旬号、二〇頁。

（4）黒澤明「『羅生門』と日本映画界」、『婦人公論』一九五一年一二月号、一〇〇頁。

（5）黒澤明『蝦蟇の油――自伝のようなもの』岩波書店、一九八四年。同時代ライブラリー、一九九〇年、三四三頁。

（6）『イタリア圖書』第三二号、イタリア書房、二〇〇五年一〇月、四―五頁。

（7）Teresa Ciapparini La Rocca, *Giuliana Stramigioli (1914-1988): donna, maneger e docentein La figliaoccidentale di Edo, Scritti in memoria di Giuliana Stramigiori* (a cura di Andrea Maurizi e Teresa Ciapparoni La Rocca, Milano, 2012), p65.

（8）『大系　黒澤明』第一巻、講談社、二〇〇九年、五九七―六〇八頁。

（9）『キネマ旬報』一九五一年一月一日号、五四頁。

（10）『キネマ旬報』一九五一年三月一日号、三四―四一頁。

（11）『映画芸術』一九五一年四月号、二―三頁。

（12）『人生倶楽部』創刊号、一九五二年、七九頁。

（13）主として武内博編著『来日西洋人事典』増補改訂普及版、日外アソシエーツ、一九九五年、および前掲 *Giuliana Stramigioli (1914-1988): donna, maneger e docente* を参考とした。

（14）前掲 *La figliaoccidentale di Edo, Scritti in memoria di Giuliana Stramigiori*, pp227-230 には彼女が新聞や雑誌に書いた文章のタイトルが掲載されているが、日刊紙『ローマ』には一九四〇年に「偉大な英雄的民族、日本　そのイタリア・ファシスト党およびムッソリーニ総帥への願望、必要と尊敬」という文章がある。
（15）ベネチア・ビエンナーレ現代美術アーカイヴ所蔵の、イタリア外務省発ベネチア国際映画祭宛二月一七日付電報。
（16）たとえば、川喜多かしこ・佐藤忠男『映画が世界を結ぶ』（創樹社、一九九一年）五三—五五頁に書かれている。
（17）松山英夫「日本映画輸出への確信」、『映画新報』一九五一年一〇月上旬号、二〇頁。
（18）前掲 *Giuliana Stramigioli (1914-1988): donna, maneger e docente*, p71.
（19）『映画年鑑　一九五一年版』時事映画通信社、一九五一年、六一—六二頁。
（20）前掲拙文「『羅生門』と〝ストラミジョーリ神話〟をめぐって」一九—二〇頁。
（21）北野圭介『日本映画はアメリカでどう観られてきたか』平凡社、二〇〇五年、五二—五四頁。
（22）Shinobu et Marcel Giuglaris, *Le Cinémajaponais(1896-1955)* Paris: Edtion du cerf, "7e Art", 1956
（23）Marcel Giuglaris, *Mémoire* (2008). 筆者はこの私家版『回想録』をジュグラリスの友人の一人、秦早穂子氏よりお借りした。
（24）松尾邦之助については、鹿島茂『パリの日本人』（新潮選書、二〇〇九年）の「人間交差点・松尾邦之助」の項がわかりやすい。また松尾が仏訳した石原慎太郎の『太陽の季節』に、ジュグラリスは序文を寄せている。Shintaro Ishihara, *La saison du soleil* (traduit de japonais par Kuni Matsuo, préface de Marcel Giuglaris, Ed. René Julliard, 1958).
（25）マルセル・ジュグラリス『北爆——ベトナム戦争と第七艦隊』松尾邦之助訳、現代社、一九六六年。
（26）前掲『回想録』七八頁。
（27）前掲『回想録』八九頁。
（28）ジュグラリスのソニア夫人の好意により見せてもらった、ジュグラリスのユニフランス駐日代表三〇周年の挨拶文。
（29）二〇一二年九月六日のメールによるベローへの質問の回答および同七日の電話インタビュー。
（30）二〇一二年九月二五日、山崎剛太郎氏宅における筆者インタビュー。
（31）二〇一二年九月六日、パリにおけるソニア夫人への筆者インタビュー。
（32）二〇一二年一一月八日付の柴田駿のメール。
（33）注30参照。
（34）注31参照。
（35）秦早穂子氏とは二〇一一年七月一一日ほか、何度か会って話を聞いた。

（36）前掲書 *Le cinéma japonais*, p21.
（37）前掲書 *The Japanese Film* において第一部の「背景」では戦前までが一三七頁、戦後が一五五頁だが、第二部の「前景」（計一二八頁）は日本映画史全体に及ぶ抽象的考察である。
（38）前掲書 *Le cinéma japonais*, P25.
（39）同右。
（40）Anderson & Richie, *The Japanese Cinema: art and industry* (expanded edition). Priceton: Priceton University Press, 1982. P488.
（41）Cinémathèque Française, *Initiation au cinémajaponais*. Paris: CinémathèqueFrançaise, 1963.
（42）この企画については拙論「一九六三年パリにおける「日本映画傑作選」をめぐって」、『芸術学部紀要』第六一号所収、日本大学芸術学部、二〇一五年三月参照。
（43）Michel Menil, *Kenji Mizoguchi*. Paris: Seghers, 1965.
（44）ミシェル・メニル『溝口健二』近藤矩子訳、三一書房、一九七〇年、二頁。
（45）注35参照。
（46）Max Tessier, *Le cinéma japonais* (Nathan, Paris, 1997) p117.
（47）注31参照。
（48）有馬哲夫『日本テレビとＣＩＡ』新潮社、二〇〇六年。

（付記）ジュグラリスの調査に関して、以下の方々にお世話になりました。ここにお名前を記し、お礼を申し上げます。柴田駿、ソニア・ジュグラリス、寺尾次郎、秦早穂子、ベルナール・ベロー、山崎剛太郎（敬称略）。

13 蝶々夫人の夢

一九五〇年代の日本映画と合作ブームの到来

土田 環

Ⅲ 日本映画の広がり——戦後から二一世紀へ

1　合作映画の必要性

国内映画産業の不振と「開国」

他の国々と比して閉鎖的な特徴を持つ日本の映画市場は、その自己完結的な製作システムゆえに、一方で独自の美学的特徴や多様性を展開してきた。戦前から今日に至るまで、日本映画の国際性が論じられることがあっても、それは、限られた国際映画祭を通じて作品が紹介される場合がほとんどであり、企画や製作自体に国外の人々や資金が入ってきた例はきわめて少ない。すなわち、映画の芸術的な要素が評価をされる反面、国内の映画産業に目を向ければガラパゴス化の現象が進行してきたのであり、国内で劇場公開される作品のうち、日本映画の占める割合は、二〇〇〇年以降、ますます高まっている。こうした傾向を支えていたのは、世界でもアメリカに次ぐ映画市場の大きさだったが、今日、それは限界に達しようとしている。

ここで、こうした国内の現状を打破するために、ハリウッド資本の導入や、国際共同製作を通じて、映画の「グローバル化」を提唱するわけではない。ハリウッド映画によって、作品と映画観客との出会い方が世界的に均質化されているなかで、日本の現状は、特殊であり貴重である。しかし、映画観客数の減少、ＤＶＤ販売・レンタル数の伸び悩み等に顕著なように、大手映画製作会社を除けば、日本国内の映画市場が、収益を上げるうえで頭打ちになっていることもまた明らかである。二〇一一年の統計を製作本数から見れば、劇場で公開された日本映画四四一本のうち、六七本（一五・二パーセント）を大手三社（東宝、松竹、東映）が、三七四本（八四・八パーセント）を非大手が製作している。だが、この数字を興行収入で見た場合、大手三社が八四二億円（八四・六パーセント）、非大手が一五三億円（一五・四パーセント）となる。つまり、劇場で公開されている映画のうち、一五パーセント程度の作品が、年間の興行収入の大半を占めているのだ。これは、製作費を回収できる映画がおよそ一〇本に一本しかないことを示しており、映画製作による国内市場の収益性は、例外を除いて低いと言わざるを得ない。

こうしたいびつな状況のなかで、非大手の映画作品が、製作資本の導入と海外への輸出を考える方向へ向かったとしても不思議ではない。文化庁による日本映画の製作支援制度として二〇一〇（平成二二）年度より開始された「国際共同製作への支援」は、国内の映画産業がとりわけ資金調達の面で、海外を視野に入れざるを得ない現状を反映したものとも言えよう。従来、文化庁は、文化芸術振興補助金を通して「映画製作の支援」を行っていたが、文部科学省の「知的財産推進計画２０１０」を受けて、新たな支援制度が設けられたのである。国際共同製作によって、文化政策のみならず、海外市場への参入促進や、製作資金確保などの産業政策を振興し、映画を活用した観光政策を積極的に図ること。そのために、相手国との仲介機能の強化や、アジア諸国との国際共同製作協定の締結が、具体的な目標として定められることになった。製作支援制度に関しては、二〇一〇（平成二二）年度以降、毎年四本ずつの作品が対象となり、アッバス・キアロスタミ監督の『ライク・サムワン・イン・ラブ』（フランス、二〇一〇年度）、アニメ作品の『劇場版ドラゴンボール』（アメリカ、二〇一一年度）、阪本順治監督『人類資金』（アメリカ、二〇一二年度）、河瀬直美監督『あん』（フランス、二〇一三年度）といった作品が選出されている。

この場合の国際共同製作とは、財団法人日本映像国際振興協会（ユニジャパン）によれば、「複数国の企業もしくは公的ファンドからの出資を得て映像作品（映画など）が製作されること、もしくは製作された作品」と定義されている。[1] すなわち、複数国にまたがって製作資金の出資者がいることが「国際共同製作」であるが、その特徴をより詳しく考察するためには、文化庁が行っている、前述の助成事業へ申請するための認定条件が参考になるだろう。この国際共同製作認定は、ユニジャパンが判定し、以下に示す条件をクリアしなければ、助成を申請することができない。

A）日本の製作者団体（申請者及びその他の日本の製作者団体を含む）が、製作費全体の20％以上の出資を行う国際共同製作であること。

B）海外の製作者からの出資が、５％以上見込まれる国際共同製作であること。

C）日本国民または日本に永住を許可されたものが、その製作活動についても一定程度貢献する国際共同製作であること。

D）申請者である日本の製作者団体に所属するプロデューサーが、タイトルクレジットに上位のプロデューサーとして明記されること。

E）申請者である日本の製作者団体が本件映画の著作権を一部保有し、マスター類の保有又はマスターに対するアクセス権を保有すること。

F）日本国内及び海外での配給が予定されていること。[2]

助成の可否を判定するための基準なので当然とも言えるが、法的・経済的な条件が「映画」を規定する。今日の国際共同製作とは、作品の中身ではなく、出資のあり方や完成した作品の権利がまず問題とされているのだ。そして、「国際」を目指しつつ、かえって日本国籍への帰属が求められるという点で、その知的財産を保護し、自国の産業を振興する性格が強いものだと言えるだろう。

国際性を目指すがゆえに、「日本」という看板が前景化してしまうこと。これは、日本映画に特有の状況でもなければ、特別に新しい問題だというわけでもない。世界市場の覇権を握るハリウッド映画とは異なる固有の表現形式を見出そうとする動きは、ヨーロッパやアジアなどにこれまでも存在してきた。すなわち、ハリウッド映画を中心とする国際的な枠組みのなかで、魅力ある国家ブランドのイメージ構築を図る必要があったのである。政府が現在主導する「クール・ジャパン」とは、その延長線上にあるに過ぎない。岩渕功一が指摘するように、「グローバル化は、ネーションというシンボリックな境界線や帰属意識を実際に揺るがすのではなく、グローバル化の文脈のなかにナショナルを再配置し、新たに定義を付与して、一層その規定力を強化させるように作用」するものなのだ。[3] 国際共同製作とは、「外国」ないしは「国際性」なしには自立することのできない、日本映画の苦境を象徴しているのである。

合作ブームの到来

日本において、国を跨いで複数の参加者が一本の映画を製作する、いわゆる合作映画＝国際共同製作の試みが盛んになったのは、一九五〇年代のことである。田中穰（読売）、林六郎（共同通信）、宮睦夫（毎日）、森本哲郎（朝日）の「映画記者日曜会」によって編集され、一九五五年に出版された『映画界拝見』は、当時の映画界の全貌を一般読者に平易に伝えようとする書籍だが、そのなかの一章が合作映画に割かれている。それは、まとまって語ることができるほどに、合作映画の本数が五〇年代になって増えたことを示していると言えよう。そこでは、『新しき土』(一九三七年)や『狼火は上海に上る』(一九四四年)といった合作映画が戦前にはあったものの、戦後に作られた合作映画が「いずれもひどい作品で、興行的にもいい成績ではなく、もう合作映画なんて見るものじゃないといった印象をファンの間に作ってしまった」とも述べられている。(4) 挙げられているのは、ジョージ・ブレイクストンとレイ・スタールの共同プロに東宝が提携した『東京ファイル212』(一九五一年)や『運命』(一九五一年)、そして、大映がアメリカからポール・H・スローンを監督として招いて製作した『いついつまでも』(一九五二年)等である。

その一方で、この時期に製作された日本の合作映画の特徴として、東南アジア市場を対象にしていることが、記述から読みとれるだろう。たとえば、溝口健二が監督した『楊貴妃』(一九五五年)は、香港と手を結ぶことで製作され、『蝶々夫人』(一九五五年)の場合、国内の配給を担当する東宝は、それ以外に東南アジアとハワイの配給権を持つことが指摘されている。また、企画だけで実現することのなかった『ベンガルの黒豹』に関しては、「東映は、犠牲を契機としてさえもインドに輸出の足がかりを持とうとする意図」があるとさえ論じられている。「ヨーロッパの合作映画が市場をお互いに分担しようとして生み出されたのに対して、日本の合作映画はまず同じ東洋人種である東南アジアに日本映画の市場を獲得する目的を担わされて作り出されてゆく尖兵のようなもの」だったのである。(5) 日本の製作者たちを合作に駆り立てていた動機は、文化的な国際交流に先んじて、アジアにおける経済的な利潤の追求だった。

合作映画の周期——一九五〇年代と現在

当時の合作への機運の高まりは、その本数の増加の傾向だけに着目すれば、今日の日本映画において俄かに関心を集めつつある、国際共同製作の場合と似ていなくもない。合作＝国際共同製作を行う目的があるとすれば、製作資金の獲得と市場の開拓を主として挙げることができるが、ある程度の予算を必要とする映画製作を進めるうえで、さまざまな場所から資金を集めることが重要であることは言うまでもない。また、完成した映画の販路を考えてみても、企画段階から海外展開を前提とした方が、作品をより多くの国々の人々に受け容れてもらえる可能性は広がるだろう。その意味で、現在のグローバル化された世界は、五〇年代にもまして国際共同製作に適っており、二〇〇〇年代に入り、複数国の関わる日本映画が増えたことも事実である。

しかし、二つの「ブーム」を比較して大きく異なるのは、日本映画を取り巻く内外の環境である。前述したように、現在、国際共同製作に関心が集まるのは、国内の映画産業の不振によるところが大きいが、一九五〇年代において、とりわけアジアのなかで日本映画が国境を超えたネットワークを構築しようとした背景には、経済的な側面に加えて、政治的な要因が強く働いていたのではないか。

その顕著な例として挙げられるのは、大映の永田雅一《まさいち》やショウ・ブラザーズのランラン・ショウらが主導した東南アジア映画製作者連盟の設立（一九五三年）と、翌年の第一回東南アジア映画祭の開催である。それは、戦前にアジアの精神的な共通項を統合し、アジア全体を西洋に対峙させようとした大東亜共栄圏の思想とは、似て非なるものではなかったか。すなわち、単純な日本の帝国主義的な覇権の復活を目論むものではなく、冷戦の文脈において、テヅカヨシハルが指摘するように、東南アジア映画製作者連盟は、「当時現れつつあった米ソ冷戦構造を背景にして高まる共産主義の脅威に対する警戒心に駆られ、不安定な情勢にあったアジア映画産業を西側資本主義体制の影響下に包括するという政治的目的を持って設立」された側面は否めない。(6) 参加した七地域（香港、インドネシア、日本、マレーシア、フィリピン、台湾、タイ）は、「デモクラシーの世界」（永田）であり、大げさな言い方をすれば、反共の防波堤としての役割が与えられている。単なる市場開拓の目的を超えて、イデオロギー的な結束が呼びかけられていたのである。

2 海外への眼差し——一九五〇年代における日本映画の海外展開

政治経済的な要因を背景としつつ、日本映画の製作者たちが、作品の海外展開がもたらす国内の映画産業に対するメリットに気づくことになったのは、おそらく、ヨーロッパにおける、黒澤明の『羅生門』（一九五〇年）の成功である。それは、一九五一年のベネチア国際映画祭での金獅子賞の受賞が、黒澤明と日本映画の国際的な地位を確立し、それまでプログラム・ピクチュアを量産してきた大映の映画企業としての社会的評価を一変させただけでなく、日本映画を輸出する可能性にリアリティを与えたからである。

『羅生門』の衝撃

東宝争議によって東宝を離れていた黒澤明が、映画芸術協会と大映との契約に基づいて撮影した『羅生門』を、当初、大映の社長・永田雅一はさして評価していたわけではなかった。『羅生門』は、一九五〇年八月に国内公開されているが、永田が理解できなかっただけでなく、この作品に対するネガティヴな印象は、当時の映画ジャーナリズムの共通した論調であり、一般観客にとってもそれは変わらなかった。(7)

この作品がベネチア国際映画祭に出品されたのは、今日では比較的よく知られているが、イタリア人女性、ジュリアーナ・ストラミジョーリの熱意によるところが大きかった。ストラミジョーリに関しては、本書の古賀太の論文に詳しいのでここでは記さないが(8)、情報手段の限られていたこの時代の映画祭への参加は、今日とは異なり、監督個人の力では、到底困難なものだった。(9)当時の記述を辿ると、第二次世界大戦後のヨーロッパにおいていち早く再開ないしは設立されたベネチア国際映画祭やカンヌ国際映画祭への出品をめぐって、日本国内の官公庁や業界団体が少しずつ動き出していることがわかる。『キネマ旬報』（一九五一年一月一日号）では、「国際映画コンクールへの招請来る」と題された記事が掲載されている。記事の中では、フランス映画輸出組合日本事務所を通じてカンヌ国際映画祭へ、外務省を通じてベネチア国際映画祭へ、同時にふたつの国際映画コンクールから日本映画の正式参加を求める知らせがきたことが述べられている。そして、「ベニスとカンヌの両映画祭は最も有名で、最も権威を持ち、過去の受賞作品を見ても間違いなく世界第一流のレベルに達するものであるから、これに映画を送ることは日本映画界のために大きな意義を与えることになると信じて疑わない」とまとめられている(10)。

『羅生門』の出品と機を同じくして、映画産業の内部でも、日本映画の海外展開が意識され始めている。同年の『キネマ旬報』三月一日号には、興味深い座談会の記録が掲載されている。「四つの島から飛び出せ」と題されたその記事は、「日本映画発展の急務は海外市場にこそある！」という副題が添えられ、池田義信（日本映画製作者連盟〔以下、「映連」〕事務局長）、川喜多長政（東和映画代表）、曽我正史（大映常務）らが出席している。その座談会では、映画祭への出品だけでなく、合作映画も含めた日本の「輸出映画」のうち、どのような作品が海外の人々に受け容れられるかが論じられ、海外展開の具体化へ向けて、映画人の模索が行われていることが窺える。参加者の川喜多は、「戦争中あれしたのだけれども……」と口を濁しているが、映画先進国のアメリカ、フランス、ドイツ、イタリアだけでなく、日本が「自主的な立場」に立って東洋方面のマーケットを開拓することに言及している。

輸出映画への道

国際的な舞台への進出を目指すなかで、『羅生門』は、戦後の日本の映画にとって、国際的な名声を手に入れる以上の予想しなかった結果をもたらした。まず、日本人は第二次世界大戦後、海外では何かと肩身の狭い思いをしていたが、その〝敗戦意識〟を払拭したことである。日本人の血を引き、海外で活躍していた彫刻家のイサム・ノグチは、ヨーロッパで『羅生門』を見て、胸を張って歩くことができたと述べ[11]、プロデューサーの森岩雄は、「負けてみじめになった日本にとっていみじくも世界に気をはき得た快心事」であり、「日本の芸術家の目や心が世界を相手にこれを広げていくことが悪いという理屈はもはや成り立たない」と記している[12]。

また、この映画の凱旋興行が成功したことにより、終戦直後の検閲によってそれまで上映できなくなっていた黒澤明の時代劇『虎の尾を踏む男達』(一九四五年製作)が、一九五二年四月に「日本の独立回復を記念する映画」として公開されたこともまた、『羅生門』の国際的な評価が、敗戦からの復興を象徴する出来事であったことを示している。一九五一年九月、日本は、アメリカをはじめとする連合国諸国との間にサンフランシスコ講和条約を結び、国際社会における主権を回復する。条約締結を控えた八月には、映画製作会社各社からなる映連で自粛されていた時代劇製作の規制が撤廃された。

受賞した大映の株価は、六〇円から一三〇円に跳ね上がった[13]。映画祭を開催したイタリアだけでなく、「アメリカ、イギリス、フランス、ドイツをはじめ各国映画配給会社から同映画の買付け注文が大映に殺到[14]」し、その後、ベネチアやカンヌをはじめとして、世界各国の映画祭への参加招請が日本に相次いだ。一九五二年、カンヌ国際映画祭で吉村公三郎『源氏物語』が撮影賞、同年のベネチア国際映画祭では、溝口健二『西鶴一代女』が監督賞、翌年の同映画祭では、溝口の『雨月物語』が銀獅子賞を受賞した。さらに、一九五四年には、カンヌで衣笠貞之助『地獄門』がパルム・ドール、ベネチアで溝口健二『山椒大夫』が銀獅子賞を獲得し、大映は毎年のように国際映画祭で成果を挙げることになった。

意図せざる『羅生門』の受賞によって、戦略的な日本映画の輸出の機運が、国内において高まっていく。前述したように、サンフランシスコ講和条約の締結を受けて、日本の文化産業は、占領軍の民間情報局（ＣＩＥ）による統治の枠組みから外れたが、このことが、『羅生門』を突破口として始まった、日本映画の海外進出に拍車をかけたと言っていい。すなわち、ある程度の「裁量」を映画産業が与えられたことの結果として、(1)日本側で海外の映画産業や市場の動向を知る必要が生じ、(2)外国映画の輸入と配給業務の自由化がなされ、(3)（それまでは在外邦人向けに限られていた）海外への日本映画の輸出が解禁されたのである。日本の映画製作・配給会社は、新たに海外の提携先を模索し始める。こうした流れのなかで、松竹は木下恵介をパリへ、大映は増村保造をローマへ、映画監督を研修のために海外へ派遣することになるだろう。

統計から見ても、一九四七年度に三万二〇〇〇ドル（劇映画一七本、ニュース映画一四本）だった映画輸出金額は、一九五一年度に五〇万三六五七ドル（劇映画五三九本、短編・記録映画三三本、ニュース映画三二一本）、一九五二年度に八三万三四四ドル（劇映画六二五本、短編・記録映画七三本、ニュース映画四〇八本）、一九五三年度には、一二〇万六四四ドル（劇映画六七五ドル、短編・記録映画五七本、ニュース映画三〇三本）といったように、『羅生門』以降、飛躍的に数字を伸ばしていったことがわかる。[15]『キネマ旬報』一九五四年一月下旬号では、経団連会長の石川一郎を招いて行われた、「日本財界・映画に動く」という座談会の記録が掲載されており、出席した池田義信（日本映画連合会事務局長）や川喜多長政の発言によれば、経団連に「映画の輸出振興策に関する要望意見」が提出され、映画によって外貨獲得（ドル）の必要性を訴えたと記されている。「日本映画の海外進出は、いまや試験時代を終わった。『地獄門』だけで四〇万ドルの収入が見込まれる。しかも、本格的な輸出振興にはもっと世論の昂揚と政治的援助が要求されている」というリード文が映画雑誌（『キネマ旬報』一九五五年一月下旬号）に掲げられるほどだったのである。本格的な「輸出映画」への道が切り開かれる。[16]こうした流れを反映して、日本映画連合会は、一九五三年一一月に映画製作者国際連盟に正式加盟し、映画各社も次々に欧米事務所を設置し、海外で試写会を行うことになる。対外的な日本映画のPR誌『日本映画産業』も同年から発行が始まっている。

合作映画の展開

海外輸出へ関心が高まるなか、合作映画を製作しようとする動きも加速する。この時期に完成した代表的な作品としては、大映とRKOの合作でポール・H・スローン『いついつまでも』(一九五一年)、川喜多長政、大澤善夫、森岩雄ら海外経験豊かな東宝系の映画人が中心となり、ジョセフ・フォン・スタンバーグを監督に迎え、日本映画として製作された『アナタハン』(一九五三年)、日伊合作で、チネチッタで撮影を行ったカルミネ・ガローネ『蝶々夫人』(一九五四年)、フランスの四社と松竹が合作した、イヴ・シャンピ『忘れえぬ慕情』(一九五六年)などを挙げることができるだろう。また、アジアでは、香港のショウ・ブラザーズと大映の合作で溝口健二『楊貴妃』(一九五五年)、同様にショウ・ブラザーズと東宝の合作で豊田四郎『白夫人の妖恋』(一九五六年)が製作されている。こうして合作熱は高まり、映画製作会社は多くの企画を発表するが、現実化したものは少なかった。敗戦後の一〇年間で企画された合作映画の数は約四〇本、実現したものは一五本、相手国は一〇カ国であり、東南アジアとのごく一部のケースを除いて「日本での合作映画は儲からぬ」というのが、双方に共通する印象であった(17)。

しかし、『羅生門』のベネチア国際映画祭における受賞をきっかけとして、輸出を中心とする海外進出が映画産業のなかで重視され、それが国内の映画自体に対する社会的な認識を変えたことは事実である。一九四九年に設立されたばかりの通商産業省が日本映画の輸出振興を行うという内容の「映画輸出に力こぶ『羅生門』表彰に張切るという」記事が、一九五一年九月一四日付の『朝日新聞』に掲載されている。それまで、甲種・乙種・

丙種という優先順位に産業を分類し、資金や資材の重点的な配分決定するうえで、丙種産業として冷遇され続けた映画は、外貨獲得のための、正式な貿易品目として認識されるに至るのである。

ただし、「輸出映画」であることによって、こうした作品が日本のイメージに関して、ねじれを生み出していたことも事実である。それは、一九五〇年代に国際映画祭で受賞した日本映画を振り返れば明らかであろう。一九五五年に米アカデミー名誉賞を受賞した稲垣浩『宮本武蔵』（英語題名は Samurai 1: Musashi Miyamoto）に至るまで、時代劇、コスチューム・プレイといった、エキゾティシズムに満ちた作品がそこには並ぶ。こうした傾向に対して、一九五六年のベネチアでは、映画祭で賞を獲るための映画ばかり作っている日本映画を国際映画祭から外すべきだという発言も出るほどだった。[18] 日本映画の海外輸出の可能性は、『羅生門』の成功によって劇的に拡大したが、それは、「西洋」が日本映画に求めるエキゾティシズムに応えるかたちで、当時の映画人に「意識的なセルフ・オリエンタリスト的戦略をとらせる」ことになったのではないか。[19]『羅生門』受賞の直後、黒澤明は「輸出映画」についての自身の考えを述べている。[20]

輸出映画は強烈なドラマ、強いストーリー、強い問題、こういったどこへ行っても共通する映画で、現代の日本人の気持ちを正直に述べて共感を呼ばなくては、地に足を着けた輸出は出来ないと思います。

だが、こうした監督の声が日本映画界に届くことはなかった。ひとつの作品を「映画」として評価するほど、普遍言語としての映画を語る余裕は映画産業になく、黒澤明の『生きる』や小津安二郎の現代劇を映画祭に出品することは差し控えられた。映画輸出の議論が最も活発になっていた一九五五年末、小津安二郎、溝口健二、大澤善夫、川喜多長政、永田雅一が出席して、座談会が開かれている。[21] 発言を求められた小津は、日本映画はそのままでは海外に出せないとして、外国人に喜ばれるようにした「海外に出るための工夫」が、彼らの好奇心だけを満たしており、それは、「まがいもの」の「土産物」のようになりがちだと批判する。そして、溝口は、日本の文化が海外から来たものに影響を受けているために、日本の文化が何か分からなくなっている、自分はそれを勉強し直している、と嘆く。「セルフ・オリエンタリスト的戦略」が、敗戦から復興した、一九五〇年代の日本映画を引き裂いていたのである。

3 『蝶々夫人』という夢——合作映画の理想と現実

異国趣味《エキゾティシズム》の払拭

一九五〇年代において、合作映画はどのようにして実現したのだろうか。川喜多長政と東宝の森岩雄が製作を担当、カルミネ・ガローネが監督し、ローマのチネチッタで撮影が行われた『蝶々夫人』の場合について考察してみよう。周知のように、歌劇『蝶々夫人』は、アメリカ人弁護士ジョン・ルーサー・ロングの短編小説をもとに、デヴィッド・ベラスコが戯曲化し、さらにそれをジャコモ・プッチーニがオペラ化したことで知られている。長崎を舞台にして、アメリカの海軍士官に裏切られた士族の娘・蝶々夫人の悲劇を描き、過酷な運命のなかで愛と気高さを貫く女性の姿や、「ある晴れた日に」などのアリアによって世界中でこれまでオペラの上演が行われてきた。

北京を経てドイツへ留学した経験を持つ川喜多にとって、この作品を日本人の手で映画化することは悲願だった。一九二三年にハンブルクの国立オペラ劇場ではじめて『蝶々夫人』を観た川喜多は、メイキャップや衣装など、「支那人、インド人、蒙古人のすべてを混合したような荒唐無稽」な上演に「フンガイ」したという。[22]帰国後、川喜多は、東和商事合資会社を一九二八年に設立するが、こうした経験がその動機のひとつとなったことは事実である。すなわち、外国人の日本に対する認識を変えるために、日本の文化を海外へ伝えること、それと同時に、西洋の生活や文化のなかに学ぶべきことを日本に紹介すること。この二つの目的を成し遂げるために、東和商事が活動の核に据えたのは、映画の輸出入だった。川喜多は、一九三七年、ドイツ人のアーノルト・ファンクと伊丹万作が監督し、原節子が主演した合作映画『新しき土』を製作しているが、『蝶々夫人』は、それ以来となる合作企画だった。

東宝から製作に加わった森岩雄にとっても、この題材は「多年の宿望」であった。[23]「長崎に出かけて行ってその材料を漁ったこと」もあり、「大正の末期、はじめてアメリカに渡った当時、むこうの映画人たちが「桜の日本、お蝶夫人の日本」を「本当の日本」だと思い込んでいることを嘆」いていたと岸松雄は記している。森も、川喜多同様に、日本人に対するステレオタイプのイメージを払拭しようという気持ちが強かったのである。

森によれば、当初、この企画の成立を困難にしていたのは、原作（ジョン・ロング）、戯曲（デヴィッド・ベラスコ）、音楽（プッチーニ）の三者に跨る著作権の存在であり、映画化のさまざまな話があったものの、いずれも実現しなかったという。[24]そこでは、山口淑子主演のパラマウント映画、ジェニファー・ジョーンズ主演で進められていたセルズニックの作品、アレキサンダー・コルダ（ロンドン・フィルム）の企画が挙げられている。イタリアとの合作は、一九五四年にパラマウントとリッコルディ（イタリアの出版社）との間の訴訟が解決し、カルミネ・ガローネが映画化の権利を獲得した後、ガローネ側から川喜多に提案があった。

一九五四年五月、川喜多は渡欧して企画の話し合いを行い、七月には森がイタリアへ赴いて正式調印した。製作費は約三億リラ（二億円）で、東宝が俳優の出演料、衣装費など、その四分の一を負担するかわりに、日本お

よび東南アジア、ハワイの配給権を無期限取得するという契約だった。(25)

合作映画の課題

当初、山口淑子、寿美《すみ》花代の名前も挙がっていたようだが、蝶々役は八千草薫に決定し〔図①〕、下女のスズキ役には、すでにヨーロッパで活躍していた田中路子が選ばれた。(26) 小杉義男（ボンゾ）や中村哲（ヤマドリ）のほか、鳳八千代、淀かほる等、宝塚歌劇団の団員も出演をしている。当時イタリアに留学していた増村保造が助監督に、川喜多と親交のあった演出家・振付家の青山圭男《よしお》が監督助手に起用され、美術や衣装にも三林亮太郎をはじめとする日本人スタッフが多く参加し、外国人スタッフと協働した。青山は、この映画を契機として、一九五八年に日本人として初めて、ニューヨークのメトロポリタン歌劇場で『蝶々夫人』を演出することになるだろう。野口久光は、当時の『キネマ旬報』で組まれた、「映画・今日の課題」という特集に「日本と外国との合作映画」という文章を寄せているが、そのなかで、『アナタハン』（一九五三年）では、（スタンバーグ側が）日本側の芸術家の協力を受け容れなかったのに対して、『蝶々夫人』は、国籍の異なるスタッフが多く参加しているという点で、「合作」の色合いがより強いと述べている。(27)

図① 『蝶々夫人』（1955年）の八千草薫

八千草と増村の座談会における発言によれば、撮影期間は一九五四年一〇月九日から一二月六日まで、夜間と日曜日は休みで、一二時の開始から二〇時の終了まで休憩なしに撮影を行った。[28] イタリアで編集を終えた後、日本でこの作品が公開されたのは、翌一九五五年の七月一日だった。有楽座をはじめとする都内や京阪神の劇場を中心として全国規模で公開され、国内の興行収入は八五〇〇万円、のちに東南アジアにも作品を売って数万ドルの収入を得ている。

興味深いのは、映画製作におけるスタッフ・ワークの姿勢の違いについて、二人が印象を述べている点である。（ふだんは）メイクを自分でするという八千草に対して、増村は、「〔イタリアの場合〕役者が顔をいじるのはもっての外、メーク・アップ・マンは日本的な美を知っているから任せろ、というのです。各スタッフが一生懸命にやるのは契約性だからです。〔製作会社は〕いつでもクビが切れる」と指摘する。その一方で、「日本の会社は世界稀なる大会社システムです」として、日本の撮影所におけるスタッフの怠惰を暗に示唆するかのような発言を残している。

日本社会の近代化の可能性を西洋の個人主義のなかに理想化した増村の批判が正しいかどうかは判断できない。しかし、合作とは、金銭的な問題だけでなく、制作現場のレヴェルで、文化的・社会的な相違に大きく左右されるものであることは言うまでもないだろう。

増村の指摘する労働契約や環境も含め、森岩雄は、『蝶々夫人』の経験から合作映画を製作する際の注意を「要領」として記しているが、[29] 次のようにまとめられるだろう。

(1)製作資金のバック・アップがあること（『蝶々夫人』の場合、川喜多長政を介して、出版・新聞業を手がけるリゾオリ社の経営者が資金を保証している）。
(2)契約書を完備すること（日本社会はあまりにも契約書が杜撰）。
(3)演出の大綱に関する合意を経て、契約すること（双方の脚本の突き合わせは不可欠）。
(4)キャスト、スタッフに関しては、仮契約を経てから本契約すること。

①配役の決定は、役者と製作側との関係のあり方の相違に注意。
②スタッフの人選では、外国生活の経験者、本国（東宝）に影響を与えないようにする。
③予算や休息等をよく考慮して、撮影スケジュールを決定する。
④機材・美術などについても契約書に明記する。
(5)国籍の問題に注意すること（場合によって、クォーター制度の障壁になる）。
(6)労働環境・慣習の差異を配慮すること。
(7)言語の問題が起きないように注意すること。

後年、森は自身の著書のなかで、こうした合作方式の課題に対して、いくつかの前向きな「解決」を提言している。[30]たとえば、言語の相違は、演出上、絶対的な障害とはならないとして、黒澤明の『デルス・ウザーラ』（一九七五年）を挙げている。また、同じ言語的な相違であっても、役者に関しては、ローカルな存在よりも語学力のあるスターの育成が必要であると述べられている。そして、当時国双方の大衆に理解しうる主題の選定と脚本を重視し、「朝鮮征伐」「山本五十六」といった、ある地域の人々には受け容れがたい主題は避けるべきだと記している。この際、『蝶々夫人』で川喜多と森がこだわったように、時代・文化考証が重要であることは言うまでもないだろう。

合作映画の展望

先にまとめた、合作映画の製作に関する森の指摘は、今日の国際共同映画製作においても、留意すべき事項ばかりである。森の鋭い考察力が今日のグローバルな時代を予見していたとも言えるが、逆に、半世紀以上前に提起された「要領」が課題として残されるとも言えよう。そして、合作＝国際共同製作の実現した本数も劇的に伸びていないことを踏まえると、日本映画の「国際化」をめぐる環境は、『蝶々夫人』の時代から、本質的な変化をほとんど遂げていなかったとも考えられる。

むろん、他国と映画製作を行うことが、そのまま日本映画の国際化につながるわけではないし、グローバリズムに安易に参加することで、日本映画が独自に培ってきたものを失ってしまう危険もある。しかし、日本国内の映画市場が縮小し、海外からの人的・経済的なネットワークの構築が、リスク回避のための必然的な選択肢となる今日において、国際共同製作のあり方は、再考されるべきである。堀越謙三が指摘するように、これまでの二国間同士の製作ではなく、東アジア市場を念頭において、複数国に跨って企画開発や出資を行うような、ヨーロッパ型の共同製作への移行がなければ、「ハリウッド型グローバリズムに市場を席巻される危険性」は大きい。(31)

そして、「商品」であると同時に、「表現」でもある映画にひとつの国籍だけを与えることは、意味がないわけではないにせよ、かなりの困難を伴う。純国産の「日本映画」というものが、これまでに存在しただろうか。表現としての映画は、「日本的なるもの」からつねに逃れ続けるだろう。それは、たしかに、日本の歴史・社会・文化といったものの反映である。しかし、それ自体がすでに多元的であり、なおかつ、表現そのものを外国の人々と比較できるということは、両者の間に共通する物事の見方が根底に存在することを示している。つまり、日本映画という枠組みを定義しようとしても、かえって、その「外部」が顕在化してしまうのである。夫の帰国を受け入れられず、士道に殉じた蝶々夫人の悲劇は、そのことを示唆しているとは言えないだろうか。故にまた、合作映画の理想は、蝶々夫人の夢でもあるのだ。

（1）「平成一七年度コンテンツ国際取引市場強化事業　国内外における映像コンテンツ国際共同製作環境調査報告書」財団法

人日本映像国際振興協会、二〇〇六年。

（2）「平成二七年度ユニジャパン国際共同製作認定応募要項」公益財団法人ユニジャパン、二〇一四年、三頁。

（3）岩渕功一「「日本映画」以後の日本と映画」、黒沢清・吉見俊哉・四方田犬彦・李鳳宇編『日本映画は生きている第八巻　日本映画はどこまで行くか』岩波書店、二〇一一年、一八四頁。

（4）田中穣「合作映画の秘密」、映画記者日曜会編『映画界拝見』朋文堂、一九五五年、九二頁。

（5）田中穣、前掲書、九一頁。

（6）テヅカヨシハル『映像のコスモポリティックス――グローバル化と日本、そして映画産業』せりか書房、二〇一一年、八六頁。

（7）じっさい、『キネマ旬報』二月上旬号（一九五一年）に掲載された、映画批評家一五名が選ぶ「キネマ旬報一九五〇年度内外ベストテン」において、『羅生門』は、今井正『また逢う日まで』（東宝）、大庭秀雄『帰郷』（松竹）、谷口千吉『暁の脱走』（新東宝）、佐分利信『執行猶予』（芸研プロ）に続き第五位、同誌四月特別号（一九五一年）の「一九五〇年度の貴劇場における最もヒットした映画と、最も人気のあったスタアをお答えください」という劇場経営者へのアンケートでは、第八位でしかなかった。『羅生門』に対する同時代の批評に関しては、以下の文献を参照のこと。岩本憲児「批評史ノート」、『全集　黒澤明』第三巻、岩波書店、一九八八年。

（8）初出は、古賀太「『羅生門』と〝ストラミジョーリ神話〟を巡って」、『芸術学部紀要』第五七号、日本大学芸術学部、二〇一三年九月。

（9）田中純一郎『日本映画発達史Ⅲ』中公文庫、一九七六年、三二一頁。

（10）『キネマ旬報』一九五一年一月一日号、五四頁。

（11）『映画ファン』一九五二年四月号、六二頁。

（12）森岩雄「大当たりの日本文化――『ラシャモン』『巴里に死す』『アズマカブキ』」、『文藝春秋』一九五四年五月号、二六一頁。

（13）黒澤明・木下恵介・谷口千吉「『羅生門』と日本映画界」、『婦人公論』一九五一年一二月号、九九頁。

（14）『映画年鑑　一九五三年版』時事通信社、一九五三年、六〇頁。

（15）『映画年鑑　一九五六年版』時事通信社、一九五六年、三九頁。

(16)「輸出映画」という言葉に関しては、岩崎昶らによって、戦前から使用されている。詳しくは、以下の拙論を参照。土田環「『戦前期の日本映画における「国際性」の概念――『NIPPON』に見る川喜多長政の夢』、『Cre Biz』第七号、映画専門大学院大学、二〇一二年三月。
(17)浜野保樹『偽りの民主主義――GHQ・映画・歌舞伎の戦後秘史』角川書店、二〇〇八年、二五三頁。
(18)川喜多長政「映画輸出入業者として」、『中央公論』一九五七年四月号、一七六頁。
(19)テヅカ、前掲書、四五頁。
(20)黒澤明「世界の人が共感してくれる映画をつくろう!」、『映画の友』一九五一年一二月号、四三頁。
(21)「映画界これでいいのか」、『中央公論』一九五五年一二月号、一九二―二〇一頁。
(22)川喜多長政「映画輸入業者として」一七五頁。
(23)岸松雄「現代日本映画人伝(九) 森岩雄」、『映画評論』一九五五年七月。
(24)森岩雄「合作映画の実際」、『映画製作者の仕事』中央公論社、一九五五年、二二二―二二三頁(初出:『キネマ旬報』一九五五年一月下旬号)。
(25)『映画年鑑 一九五五年版』時事通信社、一九五五年。
(26)小林一三「八千草薫の『蝶々夫人』」、『小林一三全集』第二巻、ダイヤモンド社、一九六一年、二二五頁。
(27)野口久光「日本と外国との合作映画」、『キネマ旬報』一九五四年九月一五日号。
(28)座談会「『蝶々夫人』とイタリア人気質」(参加者:八千草薫・山崎功・増村保造・清水千代太)、『キネマ旬報増刊 イタリア映画大鑑』一九五五年四月。同年四月には、前年に結ばれた日伊文化協定を受け、東京宝塚劇場でイタリア映画祭が開催されている。
(29)森岩雄「合作映画の実際」前掲書、二一四―二三五頁。
(30)森岩雄『映画製作の実際』紀伊國屋書店、一九七六年、二二九―二六六頁。
(31)堀越謙三「グローバル時代における日本映画のゆくえ」、黒沢清・吉見俊哉・四方田犬彦・李鳳宇編、前掲書、五四頁。

14 他者という眼差しと戦略

リチーとアンダーソンの *The Japanese Film* の複雑な可能性

アーロン・ジェロー

はじめに

英語圏の研究者や大学の教官の間において、日本映画の通史として、または教科書として、今もなおもっとも活用されている書籍は、ドナルド・リチー（一九二四—二〇一三）とジョセフ・アンダーソンの *The Japanese Film: Art and Industry*（『日本映画——芸術と産業』未翻訳）に違いない。一九五九年に最初に上梓されて以来、一九八三年の増補改訂版を含めると、いまだに絶版になっていない数少ない映画史研究書のロングセラーである。『小津安二郎　映画の詩学』（青土社、一九九二年）の著者でもあるデヴィッド・ボードウェルが以前、「この本は、二〇年経っても西洋において、いまだにもっとも詳細な日本映画史である。その後のほぼすべての研究の概念的な枠組みは、この権威ある書物に影響されている」と評価したほど[1]、その価値が高い。

それはなぜだろうか。著者の尽力が結実しているこの研究を、その後の英語圏の日本映画史が残念ながらまだ超えられないという理由もあるが、それよりも、その歴史性と著者、とりわけドナルド・リチー自身の性格がその一端となっているといえよう。つまり、それはこの歴史書の内容の実質的価値よりも、むしろ戦後の日本とアメリカの歴史によって形成されてきた価値と、リチーという独特な実践家による取り組み方の緊張した関係からもたらされた成果ではないか。それは他者のあり方に深く関与している。その分析から、今でも通用し得る映画史研究のあり方に対する貴重な提案が潜んでいるのではないかと思う。

1 *The Japanese Film* の二項対立

まず、*The Japanese Film* の執筆背景を見てみよう。ともに東京在住のオハイオ州出身であったリチーとアンダーソンは、一九五四年ごろから日本の『映画評論』やアメリカの *Films in Review* のために書き始めた日本映画に関する記事が、五年後に書籍になった(2)。リチーによると、田中純一郎や飯島正による日本映画史の本が参考になったものの、二次的な資料が比較的少なかったので、主にインタビューや過去の雑誌や新聞に頼っていた(3)。二人の役割分担は言語スキルで取り決められた。アンダーソンは日本語が読めたので、主に資料調査をしており、日本語を流暢に話せたリチーはインタビューの担当であった。書き集めた無数のノートは部屋中にテーマごとに撒かれた(たとえば「弁士に関するノートはソファに置かれていた」のように)。そのノートはやがてノリで繋げられ、まるで絵巻物のようにクルクルと巻かれていた。このように執筆の準備は映画編集のような繋ぎの作業であった。執筆は主にリチーによって行われ、アンダーソンはそれを厳しくチェックした。

手本となったのは一九三九年発行のルイス・ジェイコブスの *The Rise of American Film*(『アメリカ映画の発達史』未翻訳)だった。ジェイコブスが社会学的観点から映画を語ったのに影響され、リチーらは日本映画論のみならず日本論をも追究した。リチーはこのプロジェクトを下記のように説明している。

> 私たちが書き上げたのは文化史だった。〔映画史を〕たどりながら所々に〔日本を〕説明しようと思っていた。〔略〕もちろん、これはいかなる芸術史でもやるべきことである。映画は、日常生活からまだ切り離されていない唯一のメジャーな芸術であり、〔略〕自らの文化的なコンテキストなしでは意味を持っていない(4)。

日本映画を説明することは、すなわち日本というコンテキストを説明することである。リチーにとって、これは映画史研究一般が追求すべき方法論のみならず、日本映画の特徴を理解する上では必要不可欠の方法である。*The Japanese Film* の次に出版されたリチーの単著 *Japanese Movies*（『日本の映画』一九六一年、未翻訳）の前書きでは、「日本の映画は、映画史上最も、国民を完全に反映している映画であり、その反映を見たい人に見せ続けている」(5)と、彼は書いた。つまり、コンテキストを通して日本映画を理解したり説明したりすることは、もはや方法論だけではなく、日本の国民性、またその映画の特徴につながる。リチーによると、日本人とはコンテキストを通して生きている国民だから、映画をコンテキストで説明することこそは日本の精神の説明になるわけである。これによってリチーは自らの方法論を自然化したと言っていいかもしれない。

これはジェイコブスの文化社会学的な方法の系統を継承していると同時に、未知なる日本を外国の目のために切り拓くという、多少「大発見時代」の作業にも似ているかもしれない。それはある種のオリエンタリズムの視点である。それを裏付けるかのように、リチーは *The Japanese Film* で得た成果をこのように描写した。

> アフリカに入り込んだリヴィングストンと同じように、我々は日本映画に入り込んだ。そしてジャングルで時々迷っても、やがて戦利品を持って帰ってきた。(6)

このように「我々」が「彼ら」を「我々」のために捉えた、という図式がうかがえる。

ここでリチーたちがコロニアルな視点を有していると言うつもりはないが、その方法論には「我々」と「彼ら」のような、相反している二項対立や矛盾を包含しようとしている様子を見て取ることができる。そして *The*

Japanese Film においては、この二項対立がさらに増殖し、様々なレベルにおいて、同書を形成している。たとえば、この歴史書は年代学的な歴史である一方、同時にそれを超えるテーマの歴史でもある。要するに現象が絶対的な時代性を有する歴史と、それを超越する共通なテーマ（たとえばヒューマニズム）の歴史も混在している。また、リチーたちは多くの古典的な映画史の本があまり取り上げない映画産業の動きを詳しく紹介している一方、やはりそれを超越している天才的作家と、彼らが生んだ傑作の紹介に重点が置かれている。たとえば、次のような文章に典型な作家論——一種の「偉人の歴史」——が見られる。

いまだに優秀な作品が継続的に製作されているのは、映画産業の功績ではなく、おそらく世界でもっとも保守的で、芸術的に反動的で、非効率的で、そしてアンプロフェショナルなこの産業に対して、立ち向かうことができるぐらいの真の強さと誠意を持っている数少ない監督とプロデューサーの功績である。(7)

しかし同時に、まるで作家中心の映画史を否定するかのように、「日本の観客は日本の映画を創っている(8)」と、リチーらは書いている。それもリチーの複雑な日本映画観に包含されている。

2 *The Japanese Film* の歴史性

これらの二項対立はただ矛盾で終わることなく、やはり片方がもう一方を形成しようとしている傾向も見られる。そこからリチーらの眼差しとその背景にある歴史を垣間見ることができる。たとえば、*The Japanese Film* は今井正をこのように批判している。

この章に紹介されている他のすべての監督たちは、強い個性を持ち、それと同じぐらいの強い道徳観を有している。〔略〕彼らはやはり個人である。特異性と個性を持っている。しかしおそらくそれ故に、評論家たちは小津を軽蔑したり、成瀬を冷笑したり、黒澤を無視したりする。それと比べて、自立している自由人という立場を意図的に放棄して、ぼんやりした知識の元で社会的かつ政治的な運動に没頭しようとしている今井〔正〕は、日本の評論家たちが評価している。(9)

この芸術的な評価の基本にあるのは、芸術対政治という、よくある二項対立であると思われる。ここで政治性そのものは芸術の毒として扱われているが、今井正は当時、映画論壇において優勢だった日本共産党や社会党系の映画評論家に高く買われていたことを考えると、リチーらの芸術至上主義の政治否定は、実は強い政治性を持っていた。すなわち、それは冷戦時代の反共的な姿勢と言えないでもない。リチー自身のこの時の政治のみならず、おそらくここで挙げられている「特異性と個性を持っている」他の監督たちの政治から、読者の目が結果的に逸らされているようにもみえる。その主な手段は芸術至上主義の他に、普遍的なヒューマニズムである。戦前の傾向映画でさえ、評価されているのはその政治ではなく、人間性である。

日本の傾向映画は特定の「傾向」を追求したわけでなかった。それどころか、かえって製作者が社会問題に関心を持っていた理由は、人間に関心を持っていたからだった。映画を特定の政治信条の見本として作ることは、けっして彼らの意図ではなかった。(10)

その人間性の追求は、芸術の定義としても機能している。

映画が芸術であるということを実証することができる映画作品の多くは、日本の映画産業が作った。これらの作品は、文化や国民性と関係はなく、本当の自分を認識させ、人生のパターンそのものをようやく理解できるように我々に彷彿させている。(11)

この文章から見えてくるのは、「本当の自分を認識」させてくれる映画は、リチーらにとってリアリズムの映画のことである。ハリウッドの非現実性を子どものころから見てきたリチーは、特にスクリーンの中の日本人と彼が街で見る日本人が同じように見えたことに驚いていた。

スクリーンから見えてくるものは、映画館の帰途に窓から見えた、食べ物がほとんどないテーブルの周りに座っている家族と同じ家族だった。そしてこの映画の中の家族を私と一緒に見ていたのは、それとほとんど変わらないように見えた大勢の家族だった。(12)

ここでリチーは、映画の現実性の例を挙げているだけではない。リアリズムを極めているのは、他の各国のどの映画よりも日本映画である、と主張しているように見える。コンテキストによって最も形成されている日本映画は、やはり同様に最もコンテキストをリアルに描いていることにもなっているのである。

リアリズムとヒューマニズムそのものをここで批判するつもりはないが、それが *The Japanese Film* という戦後の映画評論の一例においていかに機能しているかを問題化したい。リアリズムとヒューマニズムの主張は、一見政治思想による現実の歪曲を避けて、本当の現実、本当の人間の描写を訴えているように見えるが、人間という超越的な存在を援用して自らの政治からの潔癖さを訴えていることは、特に冷戦時代において、自分の置かれている歴史的な環境を隠蔽してしまうことになりかねない。その隠蔽こそが、政治性を否定している強い政治性であると言っても過言ではない。

The Japanese Film において普遍的なヒューマニズムは冷戦思想だけではなく、ある種のオリエンタリズムをも隠す。日本を深く愛していたリチーは、もちろん非西洋を見下したりするようなオリエンタリストではなかったが、日本の歴史的な現実を直面できない当時の一種のオリエンタリズムを *The Japanese Film* の一部分が反映していたことはあながち否定できない。同書はところどころに、日本における複雑な分裂や多様性を無視して、日本人を単一のモノにしている箇所が見られる。たとえば弁士の存在が以下のように説明されている。

日本人は、今も昔も全てが解らなければ、全てが理解できなければならないと絶えず心配しており、完全な説明を要求している。弁士は、わかりきったことさえ説明して、サービスを拡大し、それを叶えている。(13)

しかし、実際には、すべての日本人が弁士の完全な説明を望んだわけではなく、弁士の廃止さえ求めた人々もかなり存在した。弁士をめぐる当時の対立が日本のモダニティにおける亀裂の一つの表徴であると拙論で論じたことがあるが(14)、それをあえて取り挙げないことは *The Japanese Film* がいかに日本を統一化してしまっているかの一例である（アンダーソンの一九八〇年代の弁士研究は別の方向に進んでいた(15)）。日本が歴史的に内包している矛盾や亀裂から目をそらすこの非歴史性は、日本内外からも長らく生産されてきた超歴史的な日本人論の象徴であると考えられる。その影響下、リチーらは、日本人論やヒューマニズムといった本質論を反映しない映画作品を

The Japanese Film においては、あまり好まなかったようだ。資本主義的消費主義のポピュラー・カルチャーの影響を受けている映画、たとえばコメディや歌謡もの、ミュージカルよりも、日本人の深い人間性を表すと思われる作品に注目している。その結果、本来なら日本映画が世界でもっともコンテキストやそのリアリティーを反映しているとと主張すらできたはずなのに、そのコンテキストやリアリティーの一面しか評価されていない、という疑問が出てくる。

日本のモダニティの一面しか注目しないことは、結果的に「古き良き日本」を強調することになりかねない。時々それをアメリカと比較しているリチーらは、アメリカが失ったものを日本に見つけるが、日本もそれが失われかけていると憂えていることが、彼らのモダニティ批判の表れでもある。しかし、その場合では、日本とその映画は、一つのリアリティーよりも、憧れの対象、それともモダニティ批判の道具として存在している。このように日本に自らの欲求を投影したりすることは、やはりオリエンタリズムの一つの典型と言わざるを得ない。

この姿勢は、対象に対する研究者の立場の形成にもつながっている。外国における日本映画研究者の基本的な姿勢を分類化したペター・レーマンは、リチーに一種の教育的な眼差しを見出している。

東洋に関する知識を持っている者は、〔略〕東洋人に対してだけではなく、「未知なる東洋」を知るためにその者に頼らざるを得ない西洋人に対しても、〔略〕かなりの力を有している。〔略〕我々（普通の観客）は日本映画に対して理解に苦しんでいる。見た目がハリウッド映画と違うからだ。それは日本が西洋と根本的に違うからだ、という説明を人から言われるが、リチーや〔ポール・〕シュレーダーはその違いが解っている。我々に日本の国民性や宗教観について教えてくれ、それによって我々はその映画を理解できる。(16)

このような教育的な眼差しは、西洋中心主義と無関係ではない。無関係ではないからこそ、その起因になる教育的な知や力とも無関係ではない。日本と西洋との違いがあればあるほど、その違いが解る人はその知による権威が獲得できるとも考えられる。それが日本の「違い」の構築の原因の一つになるわけである。場合によっては、リチーらのこの教育的な「上から目線」は、西洋の読者だけではなく、日本人にも向けられている。*The Japanese Film* は日本の映画評論に対してとりわけ厳しい。

日本の映画批評のレベルは全体的にひどい。無知と映画的な無教養が支配的である。[17]

にもかかわらず *The Japanese Film* は「真正の日本の考え方」[18]などへのアクセスを誇っており、まるで日本の評論家より自分たちの方が、日本人のために日本とその映画を代表して説明できるかのような思わせぶりである。この目線は時には親のような眼差しだが、このヒエラルキー構造では日本の観客自体がそれを必要としているようにみえる。映倫による観客への「保護」としての活躍がこう説明されている。

このような保護を必要とする観客が存在するかどうかは疑問だが、もし存在するならば、それは日本の観客である。感化されやすいこの観客は、娯楽とともに教育の方法として映画を真面目に受け止めるほど、常にすべての日本の映画業者に不当に利用されている。[19]

ここでは日本の映画業界が批判の対象になるが、同時に日本の観客が、自分以外の「外なるもの」から救いを待っている構造も描かれている。

3　他者と眼差し

The Japanese Film は一貫してその「外なるもの」の姿勢を保っている。日本の映画や文化への、真髄に迫るアクセスを誇っている一方、最後までその中からの発言はない。文体からそれが読み取れる。たとえば、東宝争議の様子がこう描写されている。

バリケードの後ろから、労働組合はいつもの旗、歌やスローガンだけではなく、意外にもその場のために作詩された詩の朗読で、敵を迎えた。〔略〕しかし、その雄弁さが、警察〔の心〕を動かすことはなかった。[20]

または宝塚のファンはこう描かれている。

宝塚の演劇は非常に人気がある。大人になりかけている女性の、奮闘するホルモンの塊が、上演回ごとに劇場に溢れる。ご贔屓のスターを見ては、悲鳴をあげたり、よじ登ったり、気絶したりまでする。[21]

この多少冷ややかな文体は *The Japanese Film* にところどころ見られ、日本に対するその立場の距離感を示している。

黒澤明監督等の名作に対しては、こんな皮肉は言わず、逆に日本の大衆的な映画や現象に対してこのような態度をとっている。が、しかし、これは極端な例にすぎず、外国に対して日本という不思議な国の映画を説明する際、なにかしらの距離が作られている現象がここで見られる。そして、もしその距離が一定でなければ、たとえば黒澤に対しては親近感を感じるとすれば、それは日本に対する親近感よりも芸術的な普遍性が発見されたからである。

つまり、この乖離されている眼差しも、また矛盾の眼差しである。これは確かに冷戦時代を表現する眼差しという側面もあるが、同時にその時代の矛盾をも反映している。たとえば西洋が代表すべき普遍的なヒューマニズムを標榜しながら、それが日本の個性を説くことを許しうるほどの寛容さを見せる。モダニゼーション論に基づく産業の近代化を望みながら、それを憂える側面も見せている。そして日本を説明しながら、日本の不思議、その説明不可能性をも強調している。

この乖離は、時代の象徴であるとしながらも、それに対する対策とも言えることを、ここで強調したい。面白いことに、*The Japanese Film* の各章は、フェードインや全景といった映画様式の用語を副題にしている。リチーによると、これは出版社に勝手につけられ、本人にとっては気に入らない副題であったが[22]、一九五〇年代の後半――つまり日本映画の最盛期――を扱っている章の副題が「ロングショット」（望遠）であることは、まさに的確である。なぜなら、リチーらの方法論は他でもなくロングショットで日本映画を撮っているからだ。まずは、対象の周辺（コンテクスト）を見るためには、ロングで撮らなければならない。または、対象とそのコンテクストの関係を十分に理解するためには、遠く離れて見る必要がある、とリチー自身が主張している。一九六九年に日本を離れて数年間ニューヨーク近代美術館（ＭｏＭＡ）の映画キュレーターを務めたリチーは、その立場の変転を語っている。

そこで勤務することによって、そこでしか得ることができない日本に対する観点が得られた。ニューヨークにいることによって、常にロングショットで自分の対象を見ているみたいだった。その対象は、以前には近すぎて認識することができなかった社会的かつ政治的なコンテクストに囲まれた。それによって、新たなる映画を生み出そうとしている変化を見ることができた。[23]

見るものと見られるものの距離というこの構造は、リチーらが標榜している「日常生活からまだ切り離されていない」映画のリアリズムと一見矛盾しているように見える。しかし、そのリアリズム自体を評価するためには一旦離れた距離から、映画とそのコンテクストが両方眺められる立場も必要であろう。外の眼差しからしか見えないリアリズムもある。そのいい例として、外国人のリチーが *The Japanese Film* に書かれている一九五〇年代の日本の映画館内の様子は、日本人にとっては当たり前すぎて記されなかった様子が細かく描写され、貴重な記録になっている。

オリエンタリズムの眼差しに晒された日本はそれによって他者になる。また、その眼差しに見られるために日本映画も、それに相応しいような他者にならなければならない。しかし、リチーらがここで示しているのは、それを見るために、見るものも他者にならないといけないという作戦である。ノエル・バーチが後に上梓した日本映画論 *To the Distant Observer*（『遠方の観察者によれば』未翻訳）は、ある程度この精神を引き継いでいると言えるだろう。[24]

終わりに

本章では *The Japanese Film* のいろいろな側面や様子を批評的に分析してきた。冷戦時代の眼差しやオリエンタリズムの眼差しを代表している側面が確かにある一方、それらの矛盾をも内包している。しかし、ここで見てきたように、その矛盾が *The Japanese Film* にただ反映されているわけではない。時にはそれが増殖され、時には意図的に戦略として利用されている様子も見られる。それこそが *The Japanese Film* の今現在にいたる人気の秘訣の一つではないかと私は考える。つまりリチーとアンダーソンはただ一つの単純な視点から日本映画を見ておらず、視点や眼差しそのものを複数化し、多様なアプローチをも模索したわけである。そこには、研究の眼差しの複雑化をいかに可能にするという見本が存在するかもしれない。

重要なのは、眼差しの相対化、つまり他者になることではなかろうか。日本とその映画を単純に他者化することには問題が多いが、自分の眼差しを他者化することは、ネーションや映画の固定化を批評する可能性をも内包している。自分を他者にする魅力はまさにそこにある。

これはドナルド・リチー個人の複雑な主体性にも繋がるかもしれない。アメリカ・オハイオ州の田舎を嫌い、日本を第二の故郷にしたリチーは、それでも日本語の読力を身に付けることはなかった。いろいろな事情があったかもしれないが、外国人であったり、バイセクシュアルという自分のセクシュアリティもあったりと、リチーは常に日本の社会からも他者化させられた存在であったに違いない。それでも、その他者性を否定して同化しようとはせず、逆にそれを自分のために利用することにしたリチーは、クィア理論が示しているように、世界をクィア化する営為を試みていたと言えなくもない。その実践は、他者を排除する動きが世の中で膨らんできている今日では、まだまだ生き続けている手本であるに違いない。

（1） David Bordwell, "Our Dream Cinema: Western Historiography and Japanese Film," *Film Reader* 4 (1979): p. 48.

（2）Donald Richie, *The Donald Richie Reader* (Berkeley: Stonebridge Press, 2001): p. 61.

（3）Donald Richie, "The Japanese Film"。これは、ベネチアの第二五回 Mostra Internazionale d'Arte Cinematographica で一九六四年八月三〇日から九月一日まで行われたトークセッション "Historiographie du Cinema" で発表されたレポートである。活字になっていないこの原稿のコピーを提供していただいた阿部マーク・ノーネスに感謝する。

（4）Richie, "The Japanese Film," 前掲。

（5）Donald Richie, *Japanese Movies* (Tokyo: Japan Travel Bureau, 1961), p. vii.

（6）Richie, "The Japanese Film," 前掲。

（7）Joseph L. Anderson and Donald Richie, *The Japanese Film: Art and Industry (Expanded Edition)* (Princeton: Princeton University Press, 1982), p. 345.

（8）Anderson and Richie, *The Japanese Film*, p. 427.

（9）Anderson and Richie, *The Japanese Film*, p. 391.

（10）Anderson and Richie, *The Japanese Film*, p. 70.

（11）Anderson and Richie, *The Japanese Film*, p. 428.

（12）Richie, *The Donald Richie Reader*, p. 52.

（13）Anderson and Richie, *The Japanese Film*, p. 23.

（14）Aaron Gerow, *Visions of Japanese Modernity* (Berkeley: University of California Press, 2010）や「弁士の新しい顔——大正期の日本映画を定義する」『映画学』第九号（日本映画研究会、一九九五年六月）を参照。

（15）J. L. Anderson, "Spoken Silents in the Japanese Cinema; or, Talking to Pictures: Essaying the *Katsuben*, Contextualizing the Texts," *Reframing Japanese Cinema*, eds. Arthur Noletti, Jr., and David Desser (Bloomington: Indiana University Press, 1992) pp. 259-311.

（16）Peter Lehman, "The Mysterious Orient, the Crystal Clear Orient, the Non-Existent Orient: Dilemmas of Western Scholars of Japanese Film," *Journal of Film and Video* 39.1 (1987), pp. 6-7.

（17）Anderson and Richie, *The Japanese Film*, p. 423.

（18）Anderson and Richie, *The Japanese Film*, p. 218.

（19）Anderson and Richie, *The Japanese Film*, p. 426.

(20) Anderson and Richie, *The Japanese Film*, pp. 170–171.

(21) Anderson and Richie, *The Japanese Film*, p. 432.

(22) Richie, "The Japanese Film," 前掲。

(23) Richie, *The Donald Richie Reader*, p. 65.

(24) Noël Burch, *To the Distant Observer: Form and Meaning in the Japanese Cinema*, rev. and ed. Annette Michelson (Berkeley: University of California Press, 1979). 現在、ミシガン大学の日本研究センターからダウンロードできる。https://www.cjspubs.lsa.umich.edu/electronic/facultyseries/list/series/distantobserver.php

15 日本映画の紹介とドナルド・リチーの貢献

ジャパン・ソサエティーを中心に

平野共余子

ドナルド・リチー〔図①〕が二〇一三年二月一九日に死去した時、世界中の日本映画ファンから哀悼の念が表された。そのどれもが、日本映画や日本文化に自分を導いてくれたリチーやリチーの著書に感謝の気持ちを表わすものであった(1)。

リチーは一九二四年、米国オハイオ州リマに生まれ、少年時代から映画に興味を持ち、八ミリで映画を作り始めた。一九四七年に連合国占領軍のタイピストとして来日し、後に米軍の『星条旗新聞』の映画評を担当した。日本の文化や芸術に興味を持ったリチーは、川端康成や鈴木大拙と交流する一方、占領軍兵士には禁じられていた日本映画の映画館に足を踏み入れ、日本映画にも関心を抱いた。一九五九年にジョゼフ・L・アンダーソンと共著で、英文で最初の日本映画研究書 *The Japanese Film: Art and Industry*（New York: Glove Press）を刊行し、その後次々と日本映画や文化・芸術に関する著作を発表し続けた。同時に国際映画祭での日本映画上映に寄与し、日本映画の紹介を英字新聞『ジャパン・タイムス』『インターナショナル・ヘラルド・トリビューン』等に定期的に執筆、また英語圏を中心とする映画関係者に日本映画の情報を発信し続けた。

図①　晩年のリチー氏（ⓒKoichi Mori）

一九四八年に黒澤明監督の『酔いどれ天使』の撮影現場へ見学に行き、同監督の研究書 *The Films of Akira Kurosawa*（Berkeley: University of California Press, 1965, 邦訳『黒沢明の映画』三木宮彦訳、キネマ旬報社、一九七九年、のち現代教養文庫）を執筆、これは外国語による黒澤明についての最初の本であるばかりでなく、日本ではそれまで出版されていなかった日本の映画監督についての最初の本となった。(2) その後、*Ozu: His Life and Films*（Berkeley: University of California Press, 1974, 邦訳『小津安二郎の美学――映画のなかの日本』山本喜久男訳、フィルムアート社、一九七八年、のち現代教養文庫）や *Japanese Cinema: An Introduction* (London: Oxford University Press, 1990), *A Hundred Years of Japanese Film: A Concise History and a Selective Guide to Video and DVDs* (Tokyo: Kodansha International, 2005) などを刊行した。しかしリチーの活動はそれにとどまらない。実験映画の数々を製作したほか、(3) 小説、エッセイ、狂言の台本も書き、西洋画、木版画やピアノも嗜む文化人であった。

一九八六年から二〇〇四年まで、日米文化交流のためのニューヨーク（以下ＮＹ）の非営利団体ジャパン・ソサエティー（以下ＪＳ）で日本映画上映の仕事を担当した私は、ＪＳとも関係の深かったリチーの日本映画に対する貢献を、私の目から見たことを中心に論じたい。

1　映画関係者に信頼されたリチー

一九六八年から七二年までＭｏＭＡ（ニューヨーク近代美術館）で映画キュレーターをしていたリチーは、ＭｏＭＡとの共催事業をはじめとしてＪＳに様々な援助を惜しまなかった。その活動は映画紹介にとどまらず、日本文化についての講演、また数々の本の出版記念講演では常に二〇〇名以上の観客を集める人気の高い講師であった。さらにＪＳはアメリカのジャーナリスト、社会、労働、女性問題などのさまざまな分野の指導者たちを日本に短期派遣して、受け入れ先やリサーチの世話をするフェローシップ・プログラムに携わっていたが、アメリカ人フェローが日本に到着してまず訪れ、さまざまなガイダンスを受けるのが、当時日本に住んでいたリチーであった。フェローたちが米国に戻って日本についての記事をマスメディアで発表し、日本での体験を各分野におけ

図②　2013年から2014年にかけてジャパン・ソサエティーで上映された「ドナルド・リチー追悼特集・第一部」のチラシより（ⓒ Japan Society, Inc.）

る活動に生かしてきたのである。[4]

またフェロー以外でも、リチーのお世話になったアメリカ人は数知れない。ノン・フィクションの『ライト・スタッフ』や小説『虚栄のかがり火』で知られる作家トム・ウルフは、一九九〇年代に日本を舞台にする小説を考えてJSを訪ねてきたので、リチーを紹介した。ウルフはリチーに勧められて森田芳光監督の『家族ゲーム』（英語題名 The Family Game）を見たいと言ってきたのでビデオを貸したところ、「友人たちと別荘で見て、さまざまな討論をした素晴らしい映画だった」と手書きのお礼状を私は頂いた。

分野にかかわらず彼らが即座にリチーのファンになったのは、リチーが幅広く日本文化に精通し、外国人に対してその真髄を解説する技術に秀でていたことと、日本について紹介したいと心底から情熱を傾けたことによる。リチーは有名人ばかりでなく無名の人々にも分け隔てなく接したが、オピニオン・リーダーに与えた影響が重要であった。リチーがMoMAで働いていたのはわずか三年余だったが、MoMAが、ニューヨーク映画祭を主催するフィルム・ソサエティー・オブ・リンカーン・センターとともに、NYの、そして北米における映画上映のエリート的存在であることから、リチーの意見は世界の映画関係者たちに信用され尊重されてきたのである。リチーが勧める映画を各地の映画キュレーターたちが見て、その結果自分の団体で上映しなくても、情報として心に留めたのである。彼らの声を紹介しよう。

ドナルドは自分が教師であるとは思っていなかったが、作家、批評家、画家、映画監督、そして機知に満ちたヒューマニストであった。自らの行為を通じて映画上映の方法と真髄、文化の理解に貢献するような独創的で意義ある映画の上映を組織することを私に教えてくれた。[5]〔略〕

（ＭｏＭＡの名誉映画キュレーター、ローレンス・カーディッシュ）

ドナルドはリンカーン・センターが発足した頃の日本映画上映のために、日本の映画界へ私たちを紹介し、重要な役割を果たした。彼に関わった西欧の人々にとって、日本の人々と文化に対する彼の深く愛情に満ちた知識はなくてはならないものであった。[6]

（フィルム・ソサエティー・オブ・リンカーン・センターの前上級映画プログラム担当、ウエンディ・キーズ）

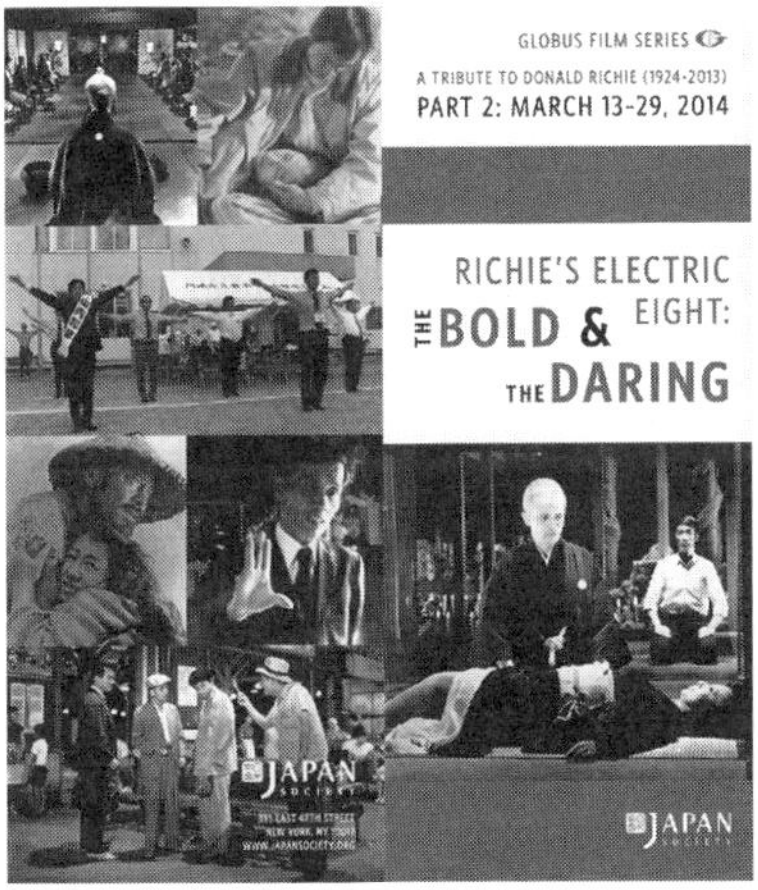

図③　2014年ジャパン・ソサエティーでの「ドナルド・リチー追悼特集・第二部」のチラシより（ⓒ Japan Society, Inc.）

ドナルド・リチーを賞賛する言葉はあまりに多い。しかし私はその一つだけを挙げたい。それは彼の惜しみない援助の精神だ。〔略〕彼は映画学者の鑑で、彼が私に与えた影響は、彼のおかげで世界に知られるようになった日本映画に関することにとどまらない。[7]

（ＮＹ映画祭名誉ディレクターでコロンビア大学映画学教授、リチャード・ペニャ）

ドナルド・リチーの天職が何であったのか定義することは難

しい。それは彼があまりに多くのことを成し、そのすべてに優れた業を見せたからだが、私の専門分野のみならず、個人的生活にも約三〇年にわたって彼は大きな役割を果たした。彼は私が師と仰ぎみる存在であり、同僚で友人で文通の相手でもあった。我々は昔ながらの方法で手紙を交わしたが、最近の映画についての出来事、ゴシップ、意見、質問を文学に造詣の深いきらめくように豊かな文体で彼は書き綴ったのだ。(8)

（トロント国際映画祭シネマテークの上級プログラマー、ジェイムズ・クワント）

私たちは皆一九六〇年代を通じて、ドナルドの本、特に比類のないあの黒澤明についての本を読んでいた。私は一九七〇年一〇月にＭｏＭＡの映画部門で働き始めた時に、ようやくリチー本人に会うことができた。〔略〕ある日、私の机の上を見上げると、間違えようのない顔があった。ルイス・ブニュエルである。私はすぐにドナルドを呼び、彼はＭｏＭＡが『黄金時代』のプリントを手に入れ、ＭｏＭＡでその映画を上映する許可を与える書類に、即座にブニュエルに署名させたのである。(9)

（ＭｏＭＡの映画キュレーター、チャールズ・シルヴァー）

彼らの声を聞くと、著書を通じてのみならず個人的接触を通じて、リチーが映画上映の専門家たちに信頼され尊敬されていたことが判る。またシルヴァーの指摘のように、組織内の実務家としても有能だったのである。そして基本的にコミュニケーション手段はタイプライターで打たれた文書によるもので（必要に迫られてファックスは使ったが）、約束の時間には一〇分前には到着する伝統的価値観と美学を実践していた。

ＮＹで、あるいはテルライド、サンフランシスコ映画祭やパシフィク・フィルム・アーカイヴ（ＰＦＡ）などの米国の重要な映画祭や上映団体で映画が紹介されれば、そこから世界に広がる。私が目撃した例では、リチーの推薦によりＮＹ映画祭で上映され、米国で配給された林海象監督の『夢みるように眠りたい』（To Dream So As To Sleep）、ＭｏＭＡとリンカーン・センターの共催で毎年春に上映されるNew Directors/New Filmsという特集で紹介された『家族ゲーム』、原一男監督の『ゆきゆきて、神軍』（The Emperor's Naked Army Marches On）、金子修介監督の『１９９９年の夏休み』（Summer Vacation of 1999）などである。

一九六〇年末にパリで会ってリチーの親友となった作家スーザン・ソンタグも、リチーが勧める映画は必ず見ていた。そして『ゆきゆきて、神軍』はソンタグも大好きな映画となった。本作はマイケル・ムーア監督が支持したことでも知られているが、配給会社によればムーアよりもソンタグの推薦が作品のプロモーションに大きくものを言ってアメリカの大学などで広く見られたそうである。(10)

リチーと一九六〇年代の名画座運動の同士であったダン・タルボットは、海外のアート・フィルムや米国のインデペンデント映画を配給する会社ニューヨーカー・フィルムスを設立して、小津安二郎、大島渚の作品や『夢みるように眠りたい』『１９９９年の夏休み』も配給していたが、リチーの意見はいつも尊重していた。New Directors/New Filmsで上映された時、多くの配給会社が指標とする有力新聞『ニューヨーク・タイムス』での評価が高くはなかった大林宣彦監督の『北京的西瓜』（Beijin Watermelon）の配給権も買ったし、是枝裕和監督の『ワンダフルライフ』は、トロント映画祭で見て是非買いたいと熱意をこめて語っていた。争奪戦の結果、『ワンダフルライフ』はアーティスティック・ライセンシスという会社が配給権を獲得した。

リチーはこの映画をとても気に入っていたが、リチーの追悼記事を書いた『ジャパン・タイムズ』の映画批評家マーク・シリングによれば、『ワンダフルライフ』の題名からアメリカ人はIt's a Wonderful Life（邦題『素晴らし哉、人生！』）という映画題名のあるフランク・キャプラ作品を連想するからとAfter Lifeという英語題名を考えたという。(11)日米両国の文化に精通していたリチーならではの助言である。米国で公開された本作はアート・フィルムとして大ヒットして、一時はハリウッドでリメイクの話も進んでいたと言われていた。

2 米国における日本映画の上映

日本映画、あるいは外国映画を見ようと思う米国人は、アニメやサムライ・アクションなどは別として、米国の中でも教育程度が高くて知識欲がある人と一般的に言えるが、それは日本でハリウッド以外の外国映画を見ようという人たちと同様であろう。米国一般で言えば、字幕のついた映画を見るのは、NY、ロサンゼルス、ボストン、シカゴ、サンフランシスコ、ヒューストン、ワシントンDCなどの大都市および大学町に限られ、都市部以外ではハリウッド映画のみを郊外のショッピング・モールで見るという状況だ。

NYには、ウイーンからナチスを逃れて米国に来て、アメリカ人女性マーシャとの結婚祝いで集まった金で「シネマ16」という名画座運動を一九四〇年代に始めたエイモス・ヴォーゲルという映画評論家がいた。シネマ16の「16」は、一六ミリで米国のインデペンデント映画や海外の古典や名画を上映していたことからの名称だが、ヴォーゲルは一九七一年から始まったNY映画祭のディレクターにもなり、世界の重要な映画の紹介に努めた(12)。シネマ16、NY映画祭やリンカーン・センターで溝口健二、小津、黒澤明や大島が紹介され、その動きはリチーやタルボットたちの動きとも連携している。

一九七〇年代に海外で評価されていたのは、さらに市川崑、新藤兼人などであったが、米国では岡本喜八や羽仁進、篠田正浩も映画ファンの間で人気があった。岡本作品は一九七一年JSの建物が設立されて最初の映画シリーズで監督を招いて紹介されたが、これはリチーの助言による。その後、左幸子、仲代達矢、松山善三と高峰秀子夫妻などが招かれ、彼らの映画が続々と紹介されていった。リチーは、MoMAとPFCの共催で一九七二年に米国で最初の大島特集を、その後、篠田特集を組織している。

ＰＦＡは一九五〇年代、六〇年代の松竹と日活を中心とした英語字幕付き日本映画を所蔵し、日本映画上映で重要な役割を務めてきた。ＪＳでは字幕付き日本映画を川喜多記念映画文化財団や国際交流基金からとりよせ、日本からの高額な送料を払って一カ所だけの上映ではもったいないので、ＰＦＡやアート・インスティチュート・オブ・シカゴ、ボストン美術館、クリーブランド美術館や地方の映画祭、映画学科や日本研究学科のある大学に巡回することが多かった。私の時代にはそれに加えてトロント映画祭シネマテーク、ハーバード大学フィルム・アーカイヴ、ロサンゼルスの郡美術館やアメリカン・シネマテーク、ＵＣＬＡ（カリフォルニア大学ロサンゼルス校）フィルム・アンド・ＴＶ・アーカイヴ、ピッツバーグのカーネギー美術館、ニューメキシコのサンタフェ大学フィルム・アーカイヴなど、日本映画を巡回する場所が増えてきた。

それとともに、日本映画の研究者や日本映画について書くジャーナリストも増え、インターネットによって世界各地の映画祭でどのような映画が上映されているかの情報も即座に手に入るようになり、そういった上映場所のキュレーターが持つ日本映画に対する知識が増えて、彼らが独自に企画を立てて上映するようになった。

前述の配給会社、ニューヨーカー・フィルムスは、マンハッタンのリンカーン・センターに劇場を持ち、キノ・インターナショナルやマイルストン・フィルムスという配給会社と並んでアメリカのインディペンデント映画、ドキュメンタリー、外国映画の名作の一環として日本映画も扱っており、大学、美術館、ＪＳなどの非営利団体向けの「ノン・シアトリカル」あるいは「教育」と呼ばれる分野に強い会社である。また、一本の映画の一般劇場権と教育権が別々の会社になることもある。たとえば『ワンダフルライフ』の一般上映権はアーティスティック・ライセンシスだが、教育権を持つのはニューヨーカー・フィルムスであった。

米国では一九七〇年代に、映画を大学の一般教養や専門科目として教えるようになり、授業や大学キャンパス内にある学生のシネクラブで一六ミリ映画の上映が始まり、それが一九八〇年代にはビデオ上映も併用されるようになり、今はＤＶＤ上映も盛んである。教育目的での大学や美術館、図書館、あるいはＪＳなど非営利団体での上映は、一般の劇場での営利事業としての上映とは区別され、入場料、座席数などを考慮して貸出料は低い額に抑えられている。

一九九〇年代中ごろまでは主に上記三社に加え、シカゴに本拠地があったフィルムス・インク、そしてニューラインという会社しか日本映画を扱っていなかったが、その後日本映画を配給する映画会社が多様化してきた。押井守監督の『甲殻機動隊』(Ghost in the Shell)、黒沢清監督の『アカルイミライ』(bright future)、北野武監督の『ＤＯＬＬＳ』、女池充監督のピンク映画『花井さちこの華麗な生涯』(The Glamorous Life of Sachiko Hanai)の配給をしている音楽業界から出てきたパーム・ピクチャーズ、山田洋次監督の『たそがれ清兵衛』(Twilight Samurai)のエンパイア・ピクチャーズ、黒沢清監督の『回路』(Kairo/Pulse)のマグノリア・ピクチャーズ、是枝監督の『誰も知らない』(Nobody Knows)や『歩いても、歩いても』(Still Walking)のＩＦＣ、黒沢清監督の『トウキョウソナタ』(Tokyo Sonata)や滝田洋二郎監督の『おくりびと』(Departures)のリージェント・エンターテインメント、崔洋一監督の『盲導犬クイール』(Quill)のミュージック・ボックス・フィルムス、市川準監督の『トニー滝谷』(Tony Takitani)、山田監督の『かあべえ』(Kaabei Our Mother)、成島出監督の『ミッドナイトイーグル』(Midnight Eagle)のストランド・リリーシングのような新興の会社も日本映画を扱うようになった。また日系のヴィズ・エンターテインメントは三谷幸喜監督の『ラヂオの時間』(Welcome Back, Mr. McDonald)や中島哲也監督の『下妻物語』(Kamikaze Girls)を配給している。キュレーターが鈴木清順、深作欣二、若松孝二の熱烈なファンであるロサンゼルスの非営利団体アメリカン・シネマテークは、鈴木監督の『関東無宿』(Kanto Wanderer)、深作監督の『黒蜥蜴』(Black Lizard)、若松監督の『天使の恍惚』(Angeles of Ecstacy)などを配給している。ＪＳはそれらの会社から映画プリントを借りて上映していた(13)。

最近のアメリカでは、アート・フィルム業界そのものが変わってきている。キノ・インターナショナルはローバーという会社と合併し、最近では若松孝二監督の『実録・連合赤軍　あさま山荘への道程』(United Red Army)や『キャタピラー』(Catapillar)のDVDのみ配給し、また若者向けのホラーやアクションを扱う部門も始めた。黒澤明監督の『乱』を買ったオライオン・ピクチャーズにいた三名のスタッフが移って重役になったソニー・ピクチャーズ・クラシックスは、大資本のソニー・ピクチャーズの翼下にあり、アニメの『テッコンキンクリート』や『パプリカ』を配給していた。IFCはケーブルTVが親会社でマンハッタンに劇場も持ち、マグノリアの親会社はインターネット業界である。この三社は資本金も豊かなので冒険ができ、それ以外にその他の小さな会社が頑張っているという状態である。

一九九〇年までJSで上映して人気があったのは、日本の伝統美術や音楽、衣装に興味がある人たちも満足させる、視覚的な美しさに訴える映画であった。一九八〇年代後半、日本ではバブル経済を満喫していた頃で、日本経済のめざましい発展と進出から、米国では日本との接点が文化を通じてだけではなく、ビジネスにも広がってきた頃である。それまでは平安時代の文学や俳句に興味があるという繊細な、あるいはエキゾティシズムを求める人たちが来ていたJSの映画上映に、スーツを着たビジネスマンが来るようになった。JSの日本語教育プログラムでは常に数百人が日本語のクラスを取り、二〇〇人がキャンセル待ちで教室が足りなくなるほどの日本ブームで、一九八七年ごろから一九九一年ぐらいまでは、特にプロモーションをしなくてもJSでの多くの映画上映が満員になるという状態であった。

北米の配給業者の人たちは、カンヌ、ベルリン、ベネチアの映画祭、そしてサンダンスとトロント映画祭などで日本映画が観客や評論家にどう受け入れられているかを見て、配給を決めていた。それまで黒澤明の一九八五年製作の『乱』（Ran）が持っていた全米における日本映画累計興行成績の記録を抜いた周防正行監督の『Shall we ダンス？』（Shall We Dance?）が一九九七年に登場したが、これは配給会社ミラマックスで買い付けを担当していた二〇代の女性がロサンゼルスのフィルム・マーケットで見て配給を決めた作品である。現代の普通の人たちを描いて、アメリカ人に「セックスもヴァイオレンスもない」と形容されたコメディ『Shall We ダンス？』の人気と同時に、北野武や三池崇史のヴァイオレンスが美学化されたノワールが注目され始め、日本映画はアニメ、ホラーも人気を得ていく。

3　日本映画の古典の上映

クライテリオン・コレクション（Criterion Collection）の存在は、海外の日本映画の受容を語る上で重要である。一九六〇年代に日本を含む世界の数々の古典の配給権を取り、上映をしていたジェイヌス・フィルムスの関係会社として、クライテリオン・コレクションは小津、溝口、黒澤明、成瀬、小林正樹、岡本、鈴木清順、中川信夫などの日本映画の古典を次々とＤＶＤ発売している。リチーは同社の日本映画のＤＶＤ解説を頻繁にしていたが、配給作品についての助言もしていた。この会社は画像や音声の修復をはじめ、作家に対して最大級の敬意を払いつつ、関係者インタビューなどの付録も充実したＤＶＤの製作で、劇場に行って映画を見ることのできない地域の、あるいは仕事が忙しくて映画上映に立ち会えない日本映画ファンの手に映像を届ける多大な貢献をしている。

溝口、小津、黒澤明、成瀬などの古典作品の人気は不朽である。年月の試練に耐えてきたこれらの作品の持つ本質的なヒューマニズムを訴えるテーマの力強さ、映像と音声の織り成す映画体験を支える各パートの技術的な高さが、国際的に支持されてきた理由であろう。リチーは一九六一年にカンヌ映画祭での溝口監督特集に関わっているが、アメリカで最初の本格的な溝口特集は、一九八〇年にＭｏＭＡとＪＳの共催で上映された。その後たびたびＮＹでは、非営利団体のフィルム・フォーラム、フィルム・ソサエティー・オブ・リンカーン・センター、ＢＡＭ（Brooklyn Academy of Music）シネマなどで上映され、北米を巡回している。

小津特集の最初のものは、一九八二年にやはりＭｏＭＡとＪＳの共催で、その後北米巡回をした。黒澤明特集はアメリカではしばしばあちらこちらの名画座で行われているが、一番本格的なものは一九八二年にＪＳ創立七五周年で、黒澤監督を迎えてそれまでの全作品を上映している。そのほか私のＪＳの在任中にＭｏＭＡと共催で木下恵介特集を一九八七年から八八年にかけて、五所平之助監督特集を一九八九年から九〇年にかけて、清水宏監督特集を一九九一年から九二年にかけて上映し、その後北米数ヵ所に巡回した。いずれもリチーの推薦によりＭｏＭＡが主導した企画である。

最近では中川、清水、内田吐夢、岡本監督などの作品を東京フィルメックスが字幕付き特集上映をして海外からの映画関係者に紹介しているが、内田特集は二〇〇八年にＢＡＭシネマに来ている。リチーはフィルメックスで二〇〇四年審査委員長をしているが、字幕付き映画プリントのライブラリーを持ち、海外における日本映画上映に大きな役割を果たしてきた川喜多記念映画文化財団や国際交流基金にも長年アドバイザーとして関わっていた。ＪＳもこれらの団体との協力による北米初の日本映画作家回顧展を上映している。一九九三年の女優・監督としての田中絹代、一九九四年の豊田四郎、ローマで始まった一九九七年の増村保造、ロッテルダム映画祭で始まった一九九九年の加藤泰特集や二〇〇一年の神代辰巳特集である。

成瀬特集は最初、米国の日本映画研究者オーディ・ボックがスイスのロカルノ映画祭で一九八四年に企画したものを米国に持ってきて、ＭｏＭＡとＪＳの共催で始まった。ＮＹでは毎回満員という盛況で、その後北米巡回が終わった翌年に再度、ＭｏＭＡでアンコール上映したほどの人気であった。成瀬監督生誕一〇〇周年の二〇〇

図④　2001年のジャパン・ソサエティーでの「ドナルド・リチーが選ぶ日本映画特集」より（ⓒ Japan Society, Inc.）

五年に行われた成瀬特集は北米一六都市を巡回したが、ＮＹの会場のフィルム・フォーラムでは毎回通って来る人たち約二〇名が、上映後のロビーで話すだけでは満足できずにオンラインのチャットグループを形成して、熱い論議を交わしていた。

私のＪＳの上映でも折りにふれリチーに助言を頂いた。犯罪映画を基調とした「日本のノワールとネオノワール」という特集を二〇〇二年にした時、リチーに野村芳太郎監督の『張り込み』（Chase）を勧められた。久しぶりにこのモノクロ・シネマスコープのスクリーンに対面したが、映画ならではのスリルと情感が見事に絡み合うこの作品が終わると観客席から拍手が湧く盛り上がりで、リチーのキュレーターとしての慧眼にあらためて敬意を払った次第である。

またリチーの人気を利用して、普段一般の人になじみの少ない日本の実験映画をリチーの紹介のもとに一九九一年に上映した時、リチーは山村浩二の『百科図鑑』、昼間行雄の『放送室』、石田純章の『Tokio House』、黒坂圭太の『個人都市』を選んだ。その後の山村監督をはじめとするこれらの監督の活躍を見るにつけ、リチーの映画を見る目に頭が下がる。

日本映画の古典も、リチーの選ぶ特集を二〇〇一年にＭｏＭＡと共催したが［図④］、これはナント映画祭で上映されたリチーの選ぶ二〇本中から、米国であまり上映されない一〇本を選んだものだ。「なぜか忘れることのできない映画」という基準でリチーが選んだその題名は、山中貞雄の『人情紙風船』、清水の『港の日本娘』、成瀬の『めし』、増村の『兵隊やくざ』、豊田の『甘い汗』、市川の『黒い十人の女』、勅使河原宏の『サマーソルジャー』、今村の『人間蒸発』、木下の『風花』、柳町光男の『十九歳の地図』で、その選択には個性が感じられる。

英語圏はもちろんのこと、イタリアやルーマニア、台湾やインドネシアなど、私が訪問する先々で、日本のことはリチーの著作を通じて学んだという人々が世界各地にいた。それは映画界に留まらず、リチーはラフカディオ・ハーンと並んで外国人を日本文化へと誘う水先案内人としての重要な役割を果たしてきたことがわかる。東京国立近代美術館フィルムセンター主幹の岡島尚志が言うように、リチーは優れた映画を見出す才能があったが、自分を意識的にアウトサイダーの位置に置いていたことがまた重要であった[14]。それゆえリチーは、日本社会をアウトサイダーの目から批判的に見る映画の数々の意義を認識し、自身も組織に身を置くことなく自由な立場で発言を続けたのである。

（1）たとえば Donald Richie tribute site: http://donald-richie-tributes.jimdo.com/（最終アクセス二〇一五年七月二一日）。東京では二〇一三年四月、リチーが映画シリーズのキュレーターやアドバイザーとして関わっていた外国人記者クラブで、是枝裕和監督の紹介のもとに『ワンダフルライフ』の追悼上映。同月には、リチーが同様に関わっていた国際文化会館で、ジョン・ルース在日米国大使のスピーチほかが行われた偲ぶ会が開催された。NYでは二〇一三年六月に小津安二郎特集を上映中のフィルム・フォーラムで偲ぶ会を開催。同年一〇月から二〇一四年二月まで「ドナルド・リチー追悼特集・第一部」［図①］、二〇一四年三月に「同特集・第二部」［図②］をジャパン・ソサエティーで、私がゲスト・キュレーターを務めてリチーゆかりの映画の上映。二〇一四年一月にMoMAでリチー追悼映画上映とパネル討論が開催された。

（2）キャレン・セヴァーンズと森晃一による製作中のドキュメンタリー Outside In: Donald Richie and Japan の佐藤忠男のインタビュー。

（3）一九六〇年代の東京における実験映画活動については、大林宣彦が「追悼ドナルト・リチー　映画評論家／実験映画作

家　混沌の時代に紛れ込んだままの、ある映画作家とその仲間たちについての、断章。」で追悼している（『キネマ旬報』二〇一四年二月下旬号、二五六―二五七頁）。

（4）たとえばアメリカの教育テレビの『マクニール＝レア・レポート』という人気討論番組のホストの一人、ロバート・マクニール夫妻が日本へ行った時も、まずリチーに会い、大変感謝していた。

（5）ローレンス・カーディッシュがＪＳの「リチー追悼特集・第二部」に寄せた文。以下注9まで原文は英語で、日本語訳は私による。

（6）ウエンディ・キーズがＪＳの「リチー追悼特集・第二部」に寄せた文。

（7）リチャード・ペニャがＪＳの「リチー追悼特集・第二部」に寄せた文。

（8）ジェイムズ・クワントがＪＳの「リチー追悼特集・第二部」に寄せた文。

（9）チャールズ・シルヴァーがＪＳの「リチー追悼特集・第二部」に寄せた文。

（10）二〇一三年七月二二日、東京で同作の製作者・小林佐智子氏による話。

（11）Mark Schilling, "Sharing films with a master critic" in http://www.japantimes.co.jp/culture/2013/02/24/films/sharing-films-with-a-master-critic/#.Va8Jzzqmqax（最終アクセス二〇一五年七月二二日）。

（12）ヴォーゲルについては、Scott MacDonald and Amos Vogel, *Cinema 16: Documents toward a History of the Film Society* (Temple University Press, 2002), *Be Sand, Not Oil: The Life and Work of Amos Vogel* Edited by Paul Cronin (Columbia University Press, 2014) 等の著書がある。

（13）私のＪＳでの日本映画上映の仕事については、どのような作品がＮＹで、そしてそのあと巡回して北米で上映されたかという記録を残すことが大事だと思い、『マンハッタンのＫＵＲＯＳＡＷＡ――英語字幕版はありますか？』（清流出版、二〇〇六年）という本にしてまとめた。

（14）Outside In: Donald Richie and Japan（注2）の岡島尚志のインタビュー。

（付記）本稿は二〇一三年七月二七日、早稲田大学におけるテーマ研究「日本映画史的社会的諸相の研究」の第二回研究報告会「ドナルド・リチーへの再考――日本映画への貢献をめぐって」での私の発表「ドナルド・リチーとジャパン・ソサエティー」を基にしたもので、同研究報告会にご招待下さった岩本憲児氏と古賀太氏に感謝したい。

Ⅲ　日本映画の広がり――戦後から二一世紀へ

16　グローバル化時代の中のインディペンデント映画

その「国際性」とは何か

渡邉大輔

はじめに

二〇一五年現在、日本映画の国内シェアは過半数を超えており、日本のメジャーの映画産業は国内市場だけで採算を賄えている。とはいえ、少子高齢化や娯楽の多様化によって、市場全体としては日本の映画産業が、長期的に見て依然、縮小傾向にあることは変わらない。こうした状況から、近年、外交も絡んだ経済政策において、海外へのコンテンツ輸出政策が日増しに注目を集めている。たとえば、〇三年、内閣府に「知的財産戦略本部」が設置され、現在も「コンテンツ・日本ブランド専門調査会」が定期的に開催されている。翌〇四年には「コンテンツ振興法」(「コンテンツの創造、保護及び活用の促進に関する法律」)が成立、一〇年には経済産業省が「クール・ジャパン室」を設置した。また、経産省の主導する国際共同製作促進が「知的財産推進計画２０１０」に盛り込まれ、一一年度から文化芸術振興費補助金制度に「国際共同製作への支援」が新設された。

また、文化庁もこうした動向に足並みを揃えている。そもそも文化庁では〇一年、「文化芸術振興基本法」の制定に伴って、助成金制度や教育機関の拡充が積極的に図られることになった。さらに、同法の公布を受ける形で〇二年には文化庁内に「映画振興に関する懇談会」が設置され、翌〇三年、「これからの日本映画の振興について　日本映画の再生のために」という提言がまとめられた。

いずれにせよ、国際的な競争力の高い文化産業の輸出が、「クール・ジャパン」という掛け声のもとで「国家戦略」として推進されている。日本映画の海外進出の現状を考察する際、以上のような文脈からの問題提起がまずはありうるであろう。

むろん、かねてから指摘されてきているように、こうした近年における展望にも問題がないわけではない。たとえば、国家規模でコンテンツ輸出や人材の育成を推し進める韓国や、海賊版などの問題を抱えながらも経済成長とともにマーケットを拡大しつつある中国などの東アジア近隣諸国に比較して、日本におけるコンテンツ産業、とりわけ映画の海外展開は実質的に停滞が続いている。実際、ここには戦後日本の映画産業が抱える構造的な要因もある。たとえば、ダレル・ウィリアム・デイヴィスとエミリー・ユエユ・ユエは、角川映画などの事例を出しつつ、そもそも戦後日本の映画界の産業構造それ自体が、グローバル市場や国家支援を前提とする他の東アジア圏の映画産業からは例外的に、主に自国内だけの文化で流通するクロスメディア的事業展開（「系列会社」構造）として発展してきたと述べている[1]。メジャー系映画のこうした「ガラパゴス化」は近年にいたってもほとんど変化していない[2]。

知られるように、日本映画は、黒澤明監督『羅生門』（一九五〇年）の国際的栄誉に端を発した五〇年代の国際進出の本格化を主な指標として、その歴史の中で何度か、国外へとその意欲的な眼差しを向けた時期があった。近年の資本のグローバル化を背景としたメジャー系の映画や、アニメの国を挙げての海外輸出の施策もまた、こうした歴史的な流れに連なるものと言えよう。とはいえ、近年の日本映画界ではそうした動向と軌を一にしつつも、また違った文脈で国外へと眼差しを向ける一つの動きが目立ちつつあるように思われる。それが、比較的若い世代を中心とした、いわゆる「インディペンデント映画」と呼ばれる領域の作り手たちである。

インディペンデント映画とは、定義上は、個人投資や行政などの助成金により製作資金を調達し、作品の製作や配給、上映までの一連のプロセスをメジャー映画会社の資本によらないで行う映画を指す[3]。こうしたタイプの作品はアメリカを中心におおよそ六〇年代あたりから登場したが、そこには周知のように、それ以前の撮影所システムによる垂直的な映画産業の構造の崩壊現象が背景にあった。

いずれにせよ、日本映画の場合、六〇年代の八ミリ映画、七〇年代のアングラ文化やATG映画とも関連した個人映画、自主映画の台頭を経て[4]、こうしたインディペンデント映画の潮流が一種の文化現象として本格的に台頭してきたのは、八〇年前後のことであったろう。たとえば、テヅカヨシハルは「自主映画とそれを製作する作家たちの抵抗するコスモポリタニズムは、大手映画会社のスタジオ・システムが終焉し、ポスト大量生産型の柔軟雇用に移行する過程で浮上してきた。八〇年に入ると、大手映画会社が製作する「日本映画」の没落と反比例するように、ゼロ予算の自主映画や低予算の独立映画が活性化した[5]」と記している。この時期にもまた、山本政志、石井聰亙《そうご》、塚本晋也などの若手監督たちの作品が国際的舞台で評価されることが相次いだが、そこには、廉価な八ミリカメラの普及やミニシアター・ブームの到来、「ぴあフィルム・フェスティバル」（八一年開始）のようなインディペンデント映画祭の登場といった、さまざまな技術的かつ産業的な変化が密接に絡んでいた。

そして、二一世紀に入り、およそ二〇〇〇年代の半ば頃から、再びインディペンデント映画の世界が質量ともに大きな盛り上がりを見せ始めていると言われる。この流れは現在も基本的に持続しており、最近ではこうした状況について、中心的な映画監督たちが証言する文献なども刊行されている[6]。

本章では、主に二〇〇〇年代半ば頃から現在まで日本映画の一角で活況を迎えているインディペンデント映画に見られるさまざまな海外への進出活動に注目し、それが今日の日本の文化状況や映画界の変化においてどのような意味を担っているのかを、第一線で活躍する映画監督への取材なども交えながら分析する。そのうえで、インディペンデント映画が直面している「国際性」の内実について考えてみたい。

1　現代日本のインディペンデント映画の活況と海外進出の動向

それではまず、現代日本におけるインディペンデント映画の概要と経緯について簡単に確認しておきたい。今日のインディペンデント映画の隆盛には、以下のようないくつかの要因が挙げられる。(1)映画関連の教育機関の充実、(2)撮影機材や編集作業の簡便化、(3)関連上映イベントの台頭などである。

まず、文化芸術振興基本法公布後の二〇〇〇年代に入って、映画製作を学ぶ大学内外の教育機関の整備が本格化してきた。立教大学現代心理学部映像身体学科（〇四年）、東京藝術大学大学院映像研究科（〇五年）、立命館大学映像学部（〇七年）などの大学での映画関係学部の相次ぐ設置、映画美学校（九七年）、ＥＮＢＵゼミナール（九八年）などの民間ワークショップの登場、そして、日本映画学校から発足した日本映画大学の設立（一一年）が挙げられるだろう。こうした一連の教育機関から真利子《まりこ》哲也、濱口竜介、加藤直輝、瀬田なつき（以上、東京藝術大学）、富田克也、深田晃司、三宅唱《しょう》、松林要樹《ようじゅ》、大畑創《はじめ》、内藤瑛亮《えいすけ》（以上、映画美学校）、平波亘《わたる》（ＥＮＢＵゼミナール）といった一群の監督たちが続々と輩出してきた。

また、彼らの登場には、九〇年代後半頃から現れてきたＤＶカメラやノンリニア編集などの高度デジタル技術の普及による映画製作のローコスト化、小型化が密接に関わっているだろう。また、国内では〇〇年にＪ－ＰＨＯＮＥが初の内蔵カメラつき携帯電話を発売して以来、映像は携帯電話やスマートフォンなどのモバイル端末によっても簡単に撮影できるものとなり、二〇〇〇年代後半にはこれらの機器で撮影されたいわゆる「モバイル・フィルム」と呼ばれるような作品も国内外で現れ始めた。こうした「映像製作の徹底した民主化」が、若い映画志望者たちの参画を強力に後押ししたことは間違いがない。

さらに、東京や大阪などの都市部でインディペンデント映画の上映イベントもミニシアターを中心に続々と現れた。映画製作助成プロジェクトである「CO2」（シネアスト・オーガニゼーション大阪、〇四年〜）や、「ガンダーラ映画祭」（〇六〜〇八年）、「桃まつり」（〇八年〜）、「CINEDRIVE」（〇九年〜）、「MOOSIC LAB」（一一年〜）などである。これらのイベントが、ユーロスペースやアップリンク渋谷、ポレポレ東中野、第七藝術劇場といったミニシアターを通じて、才能ある新人監督の作品上映の機会を積極的に設けたことにより、インディペンデント映画固有の文化圏の創出に貢献したのである。

ともあれ、以上のような複合的な状況の中から、おおよそ〇七〜〇八年頃から二〇〜三〇代の若手のインディペンデント映画人が数多く台頭し、注目を浴びるという事態になっている。(7) そして、彼らの中で、入江悠や石井裕也、瀬田なつき、内藤瑛亮などは後にメジャーの劇場用商業映画に進出しているが、また他方で、同時期から海外の国際映画祭などのマーケットで製作助成を募ったり、また、アジアなどの海外で製作を行う者も目立ってきた。公益財団法人ユニジャパン事務局長の西村隆によれば、こうしたインディペンデント映画の海外への紹介は、西村も参加して九七年に設立されたNPO「ニューシネマ・フロム・ジャパン」がベルリン、カンヌなどの国際映画祭への出展を始めたことが一つの契機であり、その後、〇三年に先ほども触れた文化庁がユニジャパンに業務委託をする形で日本映画の海外上映支援事業に予算を当てることとなった。(8)

このような動きの中でもここ数年で最も知られているのが、富田克也や脚本家の相澤虎之助らが所属するインディペンデント映画製作集団「空族《くぞく》」の活動だろう。富田は自身の故郷である山梨県甲府市を舞台にした長編作品を数本手掛けた後、一四年から文化庁新進芸術家海外研修制度によりタイに留学、一五年現在、バンコクを舞台にした新作『バンコクナイツ』を現地で準備中である。監督作がフランスのナント三大陸映画祭でグランプリを受賞した富田や深田晃司をはじめ、山崎樹一郎、真利子哲也、三宅唱など、ヨーロッパをはじめとした海外の国際映画祭の場で受賞する監督も次々に現れた。

一三年に公開されたオムニバス映画『同じ星の下、それぞれの夜』は、吉本興業の出資によるかなりイレギュラーな事例ではあるものの、(9) こうした近年のインディペンデント映画の海外進出の動向の一つの成果と言えるものでもあるだろう。この作品は、富田、冨永昌敬、真利子が、それぞれタイ(『チェンライの娘』)、フィリピン(『ニュースラウンジ25時』)、マレーシア(『FUN FAIR』)という東南アジアの各国を舞台に製作した三本の短編を合わせたものである。そして、一四年五月には、第六七回カンヌ国際映画祭で富田、深田、真利子、濱口竜介、伊藤峻太の五人のインディペンデント監督の新作企画が持ち込まれ、世界各国の映画関係者との間でビジネス・ミーティングやパネル・ディスカッションが開催された。

2 海外を見据えるインディペンデント作家の声——グローバル化との対峙

いずれにせよ、以上で明らかなように、近年のインディペンデント系の映画製作とそれらの作品を受容する観客の文化圏が一定の活況を示しており、しかもその文化圏の参加者がそれぞれ密接に連携しつつ、国内のみの活動に留まらない、アジアをはじめとした広く海外での製作やプロモーション、交流に踏み出していることは確かである。

こうした現状について、筆者は、現代のインディペンデント映画の代表的な作り手である深田晃司とリム・カーワイ(林家威/Lim Kah Wai)の二人にインタビュー取材を行った。深田は一九八〇年生まれ。大学在学中、映画美学校第三期フィクション・コースに入学し、いくつかの作品にスタッフとして就いた後、〇四年に『椅子』で監督デビューした。〇五年に平田オリザ主宰の劇団「青年団」に演出部員として入団。〇九年、『東京人間喜劇』で大阪シネドライヴ2010大賞、一〇年、『歓待』で第二三回東京国際映画祭日本映画ある視点部門作品賞、一三年、『ほとりの朔子《さくこ》』で第三五回ナント三大陸映画祭グランプリ・若い審査員賞などを受賞しており、すでにその作品は国内外で高い評価を得ている。

他方のリムは、一九七三年、マレーシアのクアラルンプール出身。来日して大阪大学を卒業し、エンジニアとして日本国内の会社に勤務した後、北京電影学院監督コースに入学。〇五年には釜山国際映画祭主催のＡＦＡ（アジア・フィルム・アカデミー）に選ばれ、侯孝賢のもとで映画演出を学んだ。〇九年に北京で長編監督デビュー作を発表した後は香港、日本など東アジアの諸地域を縦横に行き来しながら精力的に作品を発表している。

深田は、現在のインディペンデント映画シーンの活況について、以下のように分析している。

いまの活況は、二〇〇〇年代以降にビデオカメラが普及したことで、自主映画を作ることのハードルが比較的下がったということと、一方でミニシアターが自主映画を求め始めたことという、この二つの条件が重なったことにあります。もともと〇一年に僕が自主映画を作り始めた頃に較べて、ぴあフィルム・フェスティバルの応募の総数自体は減っているはずです。でも、いまなぜこんなに盛り上がっているように見えるかと言ったら、ミニシアターがそういう作品を拾い始めたからです。ミニシアターが自主映画を求める理由のひとつは、自主映画だと、スタッフ、キャストの身内を一定数呼んでくれるために劇場からすれば興行リスクをおさえた形で上映できるから。この状況は何に一番近いかと考えると、僕は八〇年代の小劇場演劇ブームとすごく近いと思います。

八〇年代の演劇ブームも最初は身内から始まってやがては一〇〇〇人、三〇〇〇人と集客したが、だんだんこれでは食べられないということがわかって、いまでは行政の助成金を得るためのロビー活動などを行っていわば制度設計をしようとしている。でも、いまのインディペンデント映画の状況は、自分たちの作りたい作品をとりあえずいま目の前にあるお金で作る。それでミニシアターにかけられて「ああ、よかった」で終わってしまっているような側面がある。したがって、いまのインディペンデント映画の盛り上がりは、かつての小劇場ブーム以上に一過性のもので終わってしまう危うさがあるように思います。

こうした認識のうえで、深田は国際共同製作をはじめとする海外進出について以下のように述べる。

映画の国際合作に関しては必要だと思っています。日本映画、特にインディペンデント映画は、ヨーロッパ映画と同様、ハリウッド映画のようなグローバル・コンテンツにはなりにくい。したがって、多様な映画を作るためには多様な作り方が求められます。

たとえば、個人の出資。もう一つは行政の助成金。さらにクラウドファンディングのような寄付。そういったもののパッチワークで多様な映画を作る。国際共同製作は、そうしたパッチワークの一つに入ります。

おそらく二〇〇〇年代に入って、「国際映画祭に出す文化」がやっと日本に浸透したと思います。九〇年代に仙頭《せんどう》〔武則〕さんとか一部のプロデューサーがブランドを作ってやっていたものがもっと一般化して、自主映画が海外の国際映画祭にエントリーするようになった。インディペンデントの作品が海外で相対的に目立つのは、メジャー系の作品がドメスティックな感覚で作られていることが多いからではないでしょうか。

国際映画祭というと、二〇〇〇年代はただの物見遊山で終わってしまうことが多かった。しかし、国際映画祭の重要な意義はそこが映画のマーケット、市場である点です。私たちも昨年、カンヌに新しい企画のプレゼンに行きましたが、マーケットとしての国際映画祭という姿に、ようやく日本の若手作家たちが着目し

出していると思いますね。(10)

では、越境的な映画製作の方法を採るリムは、同様の問題についてどのような認識を持っているのだろうか。

○四年前後、香港国際映画祭で日本人監督のアテントや通訳をしまして、奥原浩志、土屋豊監督などと知り合いました。しかし、真利子哲也監督などは奥原監督たちのインディペンデント世代とは明らかに違うと思います。それは映画美学校、東京藝大の存在が大きいかもしれない。また、映画配給会社を通さないで、独自のネットワークで直接、劇場にアプローチし、自分の映画を公開でき、ＳＮＳなどを活用して自分の映画を宣伝できたことも新しいのではないかと思われる。

〔海外での映画製作については〕映画の組はもともと「疑似家族」のようなもので、常に移動するという宿命を持つ。したがって、海外でたまたま日本人ではないスタッフや役者を使うことだけで、珍しいと思われがちだが、そんなことはない。撮る題材、撮る環境、撮るリソース〔資金や人手〕さえ整えば、どこでも映画を撮れると思います。

上記の深田とリムの発言は、たとえば、以下の富田克也や、長田紀生の発言とも大枠において響き合っていると思われる。

『サウダーヂ』で海外の映画祭をまわってわかったんですけど、海外の作り手たちを見ていると自国の外にどんどん出て行ってる。それしかやりようがないというのもあるんですけど、それが普通なんだなというのをいまさらながらに知りました。日本はその点、かなり恵まれてたんですよね。〔略〕海外の多くの作り手たちは、ほとんど自国のなかで映画なんか作れないんです。作ったって、自国内で上映するところもないし、観客も育ってない。だから彼らは海外に出て行って、例えばヨーロッパの助成金を使ったりして国際共同企画を成立させている。(11)

僕は、インディペンデントの連中は積極的に合作をやるべきだと思う。それには二つの意味があって、一つは中身。今俺たちが時代と向き合って映画を作ろうと思ったときに、アジアの中での日本人、というものに視線を向けてみるということは、日本の中だけで、いわゆる半径五メートル映画という形でやってるよりは、ずっと面白いものができると思う。もう一つは、メジャーがそう思わないんだったら、インディペンデントで作るものこそ、映画の入口と出口、つまり入り口＝資金。出口＝公開。この二つを日本だけに頼らないということを、本気で考えるべきだと思う。〔略〕みんな消耗戦をやってるんだけど、そろそろ違う映画の作り方の構造、システムを、インディペンデントの人たちが真剣に考えたほうがいい。(12)

以上の個々の発言を総合して明らかになってくるのは、現在のインディペンデント映画作家の一角には、主体的にも構造的にも東アジアやヨーロッパをはじめとする「海外」（国外）への進出の動機づけが明確にあることであろう。そして、その動機づけの背後に、やはり第一に冷戦崩壊後に世界規模で浸透した「グローバリゼーション」の文化的影響があるのは間違いない。映画製作や劇場興行を持続的に維持する手段として、いま積極的に選択されつつある海外進出とは、映画を取り巻く環境がかつてない過剰流動化や不透明化に曝されているという作り手側の切実な自覚とともにある。しかし、あるいはそれゆえに、そこで立ち現れる「海外」とは、それ以前とは必然的に異なった様相を帯びることになるだろう。

3 「コクサイカ」の中のインディペンデント映画——「内部化」する「外部」

八〇年代に自らインディペンデント映画作家として活動した経歴を持つテヅカヨシハルは、日本映画産業の国際化をめぐる歴史を文化社会学的に辿る中で、「日本映画産業は戦前と戦後で大部分において継続的であり、それが途切れるのは、二〇世紀終盤のグローバル化の過程における産業構造の変容とそれに伴うフィルムメーカーの主体性の変容だ(13)」と述べている。

二〇世紀末の「コクサイカ」は、それ以前の国際化とは対照的に、日本文化の例外主義の終わりを意味した。米ソ冷戦が終結し、新自由主義の世界的な拡大とともに現れつつあったポスト冷戦権力の布置のもと、「コクサイカ」は、日本文化の特殊性を新しいグローバルな政治経済の枠に組み入れる試みを開始する合図となったのだ。〔略〕映画産業の抵抗するコスモポリタン——インディペンデントな映画監督、プロデューサーや配給業者——にとっては、それまで均質で画一的なものとして創造されていた日本の映画文化と産業の中に隙間を見つけ、新たな活動の場を切り開く契機を提供した(14)。

このようなテヅカの八〇年代以降の変化に照準を合わせた記述は、右の作家たちの発言も参照する限り、ひとまず今日の現状についても依然当てはまるばかりか、さらに徹底したものになっているとも言えよう。ただ、そこで改めて重要になってくるのは、その場合、テヅカの言うように、文化のグローバル化(「コクサイカ」)が日本の「例外性」を相対的に失わせる以上、そこでインディペンデントの映画人が進出しようと試みる「国外」なる領域、あるいは「国内」と「国外」という対比もまた、かつてのような外貨獲得や文化戦略のための地政学的かつ文化的「内部／外部」として単純に対象化しうるものから変質しているという事実だろう。

その内実の表れは、たとえば翻ってみれば、実はインディペンデントの作品を受容する国内の若い観客の志向性において顕著である。先の深田が、いみじくもごく内輪の人脈（身内）から拡大していったかつての「小劇場演劇」の活況に準えていたように、現在のインディペンデント映画の活況を支える観客の文化圏自体は、その形態や彼らの文化的志向性ともども、先の一部の作り手の問題意識とは裏腹に、結果的には依然として、ミニシアターを中心に形成されてきた「ムラ的」とも「内輪的」とも呼べるようなどこか自足した空間の中で受容され、消費され続けているように見える。そこで人気を博す企画は、インディペンデント映画と国内のポップ音楽を組み合わせる「MOOSIC LAB」のようなもので、そこにはたとえば八〇年代に勃興したシネフィル文化圏にあったような、遠いヨーロッパや第三世界の「洋画」や「洋楽」への参照意識などはほとんど見当たらない。それは「邦高洋低」とも言われる近年の国内のメジャー系映画の受容傾向などと同様[15]、筆者の見る限りでは、ある意味でかつてよりもさらに「内向き志向」になっている。こうした「グローバル化に伴う内向き志向」と呼べる受容や消費の傾向は、（現実には長引く経済的不況が根本的原因とはいえ）映画人に「新たな活動の場を切り開く契機を提供した」「コクサイカ」という響きが持つ開放性とは一見して矛盾しているようにも思える。

だが、もとよりあらゆる文化的差異をフラットにするグローバル化とは、一面であらゆる境界（「外部」）を絶えず「内部化」する、言い換えれば、「ローカル」を「グローバル」へ、また「グローバル」を「ローカル」へと不断に短絡させる運動に他ならない。たとえば、九〇年代末から中国や韓国、台湾など東アジア圏の若い観客に熱狂的な人気を呼んでいることで知られる岩井俊二の作品は、その主題やイメージにおいて、日本の少女マンガヤテレビドラマ、ミュージック・ビデオといった現代のグローバルな大衆文化の強い影響を受けている。だからこそ、岩井の映画は、たとえば村上春樹の小説などと同じく、その文化的例外性ではなく、むしろグローバルな均質性によって国内と地続きの国際的広がりを持つことができるのである。(16)

また、ここには、技術やメディア環境の変化も深く関わっているだろう。そもそも現在のインディペンデント映画の活況の一因としてデジタル技術の普及を挙げたが、その他にもこれらの動きが現れた二〇〇〇年代半ば頃とは、YouTubeをはじめとする動画サイトの登場によって映像の製作や視聴の環境が劇的に変化し始めた時期（「ウェブ2.0」）でもあった。YouTubeのような動画サイトもまた、国境や地域を跨いであらゆる外部を内部化してしまうプラットフォームという点ではメディア的なグローバル化を実現している。(17)

いずれにせよ、今日のインディペンデント映画がそこへ向けて進出しようとする「国外」とは、八〇年代の「コクサイカ」のさらに先に開けている、「内部」と「外部」が短絡しつつも複雑に絡み合った、いわば「グローカル」な地平であると言ってよいだろう。

実際、甲府という国内のローカル都市を舞台にして、郊外化からタイ人移民労働者といった要素をもってグローバル化の侵入を描いた『国道20号線』（〇七年）や『サウダーヂ』（一一年）から、一挙にタイまで短絡してしまう富田克也らの映画製作は、こうした現在の「コクサイカ」の孕む内実をそのまま体現している。彼らが短編『チェンライの娘』（一三年）で描いた、金目当てのタイ人女性に騙されてタイの僻村まで赴くうだつの上がらない中年役者の主人公の姿は、その意味で「コクサイカ」の渦中で突破口を模索する映画人自身の戯画にも映る。たとえば、以下の富田の発言は、このような状況認識を的確に反映しているだろう。

今度は地方と東京ってだけじゃなくて、「日本」を捉えるためのモノサシが必要になってきた。すると、それは日本を含むアジアということなんですよね。〔略〕今、バンコクの経済発展は大変なことになってるんです。かつての日本のバブル絶頂みたいな状況になっている。それは非常に興味深いわけです。だから、今そこをあらためて外から見て、撮る。〔略〕確かに、「ローカル」というキーワードが俺たちのなかで生き続けてきた。そして歴史のなかでの「ローカル」という意味では、甲府もバンコクも全部地続きにつながっている。だからこだわりというか、「ローカル」というキーワードが新たな意味をもちはじめたということなんでしょうね。(18)

また、同じことは、「大阪」という土地を舞台にして『新世界の夜明け』(一〇年)および『Fly Me to Minami～恋するミナミ』(一三年)を多国籍な俳優を交えて撮り上げた以下のリムの言葉にも共通している。

〔大阪を映画の舞台にしたのは〕大阪を日本のベースにすると、アジア各国との関係がもっとよく見えるのではないかと思ったからです。大阪は、私にとって一番アジアに近いという気がしました。それは地理的に近いという意味ではなく、精神的に近いという意味です。

映画だけではなく、日本ではあらゆる文化が東京に集中している。しかし、アジア各国を回ると実はこのことにこそ、違和感を感じるのです。むしろアジア全体を一つと考える時、必ずしも東京に依存する必要がないのではないかと思えてきます。

大阪がもっと元気になれば、日本はもっと健全になると信じます。もちろん、大阪だけじゃなくて、地方のどこでもいいわけです。特にいまはインターネットの世界では中心がないはずですから。

おわりに

ここまでに論じてきたことをまとめれば、以下のようになるだろう。

本章では、近年の日本映画の注目すべき動向として、若手の映画人を中心としたインディペンデント映画界の活況と、彼らの多様な形での海外進出の動きを取り上げた。そこには二〇〇〇年代以降の日本の文化行政の再編に加えて、映画製作やメディア環境にまつわる種々のイノベーションなど複合的な要因が絡んでいる。日本の映画市場が縮小的に再編を迎えつつあるいま、一方でインディペンデントな映画製作の体制はそこから現れた独特な現象であるが、また他方で、それゆえにこそ、彼らはその活動を「国外」へと主体的に拡張していく動機づけを帯びざるをえない。

そして、現在の状況を当事者たちによる証言も踏まえて俯瞰した時に改めて明らかになってくると思われるのは、これらの活動にある、世界規模での文化のグローバル化を背景にした新たな映画をめぐる「コクサイカ」の姿ではないか。それは、いわば地政学的かつ文化的な「国内／国外」「内部／外部」が短絡する「グローカル」な場であると思われる。

過剰流動的で不透明なグローバル化が不断に進行しつつある今日、インディペンデント映画の現在と今後の活動は、映画に限らず、文化産業が今後、どのように主体的かつ持続的に展開していくことができるかという問題の、一つの指針を与えているようにも思われる。

（1）Darrel William Davis and Emilie Yueh-yuYeh, *East Asian Screen Industries*, (London: BFI, 2008),pp.64-65.

（2）たとえば、以下の文献を参照。角川歴彦・浜野保樹・依田巽・豊田正和「座談会　日本コンテンツの国際展開の促進に向けて」、『経済産業ジャーナル』第四一五号、財団法人経済産業調査会、二〇〇五年、六〜二一頁。掛尾良夫『日本映画の世界進出』キネマ旬報社、二〇一二年、第三章。

（3）「インディペンデント映画」（笹川慶子執筆）、岩本憲児・高村倉太郎監修『世界映画大事典』日本図書センター、二〇〇八年、八八頁などを参照。

（4）これら八〇年代以前の日本のインディペンデント映画の動向に関しては、以下の文献が詳しい。西嶋憲生編『日本映画史叢書3　映像表現のオルタナティヴ――一九六〇年代の逸脱と創造』森話社、二〇〇五年。

（5）テヅカヨシハル『映像のコスモポリティクス――グローバル化と日本、そして映画産業』せりか書房、二〇一一年、三六頁。

（6）寺岡裕治編『映画はどこにある――インディペンデント映画の新しい波』フィルムアート社、二〇一四年。

（7）同時期のインディペンデント映画の台頭でもう一つ注目すべき動きは、ドキュメンタリー映画の流行と再評価だろう。低予算、簡易な機材での製作を可能にした今日のインディペンデント映画の体制は、フィクション映画のみならず、ドキュメンタリーというジャンルの活性化を世界的にもたらした。日本においても、九〇年代の佐藤真や河瀬直美をはじめ、二〇〇〇年代の松江哲明、想田和弘らドキュメンタリーを主体とする映画監督が広い注目を集めることになった。この点に関しては、以下の文献が詳しい。村山匡一郎編『日本映画史叢書5　映画は世界を記録する――ドキュメンタリー再考』森話社、二〇〇六年。萩野亮＋編集部編『ソーシャル・ドキュメンタリー――現代日本を記録する映像たち』フィルムアート社、二〇一二年。

（8）掛尾良夫・西村隆「日本映画、海外へ行く――ユニジャパンの活動について」、『映画プロデュース研究』第二号、映画専門大学院大学映画プロデュース研究会、二〇〇七年、九〜一一頁。

（9）『同じ星の下、それぞれの夜』は、吉本興業が自社の主宰する沖縄国際映画祭での上映を目的に出資し、きわめて短期で製作した作品であり、国際共同製作とは言えない。

（10）以下の深田の発言なども参照。伊吹英明・末吉亙・伊達浩太朗・谷口元・深田晃司「座談会　海を越える日本産コンテンツの進展に向けて――音楽・映画の世界進出には何が必要か」、『L&T』第五八号、民事法研究会、二〇一三年、一〜二四頁。

(11) 富田克也「逃れられないものならば、向かうしかない。結局「インディペンデント」って「如何に闘えるか」でしょう?」、前掲『映画はどこにある』、四二〜四三頁。

(12) 長田紀生・深作健太・相澤虎之助・杉野希妃・柏原寛司「座談会『ナンバーテン・ブルース／さらばサイゴン』――インディペンデント映画こそ時代や社会と向き合うべきだ」、『シナリオ』五月号、日本シナリオ作家協会、二〇一四年、一〇頁。

(13) 前掲『映像のコスモポリティクス』四九頁。

(14) 同前、一〇九頁。

(15) 〇六年、国内での年間映画興行収入で邦画が占める割合が、八五年以来、二一年ぶりに洋画を上回り、一二年には、邦画のシェアが約六六パーセント（一二八二億円）を占めた。

(16) こうしたグローバル化による文化資本のアジア映画圏における広がりについては、以下の拙論で論じた。渡邉大輔「ポップ、ネットワーク、亡霊――現代アジア映画の文化資本と想像力」、夏目深雪・石坂健治・野崎歓編『アジア映画で〈世界〉を見る――越境する映画、グローバルな文化』作品社、二〇一三年、二八五〜二九八頁。

(17) 動画サイトなどのいわゆる「ウェブ2.0」と呼ばれる潮流については、たとえば梅田望夫『ウェブ進化論――本当の大変化はこれから始まる』（ちくま新書、二〇〇六年）を参照。また、現代のアジア圏でも、デジタル機材の登場とともに、動画サイトによるアクセス可能性の飛躍的な高まりが、インディペンデント映画の活況をもたらしたという。公開イベント「東南アジアで映画を撮る！　日本の若手監督・脚本家と語る国際共同製作」（二〇一五年三月十二日、於・国際交流基金JFICホール・さくら）でのジャカルタ芸術大学映画・テレビ学科の学生による発表に基づく。

(18) 前掲「逃れられないものならば、向かうしかない。結局「インディペンデント」って「如何に闘えるか」でしょう?」三九〜四〇頁、傍点引用者。

（付記）本稿の執筆にあたって、深田晃司監督、リム・カーワイ監督に貴重なお話を伺うことができた。記して、両氏に深く感謝を申し上げます。

平野共余子（ひらの きょうこ）
明治大学大学院非常勤講師　専攻＝映画史
Mr. Smith Goes To Tokyo: Japanese Cinema Under the American Occupation 1945-1952, Smithsonian Institution Press, 1992.『天皇と接吻』（草思社、1998年）

渡邉大輔（わたなべ だいすけ）
跡見学園女子大学文学部助教　専攻＝日本映画史、映像文化論
「初期映画に見る見世物性と近代性——「相撲活動写真」と明治期日本」（『日本映画の誕生』森話社、2011年）、『イメージの進行形——ソーシャル時代の映画と映像文化』（人文書院、2012年）

田島良一（たじま りょういち）
日本大学芸術学部教授　専攻＝日本映画史
「興行師の時代と小林喜三郎」（『日本映画の誕生』、森話社、2011年）、「マキノ映画以後の寿々喜多呂九平」（『日本大学芸術学部紀要』58、2013年10月）

志村三代子（しむら みよこ）
都留文科大学比較文化学科准教授　専攻＝映画史
『映画人・菊池寛』（藤原書店、2013年）、「冷戦初期における米国国防総省の映画製作――『二世部隊』の製作協力をめぐって」（『Intelligence』15、2015年3月）

木村智哉（きむら ともや）
日本学術振興会特別研究員　専攻＝映像産業史
「テレビアニメーションの国産化と初期事業の形成――一九六〇年代日本のアニメーション制作会社とテレビ局を例に」（谷川建司・須藤遙子・王向華編『東アジアのクリエイティヴ産業――文化のポリティクス』森話社、2015年）、「商業アニメーション制作における「創造」と「労働」――東映動画株式会社の労使紛争から」（『社会文化研究』18、2016年1月）

蔡　宜静（さい ぎせい）
康寧大学（台湾台南）応用外国語学科准教授　専攻＝日本近代文学
『萩原朔太郎、堀口大学、宮沢賢治および北川冬彦における映画の感受性』（康寧大学出版、2011年）、「宮沢賢治『氷河鼠の毛皮』における〈鉄道〉空間の設定と格闘プロット――映画『大列車強盗』と『ジゴマ』からの影響を中心に」（『宮沢賢治研究Annual』22、2012年）

土田　環（つちだ たまき）
日本映画大学准教授　専攻＝映画学、表象文化論
「戦前期の日本映画における「国際性」の概念――『NIPPON』に見る川喜多長政の夢」（『CreBiz――クリエイティブ産業におけるビジネス研究』7、2012年3月）、『こども映画教室のすすめ』編著、春秋社、2014年）

アーロン・ジェロー（Aaron Gerow）
イエール大学教授（映画・メディア学プログラム／東アジア言語・文学科）
専攻＝日本の映画とメディアの歴史
A Page of Madness: Cinema and Modernity in 1920s Japan, Center for Japanese Studies, The University of Michigan, Ann Arbor, 2008. *Visions of Japanese Modernity: Articulations of Cinema, Nation and Spectatorship, 1895-1925*, University of California Press, Berkeley and Los Angeles, 2010.

［編者］
岩本憲児（いわもと けんじ）
日本大学芸術学部非常勤講師　専攻＝日本映画史、映像論
『日本映画とナショナリズム　1931-1945』（日本映画史叢書 1、編著、森話社、2004 年）、『映画と「大東亜共栄圏」』（日本映画史叢書 2、同）

［執筆者］（掲載順）
中山信子（なかやま のぶこ）
早稲田大学演劇博物館招聘研究員　専攻＝映画史
『フランス映画の社会史』（共訳書、日本経済評論社、2008 年）、「『十字路』の 1929 年パリでの評価」（『演劇研究』35、早稲田大学演劇博物館紀要、2012 年 3 月）

ハラルト・ザーロモン（Harald Salomon）
ベルリン・フンボルト大学森鷗外記念館館長　専攻＝日本近現代史
「『愛の一家』の映画化——戦時期日本とドイツ家庭小説」（岩本憲児編『家族の肖像——ホームドラマとメロドラマ』日本映画史叢書 7、森話社、2007 年）、*Views of the Dark Valley: Japanese Cinema and the Culture of Nationalism, 1937-45*, Harrassowitz, 2011.

古賀　太（こが ふとし）
日本大学芸術学部教授　専攻＝映画史、映画ビジネス
マドレーヌ・M・メリエス著『魔術師メリエス』（翻訳、フィルムアート社、1994 年）、『日本映画の誕生』（日本映画史叢書 15、共著、森話社、2011 年）

晏　妮（アン ニ）
日本映画大学特任教授　専攻＝比較映画史、表象文化論
『戦時日中映画交渉史』（岩波書店、2010 年）、『ポスト満洲　映画論——日中映画往還』（共編著、人文書院、2010 年）

張　新民（Zhang Xinmin）
大阪市立大学大学院文学研究科教授　専攻＝映画史
『映画と「大東亜共栄圏」』（共著、森話社、2004 年）、『中国映画のみかた』（共著、大修館書店、2010 年）

マイケル・バスケット（Michael Baskett）
カンザス大学映画・メディア学科准教授・学科長　専攻＝映画史、映画学
The Attractive Empire: Transnational Film Culture in Imperial Japan, University of Hawai'i Press, 2008.
"Japan's Film Festival Diplomacy in Cold War Asia", in The Velvet Light Trap, no.73, Spring 2014.

日本映画の海外進出——文化戦略の歴史

発行日……………………………2015年12月11日・初版第1刷発行

編者………………………………岩本憲児
発行者……………………………大石良則
発行所……………………………株式会社森話社
〒101-0064 東京都千代田区猿楽町1-2-3
Tel 03-3292-2636
Fax 03-3292-2638
振替 00130-2-149068
印刷………………………………株式会社シナノ
製本………………………………榎本製本株式会社

ISBN 978-4-86405-086-9 C1074